CHRISTIANE NIETHAMMER-VONBERG

Parteipolitische Betätigung der Richter

Schriften zum Öffentlichen Recht

Band 86

Parteipolitische Betätigung der Richter

Deutsches Recht und rechtsvergleichender Überblick

Von

Dr. Christiane Niethammer-Vonberg

DUNCKER & HUMBLOT / BERLIN

Gedruckt 1969 bei Buchdruckerei Bruno Luck, Berlin 65
Printed in Germany

Vorbemerkung

Die vorliegende Untersuchung wurde im Herbst 1967 von der Juristischen Fakultät der Universität Heidelberg als Dissertation angenommen; Referenten waren die Professoren Dr. Karl Doehring und Dr. Hans Schneider. Die Überarbeitung des Manuskripts wurde im Sommer 1968 abgeschlossen.

Mein Dank gilt insbesondere Herrn Professor Doehring, der die Arbeit anregte und mit seiner Kritik förderte.

Bochum, im Dezember 1968

Christiane Niethammer-Vonberg

Inhaltsverzeichnis

Teil A: Einführung 9

I. Fragestellung 9

II. Richter und Beamte 14

1. Parteipolitische Betätigung von Beamten 14
2. Sonderstellung der Richter 18

III. Gesetzliche Regelungen der parteipolitischen Betätigung der Richter in Deutschland 21

1. 1848—1945 21
2. Seit 1945 23

IV. Die Diskussion über parteipolitische Betätigung der Richter in Deutschland 26

1. Vor dem Grundgesetz 27
   a) 1871—1918 27
   b) 1918—1949 31
2. Unter dem Grundgesetz 40
3. Zusammenfassung der Argumente 55

Teil B: Verfassungsrechtliche Untersuchung 59

V. Grundrechte und Richteramt 59

1. Das Recht auf freie Meinungsäußerung, Art. 5 GG 60
2. Art. 9 und Art. 21 GG 61
3. Die Wählbarkeitsbeschränkung des Art. 137 GG 63
4. Art. 33 Abs. 2 und 3 GG 64
5. Die hergebrachten Grundsätze des Berufsbeamtentums, Art. 33 Abs. 5 GG 65
6. Der Gleichheitssatz des Art. 3 GG 66
7. Das öffentlich-rechtliche Dienst- und Treueverhältnis als persönliche Gewährleistungsschranke, Art. 33 Abs. 4 GG 67

VI. „Parteienstaat" und „Rechtswegstaat" — ihre Problematik für die Stellung der Richter in der Gewaltenteilung 75

1. Parteipolitische Betätigung der Richter und Gefährdung der politischen Willensbildung 75

a) Parlamentstätigkeit der Richter und Gewaltenteilung 76

b) Funktionen von Parteipolitik und Rechtsprechung in der Gewaltenteilung 77

c) Konsequenzen für die parteipolitische Tätigkeit der Richter 86

2. Parteipolitische Betätigung der Richter und Gefährdung von Unabhängigkeit und Unbefangenheit der Rechtsprechung 90

a) Richterliche Unbefangenheit als Kriterium des Rechtsstaates 90

b) Konkrete Befangenheitsvermutung und Ablehnung aus Besorgnis der Befangenheit (§§ 24 StPO, 42 ZPO) 92

c) Generelle Befangenheitsvermutung auf Grund der Stellung von Rechtsprechung und politischen Parteien in der Gewaltenteilung 94

d) Konsequenzen für die parteipolitische Tätigkeit der Richter .. 100

e) Parteitätigkeit und Einflußnahmen politischer Parteien auf Einstellung und Beförderung der Richter 102

VII. Parteipolitische Betätigung der Bundesverfassungsrichter 103

VIII. Der generelle Gesetzesvorbehalt des Art. 2 Abs. 1 GG 108

IX. Parteipolitische Betätigung der Laienrichter 109

Teil C: Rechtsvergleichung 114

X. Parteipolitische Betätigung der Richter in den Ländern des common law 114

1. England 114

2. Kanada 123

3. USA 126

a) Richter an Gerichten der Einzelstaaten 127

b) Richter an Bundesgerichten 137

c) Verfassungsrechtliche Zulässigkeit von Einschränkungen der parteipolitischen Betätigung der Richter 140

XI. Parteipolitische Betätigung der Richter in kontinentaleuropäischen Ländern 142

1. Schweiz 142
2. Österreich 146
3. Frankreich 148

Teil D: Ergebnisse 152

Literaturverzeichnis 155

Abkürzungsverzeichnis

AöR	=	Archiv des öffentlichen Rechts
ArbGG	=	Arbeitsgerichtsgesetz
BBG	=	Bundesbeamtengesetz
BGBl.	=	Bundesgesetzblatt
BGHSt.	=	Entscheidungen des Bundesgerichtshofs in Strafsachen
BVerfG	=	Bundesverfassungsgericht
BVerfGE	=	Amtliche Sammlung der Entscheidungen des Bundesverfassungsgerichts
BVerfGG	=	Bundesverfassungsgerichtsgesetz
DDB	=	Der Deutsche Beamte
DJZ	=	Deutsche Juristenzeitung
DÖV	=	Die Öffentliche Verwaltung
DRiG	=	Deutsches Richtergesetz
DRZ	=	Deutsche Rechtszeitschrift
DVBl.	=	Deutsches Verwaltungsblatt
GG	=	Grundgesetz
GVG	=	Gerichtsverfassungsgesetz
HLR	=	Harvard Law Review
JMBlNRW	=	Justizministerialblatt für das Land Nordrhein-Westfalen
JW	=	Juristische Wochenschrift
JZ	=	Juristenzeitung
MDR	=	Monatsschrift für Deutsches Recht
N.F.	=	Neue Folge
NJW	=	Neue Juristische Wochenschrift
OLG	=	Oberlandesgericht
PrOVG	=	Preußisches Oberverwaltungsgericht
PVS	=	Politische Vierteljahressschrift
SchlHA	=	Schleswig-Holsteinische Anzeigen
SCLR	=	South Californian Law Review
SGG	=	Sozialgerichtsgesetz
StPO	=	Strafprozeßordnung
VerwRspr.	=	Verwaltungsrechtsprechung in Deutschland
VGH	=	Verwaltungsgerichtshof
VOBl.	=	Verordnungsblatt
VVDStRL	=	Veröffentlichungen der Vereinigung der deutschen Staatsrechtslehrer
VwGO	=	Verwaltungsgerichtsordnung
WV	=	Weimarer Verfassung
ZBR	=	Zeitschrift für Beamtenrecht
ZPO	=	Zivilprozeßordnung

Teil A

Einführung

I. Fragestellung

Am 8. September 1961 ist das Deutsche Richtergesetz in Kraft getreten. Sein § 39 lautet: „Der Richter hat sich innerhalb und außerhalb seines Amtes, auch bei politischer Betätigung, so zu verhalten, daß das Vertrauen in seine Unabhängigkeit nicht gefährdet wird."

Die Diskussion, die jahrzehntelang — außer im Dritten Reich — über die Zulässigkeit parteipolitischer Betätigung von Richtern geführt wurde, hat sich nun wesentlich beruhigt. Man scheint mit dieser Regelung zufrieden zu sein, die nach allgemeiner Ansicht den Richtern grundsätzlich parteipolitische Betätigung gestattet. Auch sind die Erfahrungen mit der Justiz des Dritten Reichs und der Reakion der angloamerikanischen Besatzungsmächte, die auf ein generelles Verbot parteipolitischer Betätigung von Richtern und Beamten drängten, im konsolidierten freiheitlichen Rechtsstaat offenbar nicht mehr aktuell. Der überwiegende Teil der deutschen Richter engagiert sich zudem nicht offen in politischen Parteien, so daß es an konkreten Anlässen zu fehlen scheint, sich gegen ein solches Verhalten zu wehren.

Daß hier trotzdem die Frage der Zulässigkeit parteipolitischer Betätigung von Richtern noch einmal untersucht wird, hat im wesentlichen folgende Gründe:

Im Zuge der Anerkennung des pluralistischen Grundcharakters unserer Gesellschaft und in dem Maße, wie aus sozial und ideologisch eng fixierten Interessenparteien ein System weniger großer Plattformparteien entstand, die sich alle im Sinne Grewes am Gemeinwohl orientieren[1], kann auch das individuelle Engagement von Richtern in ihnen wachsen. Gerade in letzter Zeit hat sich gezeigt, daß die Richter aus ihrer traditionellen Reserve herauszutreten beginnen und sich in der Öffentlichkeit für die Sicherung ihrer Eigenständigkeit und Unabhängigkeit einsetzen. Es ist nicht auszuschließen, daß die Bindung an

---

[1] *Wilhelm Grewe*, Zum Begriff der politischen Partei, in: Festgabe für Erich Kaufmann, Stuttgart und Köln 1950, S. 65 ff. (78).

eine politische Partei zur Durchsetzung dieser Forderung zunehmend attraktiver wird.

Vor allem kann aber nicht mit Sicherheit von einer dauerhaften Konsolidierung des sozialen Rechtsstaates ausgegangen werden. Wirtschaftliche Krisen oder Zuspitzungen der „deutschen Frage" könnten ohne weiteres zu einem Wiederaufleben von Vorwürfen gegen eine Politisierung der Justiz und damit zu einer erneuten Diskussion über parteipolitische Betätigung von Richtern führen[2]. Wie leicht so mancher Bestandteil unserer staatlichen und gesellschaftlichen Ordnung in Frage gestellt werden kann, haben die Unruhen unter der Jugend in der jüngsten Vergangenheit bewiesen. Es ist eigentlich erstaunlich, daß die an den juristischen Nachspielen dieser Unruhen beteiligten Richter derartigen Vorwürfen bisher noch nicht ausgesetzt worden sind. Neben solchen mehr theoretischen Erwägungen war vor allem die Überlegung ausschlaggebend, daß das Grundgesetz den Richtern die Befugnis gegeben hat, weite Gebiete des politischen und sozialen Lebens als letzte verbindliche Instanz zu kontrollieren und zu konkretisieren; das Gewicht der Rechtsprechung innerhalb des Systems der den Staat gestaltenden Kräfte scheint so stark zu werden, daß sich daraus Konsequenzen für die Beziehungen von Richtern zu politischen Parteien ergeben könnten.

Da nach Art. 21 GG die politischen Parteien nunmehr offen dazu legitimiert sind, „um die Ausübung der staatlichen Entscheidungsgewalt unter ihrer eigenen Verantwortung zu kämpfen"[3], wurde diese Untersuchung, soweit es möglich war, auf die parteipolitische Betätigung begrenzt. Damit soll nicht behauptet werden, daß sich davon nicht eine schlichte politische Tätigkeit scheiden ließe[4], wie z. B. die Mitwirkung in Interessenverbänden, die Äußerung in Presse und Rundfunk oder auch die Mitarbeit an der Bildung herrschender Lehren in

---

[2] Soweit in der Literatur der DDR Angriffe gegen eine Politisierung der Richterschaft der Bundesrepublik gerichtet werden, zielen sie weniger gegen die Zugehörigkeit der Richter zu bestimmten politischen Parteien der Gegenwart als vielmehr in erster Linie gegen den angeblichen Terror der ehemaligen „NS-Blutrichter" und gegen die „Klassenjustiz" der regierungstreuen westdeutschen Richter (vgl. z. B. *Helmut Ostmann*, Politische Willkür westdeutscher Zivilgerichte, Neue Justiz, 1961, S. 173; *Kurt Görner*, Einige Gedanken zum Entwurf des westzonalen Richtergesetzes, Neue Justiz 1961, S. 27 ff.; B.M., System und Umfang des gerichtlichen Terrors unter dem Adenauer-Regime, Neue Justiz 1959, S. 526; *I. Lekschas* u. *J. Renneberg*, Rechtsgutachten über die Verantwortlichkeit der Richter und Staatsanwälte der Sonderjustiz des Nazistaates sowie über die Rechtswidrigkeit ihrer Rehabilitierung und Wiedereinsetzung in der Bundesrepublik, Staat und Recht 1961, S. 1642 ff.).

[3] *Kaiser*, Die Repräsentation organisierter Interessen, Berlin 1956, S. 42.

[4] So *Arndt*, Verhandlungen des Deutschen Bundestags, 3. Wahlperiode 1960, Band 4, 12. Ausschuß, Protokoll Nr. 109.

Wissenschaft und Rechtsprechung. Die Analyse der Einwirkungen solcher allgemeinen sozialen Verhaltensweisen von Richtern und deren Gebundenheit an Eigentümlichkeiten wie Herkunft, soziale Schichtung, Standestraditionen, Ausbildung oder Konfession ist jedoch eine soziologische Aufgabe, die mit juristischen Mitteln nicht gelöst werden kann. Dieser allgemeine Zusammenhang zwischen Politik und Rechtsprechung liegt deshalb außerhalb des Untersuchungsbereichs dieser Arbeit; solche Bindungen können hier nur zur Relativierung der Auffassung herangezogen werden, wonach allein parteipolitische Tätigkeit den Richter befangen machen könne. Die eigentliche Problematik der vorliegenden Arbeit besteht vielmehr in der verfassungsrechtlichen Analyse des Spannungsverhältnisses zwischen Parteienstaatlichkeit und Rechtsstaatlichkeit als zweier konstituierender Elemente unserer Verfassungsordnung und ihrer praktischen Bedeutung für die Regelung der öffentlich-rechtlichen Stellung der Richter. — Wenn in der Diskussion über parteipolitische Betätigung von Richtern vielfach ein Unterschied zwischen Politik und Parteipolitik in dem Sinne gemacht wird, daß ein Richter wohl politisch im Sinne von „staatspolitisch" sein dürfe und solle, nicht aber aus den Höhen seines „über den Parteien stehenden" Amtes in die Niederungen des „parteipolitischen Haders" hinabsteigen dürfe, dann kann dieser Differenzierung allerdings nicht gefolgt werden. Da die politischen Parteien heute die „wichtigsten Träger der ständigen Auseinandersetzung um die Festlegung der politischen Gesamtrichtung" sind[5], ist ein qualifizierter Begriff der Staatspolitik von dem der Parteipolitik nicht mehr zu trennen[6].

Unter politischen Parteien werden hier nur diejenigen Parteien verstanden, die nach h. M. dem Parteibegriff des Art. 21 GG entsprechen. Damit scheiden also die nur auf kommunaler Ebene organisierten sog. Rathausparteien und Wählervereinigungen aus[7].

Parteipolitische Betätigung kann in den verschiedensten Formen erfolgen, beginnend bei der nur passiven „Zahl-Mitgliedschaft" und endend bei den Spitzenfunktionen auf Bundesebene. Im Verlauf der Arbeit wird es darauf ankommen, diese verschiedenen Stufen in ihrer Effektivität für den Prozeß der politischen Willensbildung des Volkes zu bewerten[8].

---

[5] Rechtliche Ordnung des Parteiwesens, Bericht der vom Bundesminister des Innern eingesetzten Parteienrechtskommission, 2. Auflage, Frankfurt—Berlin 1958, S. 128.

[6] Ein typischer Versuch einer solchen Trennung findet sich bei *Helfritz*, Allgemeines Staatsrecht, 5. Auflage 1949, S. 29.

[7] *Henke*, Das Recht der politischen Parteien, Göttingen 1964, S. 20.

[8] Daß die Wahrnehmung des aktiven Wahlrechts keine parteipolitische Betätigung darstellt, versteht sich von selbst; wenn sie hier erwähnt wird,

Die gesonderte Untersuchung über das Bundesverfassungsgericht findet darin ihren Grund, daß es durch seine besonderen Aufgaben eine Zwischenstellung zwischen Justiz und Politik einnimmt — seine Richter nehmen „unmittelbar, und zwar durch ihre Rechtsprechung, an dem Prozeß der staatlichen Willensbildung teil"[9]. Die Frage der parteipolitischen Betätigung von Bundesverfassungsrichtern erhält einen besonderen Akzent auch dadurch, daß von ihren Entscheidungen politische Parteien viel häufiger betroffen sind als von denen der anderen Gerichte.

Nicht erörtert werden soll, inwieweit sich Richter während ihrer Dienstzeit parteipolitisch betätigen dürfen. Einmal bietet sich hier ohnehin kein großes Wirkungsfeld, da im Dienst weder richtige Parteiveranstaltungen noch Besprechungen mit Parteifreunden oder gar parlamentarische Zusammenkünfte möglich sind. In Frage kommen wohl nur werbende Tätigkeiten für eine bestimmte Partei oder Unterhaltungen mit Kollegen über parteipolitische Fragen. Gegen solche Unterhaltungen wird sich kaum etwas einwenden lassen, solange sie nicht zu einer Vernachlässigung der dienstlichen Aufgaben führen. Im übrigen kann der Staat — ebenso wie auch ein privater Arbeitgeber von seinen Angestellten — von seinen Bediensteten verlangen, daß sie ihre Dienstzeit für die ihnen übertragenen Aufgaben verwenden und nicht durch dienstfremde Beschäftigungen zur Verlängerung der Bearbeitungszeiten der in ihre Hände gelegten Fälle beitragen[10].

Weiterhin soll weder die Tätigkeit in verfassungswidrigen Parteien untersucht werden noch die Problematik des Beschlusses der Bundesregierung vom 19. 9. 1950 in Verbindung mit den daraufhin ergangenen Anordnungen der Landesregierungen über die Treupflicht im öffentlichen Dienst, wonach eine Betätigung in gegen die freiheitlich-demokratische Grundordnung eingestellten Organisationen mit Dienststrafverfahren und Entlassung geahndet wird. Die hier auftauchenden Fragen betreffen Richter nicht in ihrer Eigenschaft als Träger der Dritten Gewalt, sondern in der als Angehörige des öffentlichen Dienstes schlechthin, so daß insoweit von ihnen aus denselben Gründen wie

---

dann nur, weil verschiedentlich ein solcher Zusammenhang hergestellt wurde, und weil als Beispiel eines Landes, in dem Richtern jede parteipolitische Tätigkeit verboten sei, hin und wieder Kanada genannt wird, wo viele Richter kein aktives Wahlrecht haben.

[9] *Karl Doehring*, Der „Pouvoir neutre" und das Grundgesetz, Der Staat, 3. Band 1964, S. 201 ff. (211 ff.); *Josef Wintrich*, Aufgaben, Wesen und Grenzen der Verfassungsgerichtsbarkeit, in: Festschrift zum 75. Geburtstag von Hans Nawiawsky, München 1956, S. 191 ff.

[10] Vgl. hierzu *Ingo v. Münch*, Freie Meinungsäußerung und besonderes Gewaltverhältnis, Diss. Frankfurt 1957, S. 51 ff.

von den anderen Bediensteten des Staates Solidarität mit der freiheitlich-demokratischen Grundordnung gefordert wird.

Was den Kreis der für die Rechtsvergleichung ausgesuchten Länder angeht, wurde bewußt auf eine Heranziehung von Ostblockstaaten — die DDR einbegriffen — verzichtet. Der Grund liegt nicht so sehr in der besonderen Schwierigkeit der östlichen Sprachen als vielmehr in der Überlegung, daß die Richter in den kommunistisch regierten Ländern sich in ähnlicher Weise mit der kommunistischen Partei identifizieren müssen, wie es von den Richtern im Dritten Reich im Hinblick auf die NSDAP gefordert wurde, und so die Zulässigkeit ihrer Betätigung in der Partei im Rahmen der entsprechenden Rechtsordnung gar nicht in Frage steht. So wird z. B. an den Richter der DDR die Forderung gestellt, er solle eine „sozialistische Persönlichkeit" sein, damit er den an die Rechtsprechung der DDR gestellten Ansprüchen gerecht werden könne. „Dazu gehört, daß er sich vorbehaltlos für den Sieg des Sozialismus einsetzt, Ergebenheit gegenüber den Interessen der Gesellschaft zeigt" und „aktiv und vorbildlich beim umfassenden sozialistischen Aufbau" mitwirkt[11]. Die richterliche Unabhängigkeit *dient* „der unerläßlichen Durchsetzung des Prinzips des demokratischen Zentralismus"[12]. Da die so verstandene Unabhängigkeit nicht auch die Unabsetzbarkeit miteinschließt, kann jeder Richter, der seine „Unabhängigkeit" nicht im obengenannten Sinn versteht, entlassen werden. Richterliche Unabhängigkeit im Sinne des demokratischen Rechtsstaats ist mit diesem System nicht mehr vereinbar.

Der Vergleich mit den angloamerikanischen Ländern soll deutlich machen, wie parteipolitische Betätigung der Richter auf Grund einer ganz anderen, von keiner beamtenrechtlichen Tradition geprägten Stellung innerhalb des Rechtssystems des common law im Verhältnis zu der kontinentaleuropäischer Richter zu beurteilen ist. Bei der Auswahl kontinentaleuropäischer Länder boten sich Frankreich, die Schweiz und Österreich als Nachbarstaaten an. Darüber hinaus ist die Rechtslage in der Schweiz insofern interessant, als hier wie in den USA die meisten Richter vom Volk gewählt werden, die in Österreich, weil dort die Stellung der Richter dem deutschen Justizsystem sehr ähnlich ist. Die französische Rechtsordnung wurde auch deshalb herangezogen, weil dort der Gedanke der Gewaltenteilung und der richterlichen Unabhängigkeit, der für die vorliegende Untersuchung von ausschlaggebender Bedeutung ist, früh besondere Beachtung fand und Einfluß auf die Ausgestaltung des deutschen Rechts ausübte.

---

[11] *Hilde Benjamin,* Die Entwicklung des sozialistischen Rechts und die Aufgaben der Rechtspflege beim umfassenden Aufbau des Sozialismus in der DDR, Neue Justiz 62, 764.

[12] *Hermann* und *Schüsseler,* Inhalt und Bedeutung der Unabhängigkeit des Richters in der DDR, Neue Justiz 63, S. 130.

II. Richter und Beamte

Nach heute herrschender, wenn auch nicht unbestrittener Auffassung[1] sind die Richter seit Inkrafttreten des Grundgesetzes[2] nicht mehr als Beamte anzusehen, sondern befinden sich in einem öffentlich-rechtlichen Dienstverhältnis eigener Art, dem Richterverhältnis.

Für die vorliegende Untersuchung ist es wichtig, diese Ansicht auf ihren materiellen Gehalt zu prüfen, also festzustellen, inwieweit sich die Rechtsstellung der Richter von derjenigen der Beamten unterscheidet. Denn danach entscheidet sich, unter welchen Gesichtspunkten die verfassungsrechtliche Erörterung durchzuführen ist, vor allem auch mit Rücksicht auf die Stellung der Richter innerhalb der Gewaltenteilung und des sog. besonderen Gewaltverhältnisses.

1. Parteipolitische Betätigung von Beamten

Vor Untersuchung der oben angedeuteten Frage sollen die wesentlichsten Argumente im Hinblick auf die Zulässigkeit parteipolitischer Tätigkeit von Beamten wiedergegeben werden. Diese Diskussion war jedenfalls in der Weimarer Republik erheblich umfangreicher und detaillierter als diejenige über die politische Betätigung der Richter[3]. In der Weimarer Republik wurden die Richter allgemein zu den Beamten gerechnet[4]. Ihr Sonderstatus wurde zwar in der beamtenrecht-

---

[1] So *Wagner*, Sind Richter Beamte, DÖV 1955, S. 167 ff.; *Schmidt - Räntsch*, Deutsches Richtergesetz, Kommentar, München 1962, Vorbem. 2 zu § 8 DRiG; *Nedden*, Die hergebrachten Grundsätze des Berufsrichtertums, Diss. Göttingen 1962, S. 17 ff.; a. A. *Kranz*, Sind Richter Beamte?, DÖV 1955, S. 166; *Fischbach*, Bundesbeamtengesetz, Kommentar, 2. Auflage Köln—Berlin 1956, Anm. C I zu § 1 BBG; in der 3. Auflage 1964 werden die Bundesrichter nach wie vor zu den Bundesbeamten gezählt, allerdings ohne nähere Erläuterung (Anm. A III zu § 1 BBG).

[2] Nicht erst seit Inkrafttreten des Deutschen Richtergesetzes, da dieses nur den Verfassungsauftrag ausführt, die schon im GG festgelegte besondere Stellung der Richter zu normieren.

[3] Als Auswahl seien genannt: *Heinemann*, Die Freiheit der politischen Gesinnung und Betätigung im Beamtenrecht, Diss., ohne Jahr; *Eichler*, Politische Rechte und Beamtenpflichten, Diss. 1931; *Schleweis*, Das Recht der Beamten auf freie Meinungsäußerung und politische Betätigung, Diss. 1933; *Odinius*, Die Schranken der freien Meinungsäußerung für Beamte, Diss. 1931, alle abgedruckt in: Kleine Schriften zum Beamtenrecht, Band 3; *Heyland*, Die außeramtliche politische Betätigung des Beamten im Lichte des Dienststrafrechts, Frankfurt—Schwanheim 1932; *Hieronimi*, Berufsbeamtentum und Politik, Diss. 1933; *Kirchner*, Die Grenzen der Beteiligung des Beamten am politischen Leben, Diss. 1933; *Vervier*, Meinugsäußerungsfreiheit und Beamtenrecht, AöR, N.F. Bd. 6, S. 1 ff.; *Köttgen*, Das deutsche Berufbeamtentum und die parlamentarische Demokratie, Berlin und Leipzig 1928, S. 105 ff.

[4] *Wagner*, Sind Richter Beamte? DÖV 1955, S. 167 ff. (168); die beamtenmäßige Organisation der Richter reicht bis ins 16. Jh. zurück, wurde aber erst mit Zunahme der fürstlichen Macht nach dem dreißigjährigen Krieg ausge-

lichen Literatur kaum gewürdigt; immerhin führte er gerade in der Frage der parteipolitischen Tätigkeit zu einer gesonderten Erörterung besonders durch die Richterschaft selbst. Die ausführliche Diskussion über die Zulässigkeit parteipolitischer Betätigung von Beamten in jenen Jahren war hauptsächlich bedingt durch die problematische Formulierung des Art. 130 WV, der den Beamten einerseits die Freiheit ihrer politischen Gesinnung und die Vereinigungsfreiheit gewährleistete, sie aber andererseits verpflichtete, der Gesamtheit und nicht einer Partei zu dienen. Überwiegend hielt man parteipolitische Betätigung der Beamten außerhalb des Dienstes gemäß Art. 118 Abs. 1 in Verbindung mit Art. 130 Abs. 2 WV für zulässig, soweit Maß und Form auch bei kritischen Äußerungen gewahrt wurden. Dabei gingen aber die Meinungen auseinander, ob diese „politischen Rechte" es den Beamten auch erlaubten, „staatsverneinenden" Parteien, bzw. solchen mit „unklaren Zielen" anzugehören[5]. Hierzu entstand eine umfangreiche Rechtsprechung; vor allem das Preußische Oberverwaltungsgericht hatte mehrfach darüber zu entscheiden, ob Beamte, die derartigen Parteien angehörten, im Staatsdienst bleiben durften[6].

Zu den wenigen, die ein Verbot parteipolitischer Betätigung der Beamten trotz Art. 130 WV befürworteten, gehörte Arnold Köttgen[7]. Aus seinen Argumenten wird deutlich, daß die parteipolitische Betätigung von Richtern unter wesentlich anderen Gesichtspunkten angesehen werden muß (was nicht ausschließt, daß sie vielfach auch unter den von Köttgen herausgearbeiteten Aspekten betrachtet wird), zum anderen kann man ihnen entnehmen, wie selbstverständlich auch noch in der Weimarer Demokratie in den von der Monarchie her überkommenen Autoritätsvorstellungen gedacht wurde. Köttgen war sich zwar darüber im klaren, daß sein Ideal von der parteipolitischen Neu-

---

baut (*Döhring*, Geschichte der deutschen Rechtspflege seit 1500, Berlin 1953, S. 46 ff.); Sonderstatus erhielten die Richter erst unter der konstitutionellen Monarchie im Zusammenhang mit dem sich durchsetzenden Grundsatz der Gewaltenteilung (*Wagner*, a.a.O.). Die Unterwerfung unter beamtenrechtliche Normen geschah nach Meinung Köttgens nicht aus „mangelnder Einsicht in die spezifische Eigenart des Richteramts", sondern eher „aus einer gewissen gesetzestechnischen Ökonomie heraus, die eine durchgehende Sonderregelung der richterlichen Anstellungsverhältnisse als überflüssig ansah und sich daher mit gewissen Modifikationen des allgemeinen Beamtenrechts begnügte" (Die Entwicklung des deutschen Beamtenrechts und die Bedeutung des Beamtentums im Staate der Gegenwart, Handbuch des Dt. Staatsrechts, Bd. 2, S. 42).

[5] *Heyland*, a.a.O., S. 1 ff.

[6] Ausführliche Nachweise bei *Anschütz*, Die Verfassung des Deutschen Reiches vom 11. August 1919, Komm. zu Art. 130 WV; nach dieser Rechtsprechung war das bloße Bekenntnis zu solchen Parteien erlaubt, die Förderung umstürzlerischer Ziele aber verboten (PrOVG 77, 495).

[7] Das deutsche Berufsbeamtentum und die parlamentarische Demokratie, S. 106 ff.

tralität der Beamten der geltenden Verfassung nicht entsprach, er versuchte indessen, diese Diskrepanz mit der Behauptung zu mildern: „Was für den Bürger seine politischen Rechte bedeuten, gibt dem Beamten bereits sein Beruf“[8]; die politische Aufgabe der Beamtenschaft in der parlamentarischen Demokratie sei so bedeutend, „daß sie wohl auch die gesteigerten Ansprüche an persönlicher politischer Mitarbeit befriedigen dürfte“. Zudem liege kein Grund für die Sonderstellung vor, die ein dem Parlament angehörender Beamter gegenüber anderen Parlamentsabgeordneten dadurch einnehme, daß er weiter bezahlt werde und in der Anciennität fortschreite[9]. Ganz entscheidend für ein Verbot parteipolitischer Tätigkeit sprach für Köttgen „die prakische Unhaltbarkeit jeder anderen Regelung“, die sich vor allem darin zeige, daß ein beamteter Abgeordneter im Parlament ungestraft seine vorgesetzte Behörde kritisieren könne, und daß durch etwaige Kontroversen zwischen Berufsbeamtentum und Ministerien die hierarchische Autorität der Ministerien und auch des Staatsganzen keineswegs gefördert würde[10]. Außerdem büße die Bürokratie den Nimbus der Überparteilichkeit ein, wodurch das Vertrauen der Bevölkerung zur Beamtenschaft schwinde[11].

Carl Schmitt sah, im Gegensatz zum klaren Wortlaut der Verfassung, einen fundamentalen Unterschied darin, ob die Verfassung dem einzelnen Menschen Freiheitsrechte gewährleiste oder dem Beamten[12]. „Eine prinzipiell unbegrenzte Freiheit im Sinne eines allgemeinen Menschenrechtes müßte, konsequent durchgeführt, den Begriff des Beamten aufheben; denn es wäre unmöglich, daß der Beamte, was seine subjektiven Rechte und Ansprüche angeht, die Vorteile und Auszeichnungen seines Sonderstatus' in Anspruch nehmen, hinsichtlich seiner Pflichten aber sich auf die prinzipiell unbegrenzten individualistischen Freiheiten des liberalen Einzelmenschen, d. h. des Nicht-Beamten berufen dürfte.“ Im Konfliktsfalle müsse der Sonderstatus des Beamten (der vom allgemeinen Menschsein sehr verschieden sei,) bestimmten Grundrechten, z. B. der Freiheit der politischen Gesinnung oder der Vereinigung, vorgehen, wenn das Beamtentum als Institution erhalten bleiben solle[13]. — Die Gewährleistung der freien Meinungsäußerung für alle Deutschen bezweckte indessen gerade „die Beseitigung eines unhaltbaren und verbitternden Ausnahmezustandes zu Lasten des Be-

---

8 *Köttgen*, a.a.O., S. 111.

9 *Köttgen*, a.a.O., S. 112/113.

10 So auch schon *Bismarck*, Sten. Ber. über die Verh. des Reichstags des Norddt. Bundes, Bd. 1, S. 430, Sitzung v. 28. 3. 1867.

11 *Köttgen*, a.a.O., S. 113.

12 Verfassungslehre, 3. Auflage Berlin 1928, S. 181 ff.

13 *Carl Schmitt*, a.a.O., S. 182.

amten in Gegenständen, die mit seinen (des Beamten) besonderen Pflichten und Aufgaben als Staatsdiener nicht im geringsten zusammenhängen"[14].

Nach 1945 wurde die Diskussion neu belebt durch den Einfluß der angelsächsischen Besatzungsmächte, die sich nach den schlechten Erfahrungen mit den politisch gebundenen Beamten im Dritten Reich in Deutschland ein parteipolitisch neutrales Beamtentum wünschten; ein Gedanke, der ihnen auf Grund der Tatsache, daß sich sowohl in England als auch in Amerika Beamte öffentlich nur begrenzt parteipolitisch betätigen dürfen[15], ohnehin selbstverständlich war.

Wie in der Weimarer Republik ist man auch heute überwiegend der Ansicht, Beamte dürften sich parteipolitisch betätigen[16], wenn auch mit der Einschränkung, daß dabei Maß und Form gewahrt werden. § 53 BBG trägt dieser Auffassung Rechnung, wenn dort dem Beamten zur Pflicht gemacht wird, bei politischer Betätigung „diejenige Mäßigung und Zurückhaltung zu wahren, die sich aus seiner Stellung gegenüber der Gesamtheit und aus der Rücksicht auf die Pflichten seines Amtes ergeben". Der Regierungsentwurf hatte dagegen noch vorgesehen, daß ein Beamter in der Öffentlichkeit nicht als aktiver Anhänger einer politischen Partei hervortreten dürfe, damit er jeden Anschein einer Parteilichkeit vermeide und das ihm entgegengebrachte Vertrauen der Allgemeinheit nicht beeinträchtige[17]. Der Bundestag machte sich indessen die Auffassung des Bundesrates zu eigen, der die ersatzlose Streichung dieser Passage mit dem Hinweis darauf empfahl, daß diese

---

14 *Vervier*, AöR N.F. Bd. 6, S. 1 ff. (17).

15 Für die englischen civil servants vgl. *Eschenburg*, Der Beamte in Partei und Parlament, in: Kleine Schriften für den Staatsbürger, Heft 15, Frankfurt 1952, S. 23 ff.; den amerikanischen Beamten ist seit der Hatch Act von 1939 untersagt, "to take any active part in political management or in political campaigns" (Sec. 9 [a]; s. hierzu: Interpretation by the Attorney General of the USA, 1939).

16 So z. B. *Heyland*, Das Berufsbeamtentum im neuen demokratischen Staat, Berlin 1949, S. 106 ff.; *Evers*, Beamter und Politik, in: Festgabe für Herrfahrdt, S. 29 ff.; Koalitions- und Meinungsfreiheit des Beamten, Protokoll einer beamtenpolit. Tagung des DGB am 10./11. 12. 1963; *Cornelius - Gester - Woschech*, Die Meinungsfreiheit des Beamten, Düsseldorf 1963; *Kröger*, Verfassungsrechtliche Grundfragen des Rechts des Beamten auf „parteipolitische Meinungsäußerungen", AöR, Bd. 88, S. 121 ff.; *Scheuner - v. Meerkatz*, Die politischen Pflichten und Rechte des dt. Beamten. Öffentlicher Dienst zwischen Parteiung und Staatsraison, Baden-Baden 1962; a.A. z. B. *Kalisch*, Grundrechte und Berufsbeamtentum nach dem Bonner Grundgesetz, AöR Bd. 78, S. 343 ff.; *Eschenburg*, a.a.O.; Referate von Brecht und Mestern zur Reform des Beamtenwesens in: Neues Beamtentum, Frankfurt 1951.

17 Verhandl. d. Dt. Bundestags, 1. Wahlperiode (1949), Drucksachen, Nr. 2846, Anlage 1.

Einschränkung den Grundrechten der freien Betätigung und Meinungsäußerung im Rahmen einer demokratischen Staatsordnung entgegenstünde[18].

Von den Gegnern einer Parteitätigkeit der Beamten sei hier Eschenburg zitiert, der ähnlich wie Köttgen in der Entscheidungsfreiheit des Abgeordneten und der dienstlichen Gehorsamspflicht des Beamten unauflösbare Widersprüche sieht[19]. Der Beamte solle zwar seine eigene Auffassung von Politik und Parteien haben, sich aber „um der Auctoritas willen" nicht öffentlich parteipolitisch betätigen[20]. Daneben weist Eschenburg auf die Gefahren der „Ämterpatronage" hin, die aber im Grunde nur durch die Parteien selbst behoben werden könnten. Der mit einem Verbot parteipolitischer Aktivität verbundene Verzicht auf das passive Wahlrecht wäre für Eschenburg ein Äquivalent für die lebenslängliche Anstellung des Beamten, aber auch — da das Argument nicht auf Widerrufsbeamte und Angestellte des öffentlichen Dienstes zuträfe — ein Ausgleich „für die monopolitische Ausübung der staatlichen Gewalt" durch die Beamten[21]. Trotz allem würde diese parteipolitische Neutralität der Beamten nach Ansicht Eschenburgs nicht ihre Entpolitisierung bedeuten, denn: „Zwischen Politik treiben und Politik verstehen besteht ein großer Unterschied[22]."

2. Sonderstellung der Richter

Die Diskussion darüber, ob Richter „Beamte" sind, erweist sich bei näherer Betrachtung insofern als nicht sehr ergiebig, als unbestritten ist, daß im einzelnen konkrete Unterschiede zwischen beiden Kategorien von öffentlichen Bediensteten bestehen; es handelt sich also im Grunde um eine Definitionsfrage. Bemerkenswert ist aber doch, daß diejenigen, die die Richter nicht zu den Beamten zählen, dabei oft zu übersehen scheinen, wie viele Gemeinsamkeiten bei allen Unterschieden bestehen, die auch durch das Deutsche Richtergesetz nicht beseitigt worden sind. Die heute herrschende Meinung, nach der Richter keine Beamten im überkommenen Sinne mehr seien, stützt sich auf die Bestimmungen des Grundgesetzes, in denen die Richter neben den Beamten genannt sind, also Art. 60 Abs. 1, 132 Abs. 1 und 137 Abs. 1 GG, und auf den in Art. 98 GG ausgesprochenen Verfassungsauftrag zum Erlaß eines besonderen Richtergesetzes. Daneben wird darauf hingewiesen, daß

---

[18] Ebenda, Anlage 2.

[19] *Eschenburg*, a.a.O., S. 85.

[20] Dies soll nach Eschenburg auch für Richter gelten; ihre im GG gewährleistete Unabhängigkeit habe nur geringe Wirkung, da sie in Beförderung und Versetzung von der Justizverwaltung abhängig seien, a.a.O., S. 174.

[21] *Eschenburg*, a.a.O., S. 16.

[22] *Eschenburg*, a.a.O., S. 146.

der Richter nicht wie der Beamte in einem „hierarchisch gestaffelten Weisungsverhältnis“ stehe, vielmehr ausschließlich dem Gesetz unterworfen sei und im Gegensatz zum Beamten persönliche und sachliche Unabhängigkeit besitze[23]. Auch wird auf das Bekenntnis des Grundgesetzes zur Gewaltenteilung abgehoben, das verdeutliche, daß Richter in diesem System eine wesentlich andere Funktion innehaben als Beamte[24].

Die Gegenmeinung bestreitet, daß der Wortlaut des Grundgesetzes zu der obengenannten Auffassung zwinge. Es könne sich dabei ebensogut um die Klarstellung einer historisch überkommenen Sonderstellung handeln. Man beruft sich vor allem auf das den Richtern und Beamten gemeinsame besondere Gewaltverhältnis und das damit zusammenhängende Unterworfensein beider Gruppen unter Disziplinarmaßnahmen[25]. Man müsse zudem bedenken, daß im heutigen Rechtsstaat auch der Verwaltungsbeamte streng an das Gesetz gebunden sei[26].

Versteht man unter „Beamten“ nur Verwaltungsbeamte, dann kann es keinem Zweifel unterliegen, daß die Richter weder zur Zeit der Weimarer Republik in diesem Sinne Beamte waren noch es heute sind. Die spezifischen Aufgaben der Rechtsprechung unterscheiden sich grundsätzlich von denen der Verwaltung: hier „Sozialgestaltung im Rahmen der Gesetze und auf dem Boden des Rechts“, dort „tatbestandsbezogene Entscheidung im Wege des Rechtserkenntnisses“[27], wobei die Trennung zwischen beiden Bereichen heute noch schärfer und unüberbrückbarer dadurch geworden ist, daß die dritte Gewalt Kontrollinstanz der Verwaltung hinsichtlich der Rechtmäßigkeit und Gesetzmäßigkeit ihrer Handlungen geworden ist (§ 40 VwGO). Diese Unterscheidung des Richters vom Verwaltungsbeamten schließt aber nicht aus, daß die Stellung des Richters insoweit beamtenmäßig strukturiert ist, als sie typisch beamtenrechtliche Züge trägt. Auch der Universitätsprofessor ist Beamter, ohne daß er in einem hierarchisch gestaffelten Weisungsverhältnis steht wie der Verwaltungsbeamte (§ 55 BBG). Gemeinsam ist allen drei Personenkategorien, daß sie gemäß Art. 33 Abs. 4 GG Angehörige des öffentlichen Dienstes sind, die in einem öffentlich-rechtlichen Dienst- und Treueverhältnis stehen, das sich von dem der Angestellten und Arbeiter des öffentlichen Dienstes durch Anstellung auf Lebenszeit und den Empfang von Pensions-

---

[23] *Wagner*, Sind Richter Beamte?, DÖV 1955, S. 167 ff. (177).

[24] *Nedden*, Die hergebrachten Grundsätze des Berufsrichtertums, Diss. Göttingen 1962, S. 17 ff.

[25] *Kranz*, Sind Richter Beamte?, DÖV 1955, S. 166; *Fischbach*, a.a.O., 2. Auflage 1956, Anm. C I zu § 1 BBG.

[26] *Fischbach*, ebenda.

[27] *Forsthoff*, Lehrbuch des Verwaltungsrechts, 9. A. 1966, S. 6.

bezügen nach Erreichung der Altersgrenze unterscheidet[28]. Obwohl das Grundgesetz das Wortpaar „Richter und Beamte" gebraucht, sind auch die Richter nach wie vor als Angehörige des öffentlichen Dienstes in ihrer dienstrechtlichen Stellung den traditionellen Regeln des Beamtenrechts unterworfen; daran ändert auch die Tatsache nichts, daß auf Grund von Art. 98 GG für Bund und Länder besondere Richtergesetze ergangen sind, denn auch sie halten grundsätzlich an diesen Regeln fest. Als Beispiele seien genannt die Vorschriften über die Ernennung durch Urkunde, den Diensteid, die Laufbahnen, Titel, Pensionen, Disziplinarmaßnahmen. Die verfassungsrechtliche Grundlage hierzu bietet neben Art. 33 Abs. 4 GG Abs. 5 derselben Bestimmung, wonach das Recht des öffentlichen Dienstes unter Berücksichtigung der hergebrachten Grundsätze des Berufsbeamtentums zu regeln ist. Die Tatsache, daß Richter auch in der Weimarer Republik nicht Verwaltungs-, sondern richterliche Beamte waren, schließt bereits eine Interpretation dieses Abs. 5 aus, wonach etwa auch die Weisungsgebundenheit des Verwaltungsbeamten Inhalt des Richterdienstverhältnisses werden könnte. Einer mindestens analogen Anwendung steht dann nichts im Wege, wenn man unter den hergebrachten Grundsätzen des Berufsbeamtentums im Falle ihrer Geltung für Richter diejenigen des Berufsrichtertums versteht[29]. Die Richter sind also auch unter dem Grundgesetz noch Beamte, soweit ihr dienstrechtlicher Status betroffen ist. Was ihre Funktion angeht, sind sie unmittelbare Staatsorgane[30]; insoweit sind sie frei von Bindungen, die außerhalb der ihnen aufgegebenen Rechtserkenntnis liegen. Diese Zwitterstellung der Richter ist besonders problematisch deshalb, weil die dritte Gewalt unter dem Grundgesetz eine Position erhalten hat, die eigentlich erfordern würde, daß Richter völlig aus beamtenrechtlichen Kategorien herausgenommen würden. Zu der Funktion der Richter innerhalb der Verfassung wird in anderem Zusammenhang noch Näheres ausgeführt werden; hier sei nur soviel gesagt, daß die beamtenrechtliche Strukturierung des Richteramtes seine Träger wohl immer hemmen wird, ihren Kontrollfunktionen als völlig unabhängige Instanz gerecht zu werden. Das Denken in Zeugnissen und Beförderungen kann sich bei Menschen, die die letzte Instanz gegen Willkürhandlungen eben des Staates sein sollen, von dem sie in dienstrechtlicher Hinsicht ab-

---

[28] *Maunz*, Deutsches Staatsrecht, 15. Auflage, München und Berlin 1966, S. 272.

[29] Für analoge Anwendung wohl *Nedden*, a.a.O., S. 26; für direkte Anwendung z. B. Ule, Öffentlicher Dienst, in: Die Grundrechte, Bd. IV, 2, S. 551.

[30] So schon für die Weimarer Republik *Köttgen*, Handbuch des dt. Staatsrechts, a.a.O., S. 92; offen bleibt dies in: Der Status des Bundesverfassungsgerichts, Jahrb. d. öffentl. Rechts, N.F. Bd. 6, S. 130/131 (Bericht des Berichterstatters an das Plenum des BVerfG zur „Status"-Frage).

hängig sind, nur nachteilig auswirken. Fraglich ist allerdings, ob eine wirklich eigenständige rechtliche Ausgestaltung des Richteramts nicht andere Nachteile haben würde. Es ist ja schon wiederholt der Vorschlag einer „Entfesselung der Dritten Gewalt" gemacht worden[31], also einer Herauslösung der Richter aus dem Ernennungs- und Beförderungswesen durch die Exekutive mit dem Ziel, daß die Richter ihre Verhältnisse selbst bestimmen könnten. Ihre Unabhängigkeit würde dadurch sicherlich wachsen, aber vielleicht würde dann ein „Kastengeist" die notwendige „Volksnähe" des Richters zum Schwinden bringen.

Es führt indessen zu weit, den Möglichkeiten einer Herausnahme des Richteramtes aus der Beamtensphäre genauer nachzugehen. Das Richtergesetz hat derartigen Reformen auch für wohl lange Zeit den Weg verbaut.

Eingangs wurde gesagt, aus dem Ergebnis der Abgrenzung der Stellung von Richtern und Beamten würde zu entnehmen sein, inwieweit das vorliegende Thema auch unter beamtenrechtlichen Gesichtspunkten zu betrachten sei. Überblickt man die in den angeführten Stellungnahmen verwendeten Argumente, ergibt sich, daß sie im wesentlichen auf den Verwaltungsbeamten bezogen sind, sich aber nicht mit den Problemen beschäftigen, die sich aus der Position der Rechtsprechung innerhalb der Gewaltenteilung und aus der Unabhängigkeit der dritten Gewalt ergeben und die mit der gegen eine parteipolitische Tätigkeit der Beamten immer wieder angeführten Gefahr von Widersprüchen zwischen dienstlicher Gehorsamspflicht und politischer Entscheidungsfreiheit nichts zu tun haben. Hinweise auf das allgemeine Beamtenrecht müssen aber da berücksichtigt werden, wo es um den dienstrechtlichen Status der Richter geht, insbesondere bei der Abgrenzung der Inhalte des besonderen Gewaltverhältnisses.

III. Gesetzliche Regelungen der parteipolitischen Betätigung der Richter in Deutschland

1. 1848—1945

In Deutschland bildeten sich erst nach 1848 in größerem Umfang politische Parteien, so daß die Problematik parteipolitischer Betätigung von Richtern vorher nicht auftreten konnte.

Zu gesetzlichen Regelungen auf diesem Gebiet kam es jedoch auch nach 1848 zunächst nicht. Zwar begründete § 17 Nr. 4 der Städteordnung

---

[31] Vgl. z. B. *Paulus van Husen*, Die Entfesselung der Dritten Gewalt, AöR Bd. 78, S. 49 ff.

für die sechs östlichen Provinzen der preußischen Monarchie vom 30. Mai 1853[1] eine Inkompatibilität zwischen Richtertätigkeit und gleichzeitigem Stadtverordnetenmandat[2]. Damit sollte indessen wohl weniger die parteipolitische Betätigungsfreiheit der Richter eingeschränkt werden, zumal auf kommunaler Ebene die damaligen „Honoratiorenparteien" keine große Rolle spielten, als vielmehr vermieden werden, daß persönliche Voreingenommenheiten von Richtern gegen Gemeindebewohner und umgekehrt Einfluß auf Prozeßentscheidungen ausüben könnten.

In den Parlamenten wurden verschiedentlich Anträge gestellt, die darauf abzielten, den Richtern das passive Wahlrecht zu entziehen[3]. Ihnen war jedoch kein Erfolg beschieden.

Art. 21 der Verfassung des Deutschen Reiches von 1871 bestimmte vielmehr: „Beamte bedürfen keines Urlaubs zum Eintritt in den Reichstag", und in Art. 39 Abs. 1 der Weimarer Verfassung hieß es: „Beamte ... bedürfen zur Ausübung ihres Amtes als Mitglieder des Reichstags oder eines Landtags keines Urlaubs." Aus diesen Bestimmungen geht eindeutig hervor, daß parlamentarische Betätigung für Beamte und damit auch für Richter gestattet war, wenn dadurch auch in erster Linie klargestellt werden sollte, daß Beamte in der Zeit ihrer parlamentarischen Tätigkeit ihrem Dienst fernbleiben durften, ohne dafür gesetzlichen Urlaub in Anspruch nehmen zu müssen[4].

Art. 130 Weimarer Verfassung machte deutlich, daß Beamte und Richter hinsichtlich ihrer politischen Betätigungsfreiheit den übrigen Staatsbürgern gleichgestellt waren, denen dieses Recht in Art. 118 und Art. 124 gewährleistet war; Art. 130 lautete:

(1) Die Beamten sind Diener der Gesamtheit, nicht einer Partei.

(2) Allen Beamten wird die Freiheit ihrer politischen Gesinnung und die Vereinigungsfreiheit gewährleistet.

Nach dem Willen des Gesetzgebers sollte Abs. 1 den Beamten im Dienst und Absatz 2 den Beamten außerhalb des Dienstes betreffen,

---

[1] Preuß. Gesetzessammlung 1853, S. 261 ff.

[2] Aufgehoben erst durch § 4 der Verordnung über die anderweitige Regelung des Gemeindewahlrechts, Preuß. Ges. Samml. 1919, S. 13. Parallele Bestimmungen in § 17 Nr. 4 d. Städteordnung für Westfalen v. 19. 3. 1856; § 16 Nr. 4 d. Städteordnung f. d. Rheinprovinz v. 15. 5. 1858; § 26 Nr. 4 d. Gesetzes v. 25. 3. 1867 für Frankfurt a. M.; § 29 Nr. 4 d. G. v. 14. 4. 1859 für Schleswig-Holstein.

[3] Vgl. den Antrag des Abg. Grävell in der Nationalversammlung (Sten. Ber. der 175. Sitzung am 23. 3. 1849, Bd. 7, S. 5364) und den Antrag des Abg. v. d. Schulenburg im Reichstag des Norddt. Bundes (Sten. Ber. d. 21. Sitzung v. 28. 3. 1867, Band 1, S. 429).

[4] *Anschütz,* a.a.O., Anm. 2 zu Art. 39 WV.

ein Widerspruch zwischen beiden Bestimmungen also nicht bestehen[5]. Absatz 2 wurde allerdings eingeschränkt durch § 10 a und b des Gesetzes über die Pflichten des Beamten zum Schutze der Republik vom 21. 7. 1922, das in das Reichsbeamtengesetz vom 31. 8. 1873 eingefügt wurde, wonach sich die politische Betätigung des Beamten nicht gegen die Republik richten durfte.

Im Dritten Reich wurden durch das Gesetz gegen die Neubildung von Parteien vom 14. 7. 1933 alle Parteien außer der NSDAP verboten. Diese sollte gemäß § 1 des Gesetzes zur Sicherung der Einheit von Partei und Staat vom 1. 12. 1933 „Trägerin des deutschen Staatsgedankens und mit dem Staat unlöslich verbunden" sein. Demgemäß sollten sich die Beamten und damit auch die Richter in ihrem gesamten Verhalten „von der Tatsache leiten lassen, daß die Nationalsozialistische Deutsche Arbeiterpartei in unlöslicher Verbundenheit mit dem Volke Trägerin des Deutschen Staatsgedankens" sei[6]. Parteipolitische Betätigung war sehr erwünscht, und etwaige Beschränkungen wären ganz undenkbar gewesen. „Es gilt der Satz: Erst Deutscher (Nationalsozialist), dann Beamter[7]."

2. Seit 1945

Erst nach Ende des Zweiten Weltkriegs wurden in Deutschland gesetzliche Bestimmungen über parteipolitische Betätigung von Richtern innerhalb und außerhalb der Parlamente erlassen, und zwar zunächst in der britischen und der amerikanischen Besatzungszone. Am 4. 9. 1946 ordnete die Militärregierung für die britische Zone an, daß Richter, Staatsanwälte und Mitglieder des höheren und gehobenen Justizdienstes weder politischen Parteien noch Gewerkschaften angehören und keine politischen Reden halten dürften[8]. Nach einem offiziellen Kommentar erging diese Anordnung, „um das Vertrauen des Volkes in die völlige Unparteilichkeit der Gerichte wiederherzustellen, das wegen der Parteigebundenheit des größten Teils der mit der deutschen Rechtsprechung und der Strafverfolgung betrauten Beamten in den vergangenen zwölf Jahren schwer erschüttert war". Mit dieser Anordnung sei es z. B. nicht vereinbar, wenn Richter „von der ihnen

---

[5] *Köttgen*, Das dt. Berufsbeamtentum und die parlamentarische Demokratie, S. 107.

[6] § 3 Dt. Beamtengesetz vom 26. 1. 1937.

[7] *Brand*, Die preuß. Dienststrafordnungen vom 27. 1. 1932 i.d.F. vom 18. 8. 1934, Berlin 1935, S. 170/171.

[8] Abgedruckt in SchlHA 1946, S. 394; vgl. auch Amtsbl. f. Niedersachsen, 1948, S. 42, wo auf die Anordnung d. Gebietsbeauftragten der Kontrollkommission f. Dtld. — brit. Element — hingewiesen wird, die den öffentl. Bediensteten Niedersachsens öffentl. polit. Betätigung untersagte.

belassenen Möglichkeit, öffentliche politische Versammlungen zu besuchen", etwa in der Weise Gebrauch machten, daß sie „nur an Versammlungen einer bestimmten politischen Partei teilnehmen und damit offen ihre Verbundenheit gegenüber dieser Partei" kundtäten[9]. Diese Interpretation dürfte aber des Guten zuviel getan haben, denn das Bekenntnis zu einer bestimmten Partei lediglich durch Besuch ihrer Veranstaltungen sollte durch die genannte Anordnung ganz offensichtlich nicht unterbunden werden. Dies ergibt sich klar aus den näheren Anweisungen, wie sie z. B. die Militärregierung von Nordrhein-Westfalen zu der genannten Anordnung erließ[10]. Danach durfte kein Richter, Staatsanwalt oder Beamter der Justizverwaltung des höheren und gehobenen Dienstes als Kandidat bei einer politischen Wahl aufgestellt werden, politische Reden halten, Rechtsberater einer politischen Partei sein, bei politischen Wahlen werben, private Parteitagungen besuchen, Mitglied einer politischen Partei sein oder in irgendeiner anderen Art aktiv politisch tätig sein.

§ 26 des Gesetzes Nr. 15 der Militärregierung (Bizonales Beamtengesetz vom 20. 5. 1949)[11], das gemäß § 5 auch für Angehörige des Obergerichts für das Vereinigte Wirtschaftsgebiet galt[12], bestimmte:

(1) Ein Beamter darf weder für eine politische Partei oder für ein parteipolitisches Programm öffentlich werben, noch auf andere Weise durch politische Tätigkeit eine politische Partei oder ein parteipolitisches Programm öffentlich unterstützen. Der Beamte muß sein Amt niederlegen, bevor er ein öffentliches Wahlamt antritt oder die Aufstellung als Kandidat zur Wahl in eine gesetzgebende Körperschaft annimmt.

Nach Abs. 2 war das Verbleiben in Kommunalvertretungen erlaubt, sofern die Unabhängigkeit von politischen Parteien erhalten blieb. Bei der Kandidatur zu einer Gemeindevertretung sollte der Beamte seine Ansichten öffentlich vertreten können, wenn sie sich auf zur Zuständigkeit der Kommunalvertretung gehörende Angelegenheiten bezogen.

Diese Bestimmungen traten erst im Jahr 1950 außer Kraft[13]. Erst am 1. 8. 1962 wurde das Beamtengesetz von Württemberg-Baden vom

---

[9] Hannov. Rechtspflege, S. 112, 1946.

[10] Abgedruckt in SchlHA 1947, S. 270.

[11] Ges. Bl. d. Verein. Wirtschaftsgebiets 1949, Beil. N. 2.

[12] Dieses Obergericht war durch VO Nr. 127 der brit. Mil. Regierung (Proklamation Nr. 8 der amer. Mil. Reg.) 1948 errichtet worden (VOBl. für d. br. Zone, S. 56).

[13] JMBlNRW 1951, S. 86; SchlHA 1951, S. 63. Gerade das Gesetz Nr. 15 zeigt ganz deutliche Parallelen zur Hatch Act von 1939, in der den amerikanischen Beamten grundsätzlich aktive Parteitätigkeit untersagt wird.

19. 11. 1946 aufgehoben[14], das in Art. 21 Abs. 2 die politische Betätigung von Beamten und Richtern auf die Ausübung des Wahlrechts und die passive Mitgliedschaft bei einer politischen Partei beschränkte.

Im Gegensatz zur Weimarer Verfassung enthält das Grundgesetz keine ausdrückliche Bestimmung über die politische Tätigkeit von Richtern und Beamten auch außerhalb der Parlamente. Ein Vorschlag des Abgeordneten Zinn wurde schon bei den Verhandlungen in Herrenchiemsee abgelehnt, wonach der die Unabhängigkeit der Richter statuierende Grundgesetz-Artikel folgendermaßen ergänzt werden sollte: „Richter können einer politischen Partei weder angehören noch für sie tätig werden[15]."

Dafür eröffnet das Grundgesetz in Art. 137, der auf Wünsche der Besatzungsmächte zurückgeht[16], die Möglichkeit, die Wählbarkeit von Richtern und anderen Angehörigen des öffentlichen Dienstes und bestimmten Soldatengruppen gesetzlich zu beschränken. Die Forderung der Alliierten, eine Bestimmung ins Grundgesetz aufzunehmen, wonach Richter und Beamte vor Annahme der Wahl auf ihr Amt verzichten sollten, wurde allerdings nicht erfüllt[17].

Art. 137 wurde nur als Ermächtigungsnorm für spätere Gesetze gefaßt. Der Gesetzgeber machte von dieser Ermächtigung dann auch mit Erlaß des Wahlgesetzes zum ersten Bundestag Gebrauch[18], das in § 5 Abs. 2 u. a. bestimmte, daß Richter des Bundes vor Annahme der Wahl ihre Versetzung in den Wartestand beantragen mußten. Spätere Wahlgesetze enthalten keine derartigen Bestimmungen mehr, da 1953 ein besonderes Gesetz über die Rechtsstellung der in den Deutschen Bundestag gewählten Angehörigen des öffentlichen Dienstes erging, das in § 1 normiert, daß Richter mit dem Tag der Annahme der Wahl automatisch in den Ruhestand treten. Nach § 3 sind sie nach Beendigung des Mandats wieder in das frühere Dienstverhältnis zu übernehmen.

Ähnliche Regelungen enthalten die Wahlgesetze der meisten Bundesländer für Richter und Beamte, die in die Länderparlamente gewählt werden[19]. Hingegen finden sich in den Gemeindeordnungen keine Inkompatibilitätsbestimmungen für Richter.

---

[14] Reg. Bl. Württ. Baden 1946, S. 249. Am 1. 8. 1962 trat das Landesbeamtengesetz für Baden-Württemberg in Kraft (GBl. für Bad.-Württ. 1962, S. 89), das im Gegensatz zu seinem Vorgänger nur für Beamte gilt.

[15] Vorschlag v. 3. 11. 1948, Drucks. Nr. 243 — zit. nach *Holtkotten*, Kommentar zum Bonner GG, Hamburg 1950, Anm. I zu Art. 97.

[16] *Jess*, Bonner Kommentar zu Art. 137, Anm. II, 5.

[17] Ebenda, Anm. II, 5 a zu Art. 137 GG.

[18] BGBl. 1949, S. 21.

[19] Vgl. die rechtsvergleichenden Hinweise bei *Jess*, Bonner Kommentar, Anm. III 1 zu Art. 137 GG.

Für Bundesverfassungsrichter legt Art. 94 Abs. 1 Satz 3 Grundgesetz fest, daß sie nicht gleichzeitig Mitglieder von Bundes- und Länderparlamenten sein dürfen (gleichlautend § 3 Abs. 3 BVerfGG).

Das Bundesbeamtengesetz vom 14. 7. 1953, daß gemäß § 189 zunächst auch für Richter galt, fordert in § 53 von den Beamten bei politischer Betätigung die Wahrung derjenigen Mäßigung und Zurückhaltung, die sich aus ihrer Stellung gegenüber der Gesamtheit und aus der Rücksicht auf die Pflichten ihres Amtes ergeben. Bis zum Erlaß des Bundesbeamtengesetzes hatte die erste Verordnung zur Durchführung des Gesetzes zur vorläufigen Regelung der Rechtsverhältnisse der im Dienst des Bundes stehenden Personen[20] zu § 3 Deutsches Beamtengesetz bestimmt, daß der Beamte „in der Öffentlichkeit nicht als aktiver Anhänger einer bestimmten politischen Partei oder eines bestimmten politischen Programms hervortreten" dürfe.

§ 39 des Deutschen Richtergesetzes vom 8. September 1962 lautet: „Der Richter hat sich innerhalb und außerhalb seines Amtes, auch bei politischer Betätigung, so zu verhalten, daß das Vertrauen in seine Unabhängigkeit nicht gefährdet wird." Nach § 4 DRiG darf ein Richter Aufgaben der rechtsprechenden und Aufgaben der gesetzgebenden oder vollziehenden Gewalt nicht zugleich wahrnehmen, und gemäß § 36 DRiG ist ein Richter, der für den Bundestag oder einen Landtag kandidiert, vom Zeitpunkt seiner Kandidatur an, frühestens aber zwei Monate vor dem Wahltag bis zum Ablauf von zwei Wochen nach dem Wahltag mit vollen Dienstbezügen beurlaubt.

IV. Die Diskussion über parteipolitische Betätigung der Richter in Deutschland

Überblickt man die Diskussion parteipolitischer Betätigung der Richter, wie sie in den letzten Jahren vor allem im Zusammenhang mit den Vorarbeiten zum Deutschen Richtergesetz geführt worden ist, so gewinnt man den Eindruck, als datierten ihre Ursprünge erst aus der Nachkriegszeit. Nun kann man zwar feststellen, daß die zu untersuchende Frage nach dem zweiten Weltkrieg besonders breit und eingehend erörtert worden ist, die Anfänge der Diskussion reichen indessen bis zur Reichsgründung zurück. Eine Begrenzung des Diskussionsberichts auf die jüngste Vergangenheit mag den Vorteil haben, daß der Blick auf den wesentlichen Akzent, den die Frage durch die herausgehobene Stellung der Rechtsprechung unter dem Grundgesetz und die Einbeziehung der politischen Parteien in die Verfassung erhalten hat, konzentriert wird; sie hätte aber auf der anderen Seite den

[20] BGBl. I 1950, S. 275.

Nachteil, daß in dieser Beschränkung viele der verwendeten Argumente ihre geschichtliche Dimension verlieren und oft recht unverständlich erscheinen.

Deshalb soll im folgenden der Rahmen des Berichts weiter gesteckt werden und die Diskussion von ihren Anfängen an umfassen. Ohne eine durchgehende historische Interpretation der Diskussionsbeiträge auch nur anzustreben, wurde doch ihre geschichtliche Anordnung gewählt, weil dadurch viele Argumente aus ihrem politischen Standort und dem Verfassungsleben, auf das sie bezogen waren, verständlich werden und in vielen Fällen auch ihre nur relative Gültigkeit deutlich wird. Anders ausgedrückt: Argumentationen, die nur aus dem Staats- oder dem Parteibegriff des Kaiserreiches oder nur aus der Reaktion der ersten Nachkriegsjahre auf den Parteibegriff des Nationalsozialismus verständlich sind, kann man zwar sehr wohl geschichtlich verstehen, aber nicht immer sinnvoll innerhalb unserer neuen Verfassungsordnung systematisch diskutieren. Insofern dient die historische Anordnung des Diskussionsberichts der Konzentration der heutigen Auseinandersetzung. Auf der anderen Seite soll diese Diskussion — soweit möglich — aber auch deshalb mit einer gewissen Ausführlichkeit dargestellt werden, damit alles wahrgenommen und aufgefangen wird, was auch heute noch relevant sein kann, und das Erbe der bisherigen Diskussion für diese Untersuchung genutzt wird. Dem Bericht soll eine kurze thesenhafte Zusammenfassung jener Argumente folgen, die in den ausgebreiteten Stellungnahmen — oft in ermüdenden Wiederholungen — vorgebracht worden sind und die der heutigen Situation noch so angemessen erscheinen, daß sie zur Auseinandersetzung im dogmatischen Teil zwingen.

Nicht zuletzt soll aber auch dieser Bericht — ähnlich wie der rechtsvergleichende Teil — den Blick über die Grenzen der Bundesrepublik, nun aber im zeitlichen Bereich, weiten und auf den engen Zusammenhang der zu untersuchenden Frage mit der Stellung der richterlichen Gewalt und der politischen Parteien in der Verfassungsordnung hinweisen.

1. Vor dem Grundgesetz

a) 1871—1918

Im preußischen Landtag von 1862 gab es unter 104 Staatsbediensteten 80 Richter. Ihr Mandat entsprach nicht nur der Honoratiorenstruktur der Parlamente des vorigen Jahrhunderts[1], sondern diese fast aus-

[1] Rechtliche Ordnung des Parteiwesens, S. 13.

schließlich liberal gesinnten richterlichen Abgeordneten[2] setzten sich in der Politik auch für dasselbe Ziel ein, dem ihre berufliche Arbeit als Richter galt, die Durchsetzung des Rechtsstaats.

Zehn Jahre später, als mit der Reichsgründung die national-liberalen Ziele der National- und Rechtsstaatlichkeit erreicht schienen, fanden sich kaum noch Richter in den Parlamenten[3]. Im selben Jahrzehnt begannen sich im Lande, von den parlamentarischen Fraktionen ausgehend, Wahlvereine zu bilden, die in der lockeren Form von Rahmenparteien die ersten Ansätze zu den modernen Organisationen der politischen Willensbildung darstellten[4].

In diesen Jahren begann auch die Diskussion über die Problematik der Parteitätigkeit der Richter. Obwohl der Einfluß der politischen Parteien noch gering war und von der Öffentlichkeit bei weitem noch nicht in dem Maße wahrgenommen und beachtet wurde wie später, erhob sich die Befürchtung, Unparteilichkeit und Unbefangenheit der Richter könnten durch ihre politische Tätigkeit gefährdet werden oder gar verloren gehen. So sprach sich der Zentrumsführer *Ludwig Windthorst* im Jahr 1874 im Deutschen Reichstag aus diesem Grunde für den Ausschluß der Richter „von der Theilnahme an der Diskussion der öffentlichen Dinge" aus[5]. Auch *Bismarck* neigte zu dieser Ansicht, weshalb die Befürworter eines Verbots parteipolitischer Betätigung der Richter sich gern auf ihn berufen. Am 3. März 1881 erklärte er im Reichstag, im Gegensatz zum weisungsgebundenen Beamten, der nicht völlig parteilos sein könne, bedinge die Stellung des Richters eine „absolute, unantastbare, makellose Unparteilichkeit", die es ihm verbiete, an Wahlagitationen teilzunehmen, weil von seiner Rechtsprechung doch oft wesentliche Interessen der Wähler abhingen. Für eine Unvereinbarkeit zwischen Richtertum und Mandat setzte sich Bismarck mit der Bemerkung ein, es werde einem Richter „bei der Lebhaftigkeit unseres Parteitreibens" beim besten Willen nicht immer möglich sein, unparteiisch zu sein. So sei er als Minister vor den Gerichten nicht immer mit dem gleichen Maß gemessen worden, was auf anderen Gründen als auf politischer Parteineigung nicht beruhen könne[6]. In

[2] *Erich Döhring*, a.a.O., S. 48.

[3] Um diese Zeit fand ein allgemeiner Auszug der Intellektuellen aus den Parlamenten statt, die durch Berufspolitiker verdrängt wurden, *Demeter*, Die soziale Schichtung des dt. Parlaments seit 1848 im Spiegelbild der Strukturwandlung des Volkes, Vierteljahresschrift f. Sozial- u. Wirtsch. Geschichte, Band 39, 1952, S. 1 ff. (9).

[4] Rechtliche Ordnung d. Parteiwesens, S. 15.

[5] Verhandlungen des Deutschen Reichstags, 2. Legislaturperiode 1874/75, Sten. Berichte Band 1, S. 295.

[6] Verhandlungen des Deutschen Reichstags, 4. Legislaturperiode 1881, Sten. Berichte Bd. 1, S. 132 ff.

seinen „Gedanken und Erinnerungen" erklärte er, „daß Richter an den kleinen und localen Gerichten den starken Parteiströmungen leichter und hingebender unterliegen als Verwaltungsbeamte"[7]. Ob diese Bedenken standhalten, ist allerdings recht zweifelhaft, wenn man sich vor Augen hält, daß Bismarck der Justiz aus der Zeit seiner Erfahrungen als Referendar nicht gerade eine Vorliebe entgegenbrachte[8], und daß zum anderen die Richter in den preußischen Parlamenten jahrelang den Kern der liberalen Opposition bildeten und so im Gegensatz zur konservativen Regierung standen[9].

Dadurch, daß sich die Richter aus den Parlamenten zurückgezogen hatten und sich in der Folgezeit geradezu darin gefielen, politische Indifferenz zur Schau zu tragen[10], gaben sie in den folgenden Jahrzehnten kaum Anlaß, das Für und Wider ihrer parteipolitischen Tätigkeit zu erörtern. Vielleicht wäre diese Frage akut geworden, wenn den Richtern der Anschluß an die Sozialdemokratie möglich gewesen wäre, die sich in den ersten Jahrzehnten des Kaiserreiches zu einer straffen Parteiorganisation entwickelt hatte. Dies wurde den Richtern aber durch das Gesetz „gegen die gemeingefährlichen Bestrebungen der Sozialdemokratie" vom 21. 10. 1878 praktisch unmöglich gemacht, und zwar auch noch lange nach der Aufhebung dieses Gesetzes (1890), da die Gerichte des Kaiserreichs in sozialdemokratischer Tätigkeit ein Dienstvergehen sahen, das zur Entlassung führen konnte[11].

Auch als die anderen Parteien, veranlaßt durch das Beispiel der Sozialdemokratie, ihre jeweilige Programmatik und Organisation ausbauten, kam es zu keiner Diskussion parteipolitischer Tätigkeit der Richter. Nur der Richter *Paul Schellhas* befürwortete 1898 die Ausschaltung der Richter aus der Parteipolitik[12]. Nach seiner Auffassung sollte auch schon der Verdacht einer Beurteilung von Personen oder Dingen mit politischer Zuneigung oder Abneigung vermieden werden. Außerdem könne Politik bei charakterschwachen Menschen den Charakter verderben.

Bis zum ersten Weltkrieg hatte Deutschland ein Parteiensystem ausgebildet, das verhältnismäßig feste Organisationen umfaßte, deren

---

7 Gedanken und Erinnerungen, Bd. 1, Stuttgart 1898, S. 12 f.

8 Ebenda, S. 6 ff.

9 Den Konservativen standen im preußischen Landtag von 1862 nur wenig mehr als ein Dutzend Mandate zur Verfügung, während, wie oben erwähnt, allein achtzig liberale Richter in diesem Landtag saßen (*Goldschmidt*, Bismarcks Stellung zur Justiz, Deutsche Juristenzeitung 1932, Spalte 440.

10 *Erich Döhring*, a.a.O., S. 49.

11 Vgl. z. B. OVG v. 4. 6. 07, zit. nach *von Rheinbaben*, Die preußischen Disziplinargesetze, 2. Aufl. Berlin 1911, S. 83.

12 Was fordert unsere Zeit vom Richterstande und der Rechtspflege, Leipzig 1898.

Schwergewicht wegen der mangelnden Betätigungsmöglichkeit in den konstitutionellen Legislativen außerhalb der Parlamente lag, und das nicht nur durch handfeste wirtschaftliche Interessen, sondern auch auf Grund des Erbes der Katholiken- und Sozialisten-Feindschaft im preußisch-deutschen Kaiserreich in entgegengesetzte politisierte „Weltanschauungsgruppen" aufgesplittert war[13]. Die konstitutionelle Verfassung verweigerte ihnen die Hinwendung zur praktisch-politischen Regierungs- und Oppositionstätigkeit.

Diesen verfestigten und zersplitterten Parteiformen auf der einen Seite stand auf der anderen eine unpolitisch-konservative Staats- und Dienstmoral der öffentlichen Bediensteten gegenüber, die dem „Staat über den Parteien" dienten. Auch hierin mag ein Grund dafür liegen, daß Stellungnahmen zur parteipolitischen Betätigung der Richter weitgehend fehlen.

Eine Ausnahme bildet die Deutsche Richterzeitung, die seit 1909 regelmäßig erschien und sich als Diskussionsforum für Richterprobleme anbot. Die wenigen Beiträge, die sich bis 1918 mit der Parteitätigkeit von Richtern auseinandersetzten, bewerteten sie sämtlich positiv.

In dem ersten Beitrag wurde parteipolitische Betätigung vor allem deshalb befürwortet, weil die richterliche Autorität dadurch nur gewinnen könne; das Publikum sehe, daß der Richter nicht von „oben" abhängig sei. Auch könne dem Richter seine Unabhängigkeit gerade in der Politik zustattenkommen. Falls in einem Rechtsstreit die Prozeßparteien der Meinung seien, die politische Einstellung des entscheidenden Richters werde Einfluß auf den Ausgang des Prozesses haben, gäbe es die Möglichkeit einer Ablehnung wegen Besorgnisses der Befangenheit, auf die immer zurückgegriffen werden könne[14]. Die zweite Stellungnahme forderte die Teilnahme der Richter an der Politik, damit sie sich nicht dem Leben entfremdeten. Der Verfasser glaubte, die Richter könnten auch als Abgeordnete soviel Zurückhaltung wahren, daß ihnen das Vertrauen „verständiger Personen" erhalten bliebe, wozu allerdings ein „außergewöhnliches Maß von Charakterfestigkeit" gehöre[15].

Der Verfasser des dritten Beitrags sah zwar in der schon erwähnten preußischen Bestimmung, nach der Richter nicht zu Stadtverordneten gewählt werden durften, einen Ausdruck des Verlangens der Allgemeinheit, daß die Richter sich zur Wahrung ihrer vollen inneren Unabhängigkeit und auch des Scheins ihrer Unparteilichkeit von den Mei-

---

[13] Rechtliche Ordnung des Parteiwesens, S. 13 ff.

[14] *Dosenheimer*, Der Richter und die Politik, DRiZ 1909, Sp. 370 ff.

[15] *Riß*, Politik und Justiz, DRiZ 1910, Sp. 7 ff.

nungskämpfen innerhalb der Bürgerschaft ihres Amtssitzes fernhalten sollten. Sich hier einzumischen, sei jedoch gar nicht Absicht der Richter; um so mehr stehe ihnen aber der Sinn nach einem Sitz im Landtag und im Reichstag, und hier sollten sie auch an der Gesetzgebung mitwirken[16].

b) 1918—1949

Erst das parlamentarische Regierungssystem der Weimarer Republik ermöglichte den Parteien die direkte Einflußnahme auf Regierungsbildung und -politik. Noch immer wurden sie aber von der Verfassung ignoriert. Die innen- und außenpolitische Situation der jungen Republik war nicht dazu angetan, ein funktionierendes demokratisches Parteiensystem, das die neue Staatsform akzeptierte, entstehen zu lassen. Durch den Zusammenbruch des Kaiserreichs und die Last des Versailler Vertrags wurde die Republik von jenen Bevölkerungsschichten in Frage gestellt, die die Niederlage als Folge der Revolution in der Heimat ansahen und die durch ein demokratisch pluralistisches System ihren in der Monarchie garantierten Besitzstand gefährdet sahen. Andererseits schuf die republikanische Revolution den legalen Boden für eine politische Gruppe, die hier nicht haltmachen wollte, sondern in dem Bestreben, die Revolution auf die Eigentums- und Produktionsverhältnisse auszudehnen, die Republik und ihre Verfassung von der entgegengesetzten Seite her bedrohte. Nicht nur die Tatsache, daß diese beiden Flügelgruppen ihre Programme absolut setzten und mit bürgerkriegsähnlichen Mitteln nach der Macht strebten, versetzte die Republik von vornherein in einen labilen Zustand, sondern auch das Unvermögen der republikanischen Parteien, ihre neue Verantwortung zu realisieren. Das Erbe der fehlenden Regierungsverantwortung im Kaiserreich bewirkte eine allgemeine Regierungsunwilligkeit, als deren Folge sich die zersplitterte Mittelgruppe in jährlich oft mehrmals wechselnden Konstellationen von Fall zu Fall zu Regierungskoalitionen zusammenfand. Das Parlament mußte so als Arena für die Austragung weltanschaulicher Gegensätze, die Straße als Kampfplatz des Parteivolks, die Parteien als undurchsichtige Interessenorganisationen und die Regierung als eine Instanz erscheinen, die jenseits all dieses Haders und Getriebes waltete[17]. Insbesondere die mit der konstitutionellen Tradition besonders verbundenen Angehörigen des öffentlichen Dienstes identifizierten sich

---

[16] *Kade*, Richteramt und Politik, DRiZ 1911, Sp. 79 ff.

[17] Zur Situation der Parteien in der Weimarer Republik vgl. *Werner Conze*, Die Krise des Parteienstaates in Deutschland 1929/32, Histor. Zeitschr. 178 (1954), S. 47 ff.; *Karl Dietrich Bracher*, Die Auflösung der Weimarer Republik, 2 . Auflage 1957.

vielfach mit diesem „überparteilichen" Staate und standen der Republik überwiegend ablehnend gegenüber. Den häufig nationalkonservativ-monarchisch gesinnten Richtern[18] trug dies unter dem Schlagwort „Vertrauenskrise der Justiz" besonders von sozialdemokratischer Seite heftige Vorwürfe ein[19]. Ihre Berechtigung zeigt sich an vielen Urteilen, besonders der politischen Justiz, aus denen hervorgeht, daß „nach rechts und links vielfach mit verschiedenem Maße gemessen" wurde[20]. Diese Angriffe auf die republikfeindliche Justiz richteten sich also gegen ihre politische Einstellung, nicht aber gegen bestimmte parteipolitische Bindungen, die ohnehin selten waren.

Solche Bindungen befürwortete im ersten Jahr der Republik der Richter und Parlamentarier *Ernst Müller-Meiningen*[21]. Er hielt es für schädlich, daß sich die Richter ängstlich vom politischen Leben fernhielten und sich mit der Vertretung ihrer engeren oder weiteren Standesinteressen in der Öffentlichkeit begnügten, da die Eigenart der Republik den „wahren Volksrichter" erfordere, der mit „sehenden Augen und hörenden Ohren" mitten im Leben stehen müsse. Nach Meinung des Autors wäre es „traurig und ein schlechtes Zeichen für die Moral und das Taktgefühl der Richter", wenn ihnen eine solche Teilnahme am politischen Leben die „Objektivität und Gerechtigkeit in ihren Berufen" nähme.

Darauf, daß politische Tätigkeit auch Nachteile haben kann, wurde zwei Jahre später von einem anderen Richter hingewiesen[22]. Wenn auch die Bereicherung des politischen Lebens durch die Sachkunde und die besonderen Charaktereigenschaften des Richters positiv zu beurteilen sei, könnten der Politik aber durch die Neigung der Richter zur positivistisch-logischen Betrachtung aller Probleme Nachteile erwachsen. Nachteilig für das Richteramt könnte sich die Ver-

---

[18] *Wilhelm Hoegner*, Die verratene Republik, München 1958, S. 261.

[19] s. „Vorwärts" vom 1. 4. 1926 und vom 11. 4. 1926, abgedruckt in DRiZ 1926, S. 193. Zur Behebung dieser „Vertrauenskrise" wurde 1922 der Republikanische Richterbund gegründet, der laut Satzung „den vollen Einklang des Rechts mit der republikanischen Staatsordnung" bezweckte. Parteipolitik sollte ausgeschlossen sein, woraus deutlich wird, daß es beim Kampf gegen die republikfeindlichen Richter nicht um parteipolitische Fragen ging; vgl. hierzu *Robert M. W. Kempner*, Der Republikanische Richterbund. Eine Kampforganisation für die Weimarer Republik, Recht und Politik 1967, S. 129 ff.

[20] *Hoegner*, a.a.O., S. 261; H. und E. *Hannover*, Politische Justiz 1913—1933, Frankfurt 1966, S. 26 ff.; *Ilse Staff*, Justiz im Dritten Reich, Frankfurt 1964, S. 17; vgl. auch neuerdings *Kurt Sontheimer*, Justiz und Demokratie in Deutschland, Recht und Politik 1968, S. 2 ff., der eingehend begründet, warum die „Diskrepanz zwischen autoritärer Staatsräson und Richterinteresse" schon vor dem Dritten Reich zunehmend geringer wurde (S. 4).

[21] Bayerische Reformgedanken und Reformpläne, Dt. Jur. Z. 1919, Sp. 857 ff.

[22] *Kübel*, Die politische Betätigung der Richter, DRiZ 1924, Sp. 272 f.

tretung von Parteistandpunkten in Prozessen, besonders wenn sie von Einzelrichtern geleitet würden, auswirken. Auch würden sich die würdelosen Formen des politischen Lebens und die mögliche Gefährdung des Vertrauens in die Unparteilichkeit des Richters mit der Würde des Richteramtes schlecht vertragen. Dieser Gegenüberstellung konnte der Verfasser jedoch ebensowenig wie einer Betrachtung der geschichtlichen Entwicklung der Frage oder der Situation in anderen Ländern ein eindeutiges Ja oder Nein zur parteipolitischen Betätigung der Richter entnehmen. Er zog daraus den Schluß, daß es zwar für Richter möglicherweise klüger sei, „die Finger von der Politik zu lassen", „Werk und Ansehen" würden darunter aber sicher nicht leiden. Eine „Zwangsenteignung" sei jedenfalls nicht nötig. Es genüge, „dem Takt der Richter und den Wünschen ihrer Wähler zu überlassen, wie weit jene am öffentlichen politischen Leben teilnehmen wollen oder sollen".

Soweit ersichtlich, war der erste, der sich in der Weimarer Republik für ein Verbot parteipolitischer Betätigung von Richtern aussprach, der ehemalige Reichsjustizminister *Eugen Schiffer*[23]. Ein solches Verbot hätte nach Schiffers Ansicht nicht gegen Art. 118 WV, der die Meinungsfreiheit garantierte, verstoßen; hierbei bezog er sich auf eine Entscheidung des preußischen Staatsministeriums als dem höchsten preußischen Disziplinargericht vom 24. 9. 1925 zu Art. 118 WV, worin dieses für Beamte eine Bindung durch das Amt auch über die eigentliche dienstliche Tätigkeit hinaus bejaht hatte[24]. Die sich daraus ergebende Mäßigung in der politischen Betätigung der Beamten könne für den Richter dahingehend gesichert werden, daß man ihm durch Gesetz untersagte, sich in „öffentlich wahrnehmbarer Weise" politisch zu betätigen, etwa eingeschriebenes Mitglied einer politischen Partei zu sein, sich an politischen Kundgebungen zu beteiligen und ein politisches Mandat auszuüben. „Das wäre nichts Unerhörtes[25]." Den Grund für eine solche Einschränkung der politischen Betätigungsfreiheit erblickte Schiffer hauptsächlich darin, daß für das „Leben und das Volk" die richterliche Persönlichkeit, ob in der Robe oder im bürgerlichen Gewand, unteilbar sei, weshalb dem Richter nicht in seinem Privatleben politische Betätigungsfreiheit zugestanden werden könne. Die Richter „würden dadurch, daß sie aus dem Tagesstreit herausgehoben wären, über ihn emporgehoben, nicht bloß außerhalb, sondern auch oberhalb

[23] Die deutsche Justiz, 1. Auflage Berlin 1928, S. 52 ff.

[24] Ebenda, S. 54.

[25] *Schiffer*, ebenda, S. 56; denselben Vorschlag enthielt Schiffers „Entwurf eines Gesetzes zur Neuordnung des deutschen Rechtswesens" von 1928 (Berlin 1928); § 16 lautete: „Richter sind weder zum Reichstag noch zu einem Landtag wählbar. Sie dürfen nicht Mitglieder einer politischen Organisation sein und sich nicht in öffentlich wahrnehmbarer Weise politisch betätigen."

der Parteien und des Parteihaders stehen auf einer höheren Warte als auf der Zinne der Partei". „Dem gesamten Rechts- und Volksleben wäre ein großer Dienst erwiesen, wenn die Unabhängigkeit des Richtertums eine weitere Sicherung dadurch erführe, daß man den Richter solchen Situationen fernhält, die geeignet sind, sie zu gefährden oder auch nur den Schein einer Gefährdung hervorzurufen." Eine derartige Einschränkung würde „theoretisch ganz gut zu der Montesquieuschen Lehre von der Gewaltenteilung passen" ... „und ihre sinngemäße Fortbildung darstellen". Der durch ein Verbot notwendig werdende Verzicht auf allgemeine Staatsbürgerrechte sei ein „Korrelat für die Gewährung der Richterprivilegien. Sonderstellung stünde gegen Sonderstellung"[26]. Schiffers Vorschlag blieb nicht unwidersprochen. Gegen ihn wurde von seiten der Richter zunächst vorgebracht, der Entzug des passiven Wahlrechts bedeute eine „capitis deminutio"; zudem sei zu befürchten, daß ein Verbot politischer Betätigung außerhalb der Parlamente die Richter ständigen Verdächtigungen aussetzen würde[27]. Außerdem würden auf diese Weise harmlose Vereine, denen die Richter beiträten, zu politischen Organisationen gestempelt. Zwei Einschränkungen seien allerdings geboten: erstens sei es ein sich aus dem Richterstand ergebendes „nobile officium", in politischen Dingen wegen des Verdachts mangelnder Unparteilichkeit eine gewisse Zurückhaltung zu üben, und zweitens seien Vorschriften wünschenswert, „die es dem Richter unmöglich machen, politische Betätigung zum Zwecke der Förderung ihrer juristischen Laufbahn zu benutzen".

In einer weiteren kritischen Stellungnahme wurde darauf hingewiesen, daß das vorgeschlagene Verbot für die Richter nicht nur eine capitis deminutio, sondern auch einen erzwungenen Verzicht auf eines der „wesentlichsten Rechte und Pflichten des Staatsbürgers" bedeuten würde, nämlich das Wahlrecht[28]. Dieses sei eine Pflicht, der man nicht nachkommen könne, wenn man sich nicht mit Politik befassen dürfe. Die vielzitierte Vertrauenskrise der Justiz würde eher durch die „pflichtgemäße Ausübung der staatsbürgerlichen Rechte" überwunden werden als durch ein solches Verbot. Darüber hinaus bedürfe die Rechtspflege der politischen Schulung der Richter, z. B. bei Entscheidungen darüber, ob ein Angeklagter einer staatsfeindlichen Verbindung angehört habe oder nicht. Dieser könne das Vertrauen in die Urteilsfähigkeit des Richters verlieren, wenn er annehmen müsse, daß dieser ihm „in gesetzlich erzwungener Weltfremdheit" gegenüberstehe.

Schiffer hielt indessen an seiner Meinung fest. 1932 wies er erneut darauf hin, wie nötig es sei, daß Richter sich von der Parteipolitik

---

[26] Ebenda, S. 57 f.

[27] *Braun-Friderici*, Drei unannehmbare Vorschläge, DRiZ 1930, Sp. 208 ff.

[28] *Neugebauer*, Politik und Richterstand, DRiZ 1930, Sp. 281 f.

fernhielten, ohne dabei allerdings Fälle zu nennen, die diese Notwendigkeit demonstriert hätten[29]. Dies „dürfte sich mehr als vornehme Exklusivität denn als verletzende Ausschließung bemerkbar machen"(!). Das Wort unparteiisch gehe sprachlich über die vor dem Richter streitenden Parteien hinaus und deute „auf die möglichste Fernhaltung alles dessen, was Partei, nicht bloß, was Prozeßpartei" sei[30].

Ganz am Ende der Weimarer Republik, als die ideologische Verhärtung der Parteien die schärfsten Formen angenommen hatte, wurde in der DRiZ noch einmal ein Verbot parteipolitischer Betätigung der Richter gefordert[31], vor allem deshalb, weil der Parlamentarismus für ruhige, sachliche Arbeit, die an sich durch den Sachverstand der Richter sehr gefördert werden könne, keinen Raum mehr lasse. Der Kampf beherrsche alle Dinge. „Wie aber soll der auf der Rednertribüne, in Versammlungen oder im Parlament kämpfende Richter das Vertrauen aller Gerichtseingesessenen sich erwerben, wenn er wieder die sella curulis besteigt?" Der Autor brachte noch ein weiteres Argument gegen die politische Betätigung der Richter, das heute noch aktuell ist und zunehmend aktueller wird, daß nämlich die Funktion des Politikers den ganzen Mann erfordere und den Richter seinem Beruf entziehe.

Das Dritte Reich entzog dann jeder weiteren Diskussion den Boden. Planmäßig wurden die Richter zur Bejahung der nationalsozialistischen Weltanschauung und einer ihr entsprechenden Rechtsfindung angehalten. Der Juristenstand sollte sich „selbst allmählich ... den Erfordernissen des Nationalsozialismus ... fügen", wie Reichsjustizkommissar Frank es schon auf dem Deutschen Juristentag 1933 ausdrückte[32], auf dem er an die Richter appellierte: „Sorgen Sie dafür, daß der Nationalsozialismus nicht darin besteht, daß man die Loyalität zusichert, nein, man soll zeigen, daß man sich als Nationalsozialist bewährt". Und auf dem Parteitag 1934 in Nürnberg sagte er es noch deutlicher: „Wie überall muß auch auf dem Gebiete des Rechts die Partei und ihre Idee den Staat lenken, denn der Staat ist auch im Recht nur Mittel des Führers zur Verwirklichung des Nationalsozialismus[33]." Der Richter wurde also durch die Gleichsetzung von Partei und Staat zur Parteinahme für die NSDAP angehalten und seine Mitgliedschaft in dieser Partei als selbstverständlich vorausgesetzt, was denn auch „sehr viele. wenn nicht die meisten" Richter nach der Machtübernahme veranlaßte,

---

[29] Sturm über Deutschland, Berlin 1932, S. 318 ff.

[30] Ebenda, S. 321.

[31] *Wunderlich*, Der Richter von heute, DRiZ 1932, S. 323 ff.

[32] DRiZ 1933, S. 274 ff. (276).

[33] *Hubert Schorn*, Der Richter im Dritten Reich, Frankfurt 1959, S. 35.

der Partei beizutreten[34]. Hätten die Richter weniger Bereitwilligkeit gezeigt, nach nationalsozialistischen Grundsätzen rechtzusprechen, wäre vielleicht viel Unheil verhindert worden. Dies hätte aber bedeutet, daß sich die Richter gegen die Grundlagen des nationalsozialistischen Staates und gegen bestehendes positives Recht hätten wenden müssen. Anders als in der Weimarer Republik hätte eine solche staatsverneinende Haltung im Dritten Reich aber eine erhebliche persönliche Gefährdung bedeutet. Den Mut, dieses Risiko einzugehen, besaßen aber nur wenige Richter. Auch hatte das Dritte Reich die politischen Wünsche vieler Richter, die die Weimarer Republik abgelehnt hatten, erfüllt. Die NSDAP-freundlichen Urteile in der Weimarer Republik können in diesem Zusammenhang als wesentliches Anzeichen gewertet werden[35].

Nach dem Ende des Dritten Reiches begann die Diskussion von neuem mit bisher unbekannter Intensität. Die ersten Stellungnahmen, die ein parteipolitisches Engagement der Richter überwiegend ablehnten, waren gekennzeichnet von der Furcht vor einer Wiederholung der durch politisch abhängige Richter pervertierten Justiz des Dritten Reichs. Die darauf zurückzuführenden Emotionen waren einem kühlen Abwägen von Argumenten oft hinderlich und gaben der Diskussion eine gewisse Schärfe. Dabei übersah man vielfach, daß die NSDAP nicht „Partei" im herkömmlichen und heutigen Sinne war, eine Tätigkeit in ihr also kein geeignetes Beispiel für mögliche Nachteile der Aktivität in einer demokratischen Partei bilden konnte. Die parteipolitische Neutralisierung der Richter vor allem in der britischen Besatzungszone erschien vielen als der einzig gangbare Weg, um die Richter vor derartigen Verirrungen zu bewahren.

Ein weiterer Faktor für die Ablehnung parteipolitischer Bindungen war die Gleichsetzung der neu gebildeten demokratischen Parteien mit denen der Weimarer Republik; von der weltanschaulichen und interessenpolitischen Zerrissenheit der Weimarer Parteien ausgehend, unterschied man zwischen einer jenseits der Parteien sich vollziehenden, die Gesamtheit des Volkes betreffenden Staatspolitik und einer an Interessengegensätzen orientierten Parteipolitik.

Der heutige Senatspräsident beim Bundesgerichtshof, *H. E. Rotberg*, setzte sich am eindringlichsten für ein Verbot parteipolitischer Betätigung der Richter ein; dabei plädierte er nicht nur für ein Verbot der Parteimitgliedschaft und jeder aktiven öffentlichen parteipolitischen Betätigung, sondern sogar für die Aberkennung des aktiven Wahl-

---

34 Ebenda, S. 35.

35 *Hoegner*, a.a.O., S. 287, vertritt sogar die Ansicht, die politische Justiz der Weimarer Republik habe der Gegenrevolution als Schrittmacher gedient.

rechts[36]. Nur durch derart weitgehende Verzichte könne die „wahre innere Freiheit der Richter zu gewissensgemäßer Entscheidung“ gesichert werden. Eine unbeschränkte politische Betätigungsmöglichkeit der Richter sei heute schon allein durch die Erfahrungen mit dem Nationalsozialismus untragbar. Im heutigen Staate werde der Richter zum „Hüter der Verfassung“. „Er darf aber nicht Diener einer Partei sein, wenn er das Haus bewachen will, in dem alle Parteien Wohnung genommen haben.“ Rotberg wies besonders auf das zu schützende Vertrauen der Rechtssuchenden zur Unparteilichkeit der Rechtspflege hin. Dieser Gesichtspunkt rechtfertige auch dann die politische Zurückhaltung des Richters, wenn er selbst sich für völlig unparteiisch halte, bzw. es auch tatsächlich sei. Er müsse diese Verzichte als „ein Gebot politischer Keuschheit“ darbringen, „das im besonderen Maße zur Läuterung und Verinnerlichung aufrufe“.

Diesen Forderungen Rotbergs wurde sehr bald widersprochen. Ein Kritiker, *Oppler*, sah die Frage zwar ebenfalls im Zusammenhang mit einer notwendigen Vorbeugung gegen Ausschreitungen der Justiz, wie sie im Dritten Reich stattgefunden hatten, er bezog sie aber vor allem auf die Zeit der Weimarer Republik, in der die Richter zwar unabhängig, aber nicht unparteiisch gewesen seien[37]. Solchen Tendenzen sollte nach Meinung Opplers entgegengetreten werden, aber nicht durch eine Entpolitisierung der Rechtspflege in Rotbergs Sinne, dessen Gedankengänge zwar „sehr schön“ seien, aber in die heutige Zeit „wie die Faust aufs Auge“ paßten. Vielmehr müsse der Richter heute ein Bekenntnis zur Demokratie ablegen und dürfe sich nicht auf seine unpolitische Stellung als Richter berufen. Dieses Bekenntnis „gegen Reaktion und Militarismus“ könne ohne weiteres mit der Bindung an eine Partei gekoppelt sein, müsse es jedoch nicht. Ein parteipolitisch engagierter Richter sei allerdings gehalten, sich bei Ausübung seines Amtes über diese Gebundenheit zu erheben, was ihm bei seinem ausgereiften Verstand nicht schwerfallen könne. Nach Opplers Meinung würde das von Rotberg geforderte politische „Zölibat“ der Richter naturnotwendig zur Verurteilung politischer Handlungen überhaupt führen. Seine Ausführungen faßte er zusammen in dem Satz: „Nicht Entpolitisierung lautet die Formel, sondern Einschaltung der Rechtspflege als unabhängiges Organ in den demokratischen Aufbau[38].“

Auch *Eberhard Schmidt* forderte das Fernbleiben der Richter von der Parteipolitik[39]. In den „Bindungen und Verzichten des Richters, die

[36] Entpolitisierung der Rechtspflege, DRZ 1947, S. 107 ff.

[37] Justiz und Politik, DRZ 1947, S. 323 ff.

[38] Hier wird deutlich, daß Oppler Rotberg offensichtlich mißverstanden hat, denn auch dieser bejahte eine Hinwendung der Richter zur Demokratie, eben nur nicht in den Formen aktiver parteipolitischer Betätigung.

seine überparteiliche und unvoreingenommene Haltung gewährleisten sollten", sah er — wie schon Schiffer in der Weimarer Republik — das „notwendige Korrelat" für „die kompromißlose Unabhängigkeit". Schmidt wies darauf hin, daß sich im Dritten Reich gezeigt habe, daß die Unabhängigkeit der Justiz von parteipolitischen Einflüssen durch die Möglichkeiten von Straf- und Disziplinarverfahren im Hinblick auf kriminelle oder beamtenrechtliche Pflichtwidrigkeiten nicht ausreichend geschützt gewesen sei. Infolge der Einheit von Partei und Staat sei „Parteiunwürdigkeit zur beamtenrechtlichen Pflichtwidrigkeit" geworden.

„Solange sich das politische Leben in den Parteien verfängt, wie sie aus der Vergangenheit heraus leider wieder gebildet worden sind, und so lange das Wirken dieser Parteien und ihr Verhältnis zueinander wie bisher von dem Gedanken einer weltanschaulichen *Trennung* bestimmt ist, verträgt sich richterliche Unabhängigkeit meines Erachtens nicht mit einer aktiven Beteiligung an dem von den Parteien getragenen politischen Getriebe[40],[41]."

Auch *C.-H. Ule* sprach sich 1948 für das Fernbleiben der Richter von der Parteipolitik aus[42]. Die Einschränkungen ihrer politischen Betätigungsfreiheit dürften aber nicht weiter gehen als sie zur Aufrechterhaltung der politischen Unabhängigkeit und Unparteilichkeit unumgänglich seien. Die Berücksichtigung des Grundsatzes der Verhältnismäßigkeit hielt Ule indessen nicht davon ab, auch die bloße Parteimitgliedschaft von Richtern für untragbar zu halten. Allerdings dürften sie, um dem Volk nicht entfremdet zu werden, Parteiversammlungen besuchen, „soweit darin nicht ein öffentliches Eintreten für eine bestimmte Partei zu erblicken" sei. Die Parallele zu dem oben zitierten Kommentar zur Anordnung der Militärregierung für die britische Zone vom 4. 9. 1946 über das Verbot parteipolitischer Betätigung von Richtern ist nicht zu übersehen. Auch Ule war also für noch strengere

---

[39] Unabhängigkeit der Rechtspflege, Referat auf der Tagung deutscher Juristen in Bad Godesberg (30. 9.—1. 10. 47), S. 242 ff.

[40] Berufsjurist und staatliche Rechtspflege, MDR 1947, 374 ff. (380).

[41] In der ersten Auflage seines Lehrkommentars zur StPO und zum GVG erhielt E. Schmidt diese Ansicht aufrecht (Teil I, 1952, S. 236 f.), ließ sie indessen in der zweiten Auflage von 1964 fallen, wo er die Meinung vertritt, eine über § 39 DRiG hinausgehende gesetzliche Regelung sei wohl kaum möglich und erforderlich (Teil II, 1964, Anm. 560).

Man wird daraus schließen können, daß E. Schmidt seine Auffassung über politische Parteien in Anbetracht ihrer vom Grundgesetz institutionalisierten Mitwirkung am staatlichen Leben revidiert hat und die „weltanschauliche *Trennung*" nicht mehr als den ihr gegenseitiges Verhältnis bestimmenden Faktor ansieht.

[42] „Die politische Betätigung der Richter" in: Justiz und Verfassung 1948, S. 29 ff.

Maßnahmen als die Militärregierung, obwohl er die Regelung in der britischen Zone begrüßte.

Nach seiner Auffassung sprach gegen das von ihm vorgeschlagene Verbot nicht der Einwand, es gäbe keine unpolitische Objektivität. Zwar würden zweifellos „durch die persönlichen Bedingtheiten der Herkunft und Erziehung" Einflüsse auf die richterliche Tätigkeit ausgeübt, es sei aber „ein anderes, diese Bedingtheiten anzuerkennen, und ein anderes, wegen dieser Bedingtheiten die Unbedingtheit der beruflichen Forderung aufzugeben und ... die Rechtspflege den Einflüssen ... rechtsfremder Mächte preiszugeben".

In einer .Ule zustimmenden Stellungnahme[43] hieß es: „Daß eine öffentliche parteipolitische Tätigkeit die Serenität zerreißt, die das Richtertum wie eine Aureole umschweben soll, ist unbestreitbar". Dem Autor kam es dabei nur auf die Vermeidung der Parteipolitik an, erlaubt sein sollte den Richtern dagegen allgemein politische Tätigkeit, „welche die Gesamtheit des Volkes angeht und daher eine Erschütterung des Vertrauens in die Unparteilichkeit des Richters nicht zur Folge haben kann".

Der Verfasser setzte sich weiterhin für eine Ernennung der Richter durch die Justizminister auf Grund von Vorschlägen eines Gremiums hoher und älterer Richter ein, weil auf diese Weise Einflußnahmen der politischen Parteien zurückgedrängt werden könnten, die bei Richterwahlen durch das Volk oder die Parlamente zu befürchten seien.

Im selben Jahr äußerte sich *Schiffer* noch einmal zu parteipolitischen Betätigung der Richter[44]. Er wiederholte hier im wesentlichen seine Ausführungen von 1928, fügte ihnen aber hinzu, die von ihm vorgeschlagenen Beschränkungen der Parteitätigkeit bedeuteten nicht, daß der Richter politisch indifferent sein solle, vielmehr dürfe er „an seiner antifaschistischen, demokratischen Gesinnung" keinen Zweifel aufkommen lassen und müsse sich „jederzeit offen, ehrlich und rückhaltlos zu ihr bekennen". Hierbei handle es sich nicht „um eine politische Parteimeinung, sondern um eine Grundlage des Staates, die die Grundlage der politischen Weltanschauung eines jeden dem Staate dienenden und ihn repräsentierenden Menschen sein" müsse, „hic Rhodus, hic salta". Die Absperrung von der Parteipolitik bedeutete nach Schiffers Meinung nicht, daß der Richter vom übrigen, ihn umgebenden Leben ferngehalten werde, im Gegenteil, er müsse „mitten in diesem Leben stehen und an ihm tätig teilnehmen, um es gründlich zu verstehen und ihm zu dienen".

---

[43] *Franz Scholz*, Richtertum und politisches Parteiwesen, NJW 1949, S. 886 ff.

[44] Die deutsche Justiz, 2. Auflage, Berlin 1949, S. 270 ff.; Schiffer war

2. Unter dem Grundgesetz

Auch nach Inkrafttreten des Grundgesetzes hielt die Diskussion unvermindert an; dabei wurde ein Verbot parteipolitischer Betätigung durchweg befürwortet, ohne daß zunächst die durch das Grundgesetz veränderte Verfassungslage in die Überlegungen einbezogen wurde. Die verfassungsrechtliche Anerkennung der politischen Parteien in Art. 21 GG blieb weitgehend unerörtert, und die für Grundrechtseinschränkungen bestehenden Schwierigkeiten wurden zunächst unterschätzt.

So vertrat *Rotberg* im Jahre 1950 erneut die Auffassung[45], das von ihm vorgeschlagene Verbot sei zulässig, da die Meinungsäußerungsfreiheit des Art. 5 gemäß Absatz 2 dieser Bestimmung durch ein Richtergesetz mit entsprechenden Verbotsnormen als allgemeines Gesetz beschränkt werden könne. Wenn man diesen Schluß nicht ziehen wolle, müsse man z. B. auch die Vorschriften über das Beratungsgeheimnis der Richter als verfassungswidrig ansehen. Gemäß Art. 2 GG habe der Richter sich solchen Verzichten zu unterwerfen, die ein Gebot der verfassungsmäßigen Ordnung seien, zu der auch die Rechtsprechung gehöre[46].

An einem Verbot des aktiven Wahlrechts hielt Rotberg in diesem Beitrag allerdings nicht mehr fest. Ausgehend vom Gleichheitssatz des Art. 3 GG, der den Richtern gebiete, jede Parteinahme zu meiden, bezog Rotberg diese Pflicht zur Unparteilichkeit nicht nur auf den konkreten Rechtsstreit, sondern auch auf das Verhältnis der Richter zu bestimmten wirtschaftlichen und sozialen Gruppen, insbesondere politischen Parteien, deren Interessen möglicherweise Gegenstand späterer Prozesse sein könnten. Weil selbst der um größte Objektivität bemühte Richter — wenn auch unbewußt — zu einer inneren Abhängigkeit von solchen Gruppen gelange („und sei es auch manchmal bei besonders gewissenhaften Richtern durch eine Überkompensierung im gegenteiligen Sinne"), müsse derartigen Gefahren begegnet werden. Dies sei um so notwendiger, als die Gerichte zunehmend in alle möglichen Bereiche des öffentlichen Lebens eingeschaltet würden und sich mit politisch beeinflußten Tatbeständen zu befassen hätten. Ein solches politisches „Zölibat" würde den Richter keineswegs zu einer unpolitischen Figur machen, im Gegenteil: Für den Richter gelte im besonderen Maße „die Forderung an alle Staatsdiener zur treuen Hingabe an

damals Leiter der deutschen Justizverwaltung in der sowjetischen Besatzungszone.

[45] Zu einem Richtergesetz, Beiheft zur DRiZ 1950.

[46] Ebenda, S. 19.

die neue Staatsform". Die „empfohlene Befreiung des Richtergewissens" sei ein „bedeutsames Mittel der Hinwendung zu den öffentlichen Belangen" und werde „dem für jede Mitarbeit an dem Gemeinwesen so wesentlichen Bewußtsein der Mitverantwortung einen erheblichen Auftrieb geben"[47].

Auch der sogenannte *Rothenburger Entwurf* eines Deutschen Richtergesetzes, der am 2. Mai 1950 vom Justiz-Collegium als der ständigen Konferenz der Landesjustizverwaltungen verabschiedet wurde, enthielt die Forderung nach einer grundsätzlichen parteipolitischen Neutralität der Richter auch außerhalb der dienstlichen Tätigkeit[48].

§ 27 des Entwurfs lautete im wesentlichen:

„(1) Ein Richter darf sich nicht in der Öffentlichkeit parteipolitisch betätigen, es sei denn, daß er als Wahlbewerber für den Bundestag oder einen Landtag auftritt oder ein Mandat in einem dieser Parlamente innehat. Als Öffentlichkeit im Sinne dieser Vorschrift gilt nicht eine geschlossene Parteiveranstaltung.

(2) Tritt ein Richter als Wahlbewerber für den Bundestag oder einen Landtag auf, so wird er bis zum Wahltag beurlaubt oder hat sich jeder Amtsausübung zu enthalten. Wird er zum Abgeordneten gewählt und nimmt die Wahl an, so tritt er in den Wartestand.

(3) Ein Richter darf nicht Mitglied eines Gemeinderats oder Kreisrats sein."

In der Begründung[49] wurde nur auf die parlamentarische Betätigung der Richter Bezug genommen; offensichtlich hielt man das Unterlassen parteipolitischer Tätigkeit außerhalb der Parlamente mit Ausnahme der für eine Kandidatur nötigen Aktivität für selbstverständlich. Was die parlamentarische Tätigkeit angeht, hob die Begründung zwar hervor, daß es für die Gesetzgebung sehr nützlich sein könne, „wenn Richter mit ihren Fachkenntnissen und ihrer durch ihre Berufsausbildung gegebenen Art, auf die Sache und nicht so sehr auf dahinterstehende Interessen zu sehen und gegebenenfalls zwischen widerstreitenden Interessen auszugleichen, ihren Einfluß geltend machen". Das Justizcollegium habe aber die Befürchtung gehabt, „daß der in einem Parlament notgedrungen parteipolitisch tätige Richter beim rechtsuchenden Publikum nicht mehr das Ansehen objektiver Rechtsprechung" finde. Es sei einhellig der Meinung gewesen, daß der Richter sich keinesfalls in einer kommunalen Körperschaft betätigen dürfe, weil er dort u. U.

47 Ebenda, S. 18 f.

48 Eine Abschrift der hier interessierenden Passagen wurde Verf. freundlicherweise vom Bundesjustizministerium zur Verfügung gestellt.

49 Eine Ablichtung der Begründung wurde Verf. freundlicherweise vom Bundesjustizministerium zur Verfügung gestellt.

allzu stark in die öffentlichen Auseinandersetzungen seines Gerichtsbezirks hineingezogen werde. Man müsse dies im Zusammenhang mit den besonderen Dienstpflichten der Richter betrachten, da letztlich der Richter auf Grund des besonderen, sich aus seinen Berufspflichten ergebenden Takts allein das Richtige treffen könne.

Während der Beratungen über ein Deutsches Richtergesetz erschien als Beitrag dazu eine Dissertation von *Ulrich Käser*, die sich mit der Frage der politischen Betätigung der Richter befaßte[50].

In Anlehnung an Eberhard Schmidt wendete sich der Verfasser gegen die Vorstellung von einem völlig unpolitischen Richter[51]. Diesen gebe es nicht, vielmehr müsse der Richter im echten Sinne politisch handeln, weil ihm vom Politischen her die Gesichtspunkte zuströmten, „mit denen er den in den Gesetzen selbst so zahlreich enthaltenen, ausfüllungsbedürftigen Wertformeln den faßbaren Wertinhalt" gebe. Dieser im echten Sinne politische Richter solle „politisch handeln in dem Sinne, daß er die politischen Verhältnisse und die politische Entwicklung seines Landes betrachtet, aber nicht so, daß er subjektiv politische Entscheidungen fällt und damit die Gleichheit vor dem Gesetz verletzt."

Wie soll hiernach die Stellung des Richters zur Parteipolitik nun konkret aussehen? Auf keinen Fall dürfe sich der Richter *führend* parteipolitisch betätigen, da er dann den Ruf der Unparteilichkeit verlieren könne, den er neben dem Willen zur Unparteilichkeit in seinem Amt brauche. Dem einfachen Menschen sei nicht zuzumuten, „in vernünftiger Weise dieselbe Person einmal als Richter bei rechtsprechender Tätigkeit und einmal als Parteiführer oder Abgeordneten zu sehen"[52]. Eine Mitgliedschaft in politischen Parteien solle allerdings erlaubt sein, weil sich in einem Verbot „eine gewisse Feigheit vor allem Politischen" zeigen und der Richter dadurch dem Politischen entfremdet würde. Auch würde die Unparteilichkeit nach Meinung des Verfassers — anders als bei führender Parteitätigkeit — nicht unter der Mitgliedschaft in einer politischen Partei leiden, da die Öffentlichkeit ohnehin die

---

[50] Die politische Tätigkeit des Richters, Gedanken zu einem Richtergesetz, Tübingen 1952.

Ein großer Teil der Arbeit behandelt die Stellung des Richters im Staate (Gewaltenteilung, Unabhängigkeit etc.), die politische Tätigkeit allgemein und Beamtentum und Politik. Diese Ausführungen können hier ebenso außer Betracht bleiben, wie die über die Gefahren der Einflußnahme politischer Parteien auf die Rechtsprechung, da Käser keinen Zusammenhang zwischen diesen Punkten herstellt und insoweit zu allgemein bleibt.

[51] Ebenda, S. 32; die Ausführungen Eberhard Schmidts finden sich in der Antrittsrede bei der Feier des Rektoratswechsels der Hamburger Universität am 7. 11. 1933 über das Thema: Juristisches Denken und Politik.

[52] Ebenda, S. 60; zur Begründung zitiert Käser: *Eberhard Schmidt*, Berufsjurist und Staatliche Rechtspflege, MDR 1947, S. 374 ff.; vgl. oben S. 38.

politische Einstellung des Richters kenne. Käser motivierte seine positive Einstellung zu einer Parteimitgliedschaft der Richter weiter damit, daß von den Richtern ein positives Bekenntnis zum bestehenden Staatswesen verlangt werde. Da die Parteien ausdrücklich als „verfassungsmäßige Glieder der Staatswillenbildung" anerkannt seien, müsse dem Richter grundsätzlich auch der Beitritt zu einer politischen Partei gestattet sein, allerdings nicht der zu verfassungswidrigen Parteien[53]. Ohne nähere Begründung stellte Käser danach fest, daß den Richtern der Besuch parteipolitischer Versammlungen „sicher nicht" verwehrt werden könne; sie dürften dort aber nur zuhören, sich jedoch nicht an Diskussionen beteiligen. Darüber hinaus dürften sie sich als Bewerber für einen Sitz in einem Parlament von einer Partei aufstellen lassen, müßten aber von diesem Zeitpunkt an beurlaubt werden und sollten auch eine gewisse Zeit nach Ausübung des Mandats, bzw. ihrer Nichtwahl keine richterlichen Aufgaben wahrnehmen dürfen. In verfassungsrechtlicher Hinsicht scheinen dem Verfasser die vorgeschlagenen Einschränkungen wenig problematisch gewesen zu sein, denn er führte hierzu im wesentlichen nur aus, den vorgeschlagenen Beschränkungen stehe das Recht auf freie Meinungsäußerung nicht entgegen, da es seine Grenzen finde in den allgemeinen Gesetzen, den Beamtenpflichten und den besonderen Pflichten des Richters zur Überparteilichkeit.

In einer an die DRiZ gerichteten Leserzuschrift wurde zwar die Auffassung abgelehnt, schon die bloße Zugehörigkeit zu einer politischen Partei gefährde die Unabhängigkeit des Richters; für einen Richter, der sein Amt ernst nehme, sei jedoch der Beitritt zu einer Partei „stets eine schwer erkämpfte Gewissensentscheidung", und der Richter, der diesen Entschluß aufgebe, werde „fast immer den besseren Teil gewählt haben"[54].

In einer weiteren Stellungnahme wurde eine parteipolitische Betätigung der Richter vor allem deshalb abgelehnt, weil Recht und Politik „einander bedingende Gegenpole" seien[55]. „Wenn der einfache Bürger weiß, daß ein Richter ein bestimmtes Parteibuch hat, dann beschleicht ihn ein unvermeidliches Mißtrauen, mag auch der Richter sich seine innerliche Unabhängigkeit von Parteibefehl und Parteidoktrin bewahrt haben."

---

[53] Hier hat der Verfasser offensichtlich übersehen, daß Parteien erst mit der Feststellung durch das Bundesverfassungsgericht verfassungswidrig sind und danach aufgelöst werden müssen.

[54] Gn. Fl. Sec. Richterliches Ethos und politische Richterwahl, DRiZ 1953, S. 69.

[55] *Manfred Mielke*, Sollen Richter einer Partei angehören?, in: „Der Tagesspiegel" vom 8. 11. 1953, zit. nach DRiZ 1954, S. 13.

Natürlich wurde die Frage der parteipolitischen Tätigkeit auch von den Hauptbetroffenen, den Richtern selbst, diskutiert. Es scheint für sie jedoch kein allzu brennendes Problem gewesen zu sein, denn in ihrem Hauptpublikationsorgan, der Deutschen Richterzeitung, finden sich nur wenige Berichte über entsprechende Erörterungen. Vermutlich gab es zu wenig Richter, die aktiv in der Parteipolitik standen und für die das von so vielen Seiten geforderte Verbot dieser Tätigkeit eine ernsthafte Einbuße bedeutet hätte. Immerhin soll schon im Jahre 1950 nur noch eine kleine Mehrheit für das von der Militärregierung in der britischen Besatzungszone eingeführte Verbot der parteipolitischen Tätigkeit gewesen sein, während dieses ursprünglich von der Mehrzahl der Richter begrüßt worden sein soll[56]. Vermutlich war dieser Meinungsumschwung eine Folge der Etablierung demokratischer, von der Verfassung sanktionierter politischer Parteien in der Bundesrepublik.

Zu einer lebhaften Debatte über parteipolitische Tätigkeit kam es indessen bei einer außerordentlichen Vertreterversammlung des Bayerischen Richtervereins am 20./21. 11. 1953 in Kempten.

Dabei wurde der sog. *Nürnberger Vorschlag*[57] zur Abstimmung gestellt, der im wesentlichen mit § 27 des Rothenburger Entwurfs übereinstimmte. Die bayerischen Richter entschieden sich mit weit überwiegender Mehrheit für ein Fernbleiben der Richter von der Parteipolitik in der Öffentlichkeit, nachdem die Meinungen anfangs geteilt gewesen waren; und zwar hatte die Gegenseite wohl im Hinblick auf das Beispiel der englischen Richterschaft darauf hingewiesen, „daß der Richter vorerst noch nicht die souveräne Stellung habe, die ausreiche, um auf die politische Betätigung zu verzichten". Dieser Aspekt, der im Rahmen der verfassungsrechtlichen Untersuchung noch erörtert werden wird, wurde in der Diskussion, soweit ersichtlich, sonst nicht gesehen, und auch auf der bayerischen Richtertagung in Kempten scheint man sich damit nicht weiter befaßt zu haben; vielmehr setzten sich wieder die Argumente der Gefährdung des „echten Ansehens des Richters im Volke" und des Vertrauens im seine „innere wirkliche Unabhängigkeit" durch.

Diese Gesichtspunkte bestimmten auch die *Referentendenkschrift* zur Vorbereitung eines Richtergesetzes vom 31. Mai 1954[58]. Der in ihr enthaltene Vorschlag einer gesetzlichen Regelung der politischen Betätigung der Richter deckte sich weitgehend mit dem im Rothenburger

---

[56] *Herbert Arndt*, Gedanken von Richtern zum Richtergesetz, DRiZ 50, 149 ff. (151) (Der Verfasser sprach sich hier aus dem Gesichtspunkt der Gewaltenteilung gegen die parlamentarische Tätigkeit der Richter aus).

[57] DRiZ 1954, S. 61; 1955 legte der Deutsche Richterbund einen Gesetzentwurf vor, der diesem im wesentlichen entsprach.

[58] Hrsg. vom Bundesjustizministerium, Bonn 1954, S. 40 ff.

Entwurf. Auch die Begründung dieses Entwurfs wurde, was die rechtspolitische Würdigung der Frage angeht, im großen und ganzen übernommen. Die verfassungsrechtliche Seite wurde aber viel eingehender gewürdigt als in den bisher zitierten Stellungnahmen. Die Verfasser der Referentendenkschrift vertraten die Meinung, einem Angehörigen des öffentlichen Dienstes könne parteipolitische Betätigung untersagt werden, obwohl auch ihm das Grundgesetz die Meinungs- und die Vereinigungsfreiheit gewährleiste. Die Beschränkung dieser Grundrechte werde durch Art. 33 Abs. 5 GG gerechtfertigt, da sie den hergebrachten Grundsätzen des Berufsbeamtentums entspreche. Der verfassungsrechtliche Grundsatz, wonach jedes Grundrecht kraft des öffentlichen Gewaltverhältnisses so weit beschränkt werden könne, wie es der Zweck des Dienstverhältnisses unbedingt fordere, erlaube es, den Richtern auch die Zugehörigkeit zu Kommunalvertretungen zu untersagen. — Anschließend wurde noch eine Frage aufgegriffen, mit der sich auch schon die Dissertation von Käser befaßt hatte, nämlich wie ein Richter zu behandeln sei, der nach Ablauf seines Mandats oder als geschlagener Wahlbewerber in sein Amt zurückkehren wolle, und dessen politische Aktivität bekanntgeworden sei und möglicherweise bei den Gerichtseingesessenen nachwirke. Die Möglichkeit, den Richter in ein nicht-richterliches Beamtenverhältnis bei gleicher Besoldung aufzunehmen, wurde in der Denkschrift nicht für praktikabel gehalten, da dadurch der Eindruck entstehe, „daß ein Richter durch politische Betätigung sein Richteramt verwirkt, also eine capitis diminutio erleidet". Auch wenn man dieses Beamtenverhältnis nach einer angemessenen Zeit wieder in ein Richterverhältnis verwandelte, würde die politische Tätigkeit des Richters diskriminiert, da die Wartezeit als Quarantänefrist angesehen würde. Die Denkschrift kam zu dem Ergebnis, daß die politischen Nachwirkungen einer sofortigen Rückkehr eines Richters nach einem Wahlurlaub in sein Amt ohne Gefahr für das Ansehen der Rechtspflege in Kauf genommen werden könnten.

Auf der *6. Jahresversammlung der Vereinigung der Verwaltungsgerichtspräsidenten am 18. 10. 1954* auf dem Rittersturz bei Koblenz einigte man sich bei einer Diskussion über die Zulässigkeit parteipolitischer Betätigung von Richtern auf folgenden Entschließungsentwurf[59]:

„Die Mitgliedschaft in einer demokratischen Partei völlig zu verbieten, erscheint verfassungsrechtlich nicht unbedenklich. Es wäre sehr wünschenswert, wenn auch Richter in den Parlamenten vertreten

[59] Die Kenntnis verdankt Verf. der freundlichen Auskunft des Herrn VerwaltungsGer. Präs. Dr. Xaver Schoen, Stuttgart, vom 26. 10. 1964. Für die Vermittlung sei Herrn Dr. Nederkorn von der Red. der DÖV gedankt.

wären, jedoch muß ein Richter während des Wahlkampfes und während der Dauer seines Mandats aus dem Richteramt ausscheiden. — Das Richtergesetz sollte keiner der extremen Lösungen zuneigen, sondern lediglich bestimmen, daß der Richter keine politische Tätigkeit in der Öffentlichkeit ausüben darf, durch die das Vertrauen der Bevölkerung in seine Unparteilichkeit gefährdet würde."

Die Entschließung selbst enthielt nur folgenden Satz: „Die parteipolitische Betätigung des Richters sollte soweit ausgeschlossen werden, wie dies verfassungsrechlich möglich ist." Hierzu wurde folgende Anmerkung gesetzt:

„Die vorliegende Stellungnahme fand eine Mehrheit von 3/5 der Abstimmenden. Die Minderheit sprach sich für eine freiere Stellung des Richters aus und neigte der Auffassung zu, daß eine Bestimmung genüge, wonach der Richter in der Öffentlichkeit keine politische Tätigkeit ausüben dürfe, durch die das Vertrauen der Bevölkerung in seine Unabhängigkeit gefährdet würde."

Der österreichische Gelehrte *René Marcic*, befürwortete 1957 mit großem Nachdruck ein völliges Fernbleiben der Richter von der Parteipolitik und begrüßte die in der Referentendenkschrift vorgeschlagene Lösung[60]. Der Richter sei „kraft des eigenartigen Amtes, das er bekleidet und ausübt, ein Mensch, der anders ist als alle übrigen Angehörigen der Staatsorganisationen und als alle übrigen Staatsbürger. Mag der Richter ethisch ein noch so hochstehender Mensch sein, wenn er einer Partei angehört, dann tritt er irgendwie in Widerspruch zur Position, die er in der Gemeinschaftsordnung der Menschen einnimmt". Auch Marcic motivierte diese Auffassung mit dem Mißtrauen des Volkes gegen einen parteipolitisch engagierten Richter, räumte aber ein, daß die Zugehörigkeit eines Richters zu einer politischen Partei in den meisten Fällen der inneren Freiheit des Richters keinen Abbruch tue, bei der Außenwelt löse sie aber Verdacht aus, und das genüge.

1958 legte die Bundesregierung dem Bundestag den *Entwurf eines Deutschen Richtergesetzes* vor. § 38 lautete[61]:

„(I) Ein Richter darf sich, abgesehen von der bloßen Mitgliedschaft in einer politischen Partei und unbeschadet der Ausübung des aktiven Wahlrechts, nicht parteipolitisch betätigen.

---

60 Vom Gesetzesstaat zum Richterstaat, Wien 1957, S. 264 ff.

61 Verhandlungen des Deutschen Bundestags, 3. Wahlperiode 1958, Bd. 58, Drucksache 516; entsprechende Vorschriften hatten schon Vorentwurf und Referentenentwurf von 1955 und ein Regierungsentwurf von 1958 enthalten, *Schmidt-Räntsch*, Deutsches Richtergesetz, Kommentar, München 1962, Anm. 1 zu § 39 DRiG.

(II) Nimmt ein Richter die Aufstellung als Bewerber für die Wahl zum Abgeordneten des Bundestags oder einer gesetzgebenden Körperschaft eines Landes an, so ist er von diesem Tage, frühestens jedoch zwei Monate vor dem Wahltage bis zum Ablauf von zwei Wochen nach dem Wahltage mit vollen Dienstbezügen beurlaubt. In dieser Zeit darf er sich parteipolitisch betätigen.

(III) Ein Richter darf sich nicht für die Wahl in eine Vertretungskörperschaft einer Gemeinde oder eines Gemeindeverbandes aufstellen lassen."

Nach der Begründung sollte dadurch „eine werbende, unterstützende Tätigkeit für eine Partei" ausgeschlossen sein. Dies rechtfertige sich durch die Beispiele zahlreicher ausländischer Staaten, die parteipolitische Tätigkeit den Richtern verböten. Absatz 3 sei deshalb geboten, weil in Kommunalvertretungen politische und oft auch persönliche Gegensätze besonders hervorträten (vgl. Referentendenkschrift).

Bei der *ersten Beratung des Deutschen Richtergesetzes im Bundestag* am 16. 10. 1958 wandte sich der Abgeordnete *Memmel*, CSU, der selbst Richter ist, gegen die politische Klausel des Entwurfs, die er für „denkbar unglücklich" hielt[62]. Die im Entwurf erlaubte Kandidatur für Bundestag und Landtag sei praktisch sinnlos, da der Richter in diese Parlamente „nicht hineingeboren" werde. Er müsse sich vielmehr, um mit Erfolg kandidieren zu können, erst einmal in einer Partei oder in einer Kommunalvertretung bewährt haben. Die Untersagung dieser Möglichkeiten würde einem ganzen Stand von 11 340 Berufsrichtern praktisch den Zugang zu den Parlamenten verschließen.

Zwei Beiträge in der Deutschen Richterzeitung pflichteten diesen Ausführungen uneingeschränkt bei. Der Autor des einen, *Christian Lassen*[63], apostrophierte den § 38 des Entwurfs als „politisches Harakiri" der gesamten deutschen Richterschaft. In der Abneigung gegen die politische Betätigung der Richter sah er noch den Geist des neunzehnten Jahrhunderts, in dem die Parteien zwar schon Einfluß auf die Parlamente gehabt hätten, im Staats- und Verfassungsrecht indessen totgeschwiegen worden seien. Das Grundgesetz dagegen rufe alle Bürger und damit auch die Richter auf, in den Parteien, die ein Wesensmerkmal der modernen parlamentarischen Demokratie seien, an der Gestaltung der öffentlichen Dinge mitzuwirken. Lassen hielt eine Vorschrift, die dem Richter auferlegt, sich stets so zu verhalten, daß das Vertrauen in seine Unabhängigkeit nicht gefährdet wird, für

---

[62] Verhandl. des dt. Bundestags, 3. Wahlp. 1958, Stenogr. Berichte, Band 42, S. 2515 ff.

[63] Die politische Betätigung der Richter, DRiZ 1959, S. 279 f.

völlig ausreichend. Ein parteipolitisch tätiger Richter werde hierzu immer bereit sein. Gelinge es ihm nicht, die nötige Unabhängigkeit zu wahren, gäbe es immer noch das Richterdienstrecht. Wenn aber schon eine Bestimmung wie § 38 des Entwurfs eingeführt werden solle, dann müßten auch die anderen zahlreichen Möglichkeiten gesetzlich fixiert werden, durch die ein Richter seine Unabhängigkeit verlieren könnte.

Der Verfasser des zweiten Beitrags, *Friedrich Vogel*, setzte sich in erster Linie mit der verfassungsrechtlichen Seite der im Entwurf vorgesehenen Regelung auseinander[64]. Nach seiner Ansicht verstieß sie vor allem gegen Art. 21 GG. Dieser Bestimmung, die auch die Freiheit der Parteitätigkeit schütze, werde nicht dadurch entsprochen, daß die passive Parteimitgliedschaft zulässig sein sollte. Ein gleichzeitiges Verbot aktiver parteipolitischer Betätigung bedeute praktisch auch das Verbot der Mitgliedschaft, weil die wesentlichen Mitgliedsrechte dadurch nicht ausgeübt werden könnten. Auch mit dem Hinweis auf den freiwilligen Eintritt des Richters in ein besonderes Gewaltverhältnis sei diese Beschränkung nicht zu rechtfertigen, da sie nicht zum spezifischen Inhalt des besonderen Gewaltverhältnisses für Richter gehöre, vielmehr ein Novum in der deutschen Entwicklung darstelle. Auch müsse man Art. 33 Abs. 5 GG berücksichtigen: die hergebrachten Grundsätze des Berufsbeamtentums umfaßten auch das Recht auf politische Tätigkeit. § 38 Abs. 3 des Entwurfs verstieß nach Meinung des Autors auch gegen Art. 137, Abs. 1 GG, einmal deshalb, weil ein solches Verbot praktisch zum Ausschluß der Wählbarkeit führen würde, was Art. 137 GG nicht zulasse, zum anderen deshalb, weil darin eine Lösung für *bestehende* Inkompatibilitäten vorgesehen sei. Eine Unvereinbarkeit zwischen Richteramt und dem Sitz in einer Kommunalvertretung bestehe indessen nicht. In der parteipolitischen Betätigung schlechthin einen Grund für Zweifel an der Unvoreingenommenheit des Richters zu sehen, bedeute letztlich eine „Diskriminierung der politischen Betätigung überhaupt. Erst das weitverbreitete ungerechte Urteil der Öffentlichkeit, daß, wer sich politisch betätigt, nicht unvoreingenommen sein kann, schafft hier ein Problem".

Im Gegensatz zu Lassen und Vogel begrüßte *Peter Rieß* grundsätzlich § 38 des Entwurfs, weil in ihm die Wahrung der von den Richtern in noch stärkerem Maße als von den Beamten geforderten parteipolitischen Neutralität zum Ausdruck komme[65]. Zwar sei die Gefährdung der zivilen Streitschlichtungsfunktion des Gerichts durch eine Politisierung der Richter geringer als die der an sich politischen Funktionen

---

[64] Die politische Betätigung der Richter, DRiZ 1959, 280 f.

[65] Parlamentarische Unvereinbarkeiten für Richter, DRiZ 1959, S. 273 ff.

der Verwaltungsgerichtsbarkeit und der Normenkontrolle, sie sei aber allgemein schon deshalb vorhanden, „weil ein parteipolitisch engagierter Richter an sich nicht geeignet ist, Träger der Dritten Gewalt zu sein", ohne daß es dabei auf eine *konkrete* Gefährdung der Unparteilichkeit ankomme. Der Entwurf befriedige aber insofern nicht, als es zur Neutralisierung des Richtertums notwendig sei, den Richter aus dem Parlament als dem Schauplatz der Parteipolitik herauszuhalten und den bereits ins Parlament gelangten Richter aus der Richterschaft herauszulösen, da die Gefahr bestehe, daß er parteipolitischen Einflüssen zugänglich geworden sei. Seitdem sich das Parlament zum „Schauplatz des Parteienpluralismus und der Gruppenrepräsentation" gewandelt habe, sei die Mitgliedschaft in ihm „untrennbar mit einer Identifizierung mit den Interessen der jeweiligen entsendenden Gruppe verbunden und damit mit der notwendigen Unabhängigkeit des Richters oder Beamten, der Diener des ganzen Volkes sein soll, nicht mehr zu vereinbaren".

Ernst-Walter Hanack hielt dagegen § 38 des Entwurfs nicht für eine glückliche Lösung und die Begründung jedenfalls zum Teil für verfehlt[66]. Das Grundgesetz lasse für den Gegensatz der Interessen der Richter und der Allgemeinheit an der politischen Aktivität der Richter einerseits und denen an einer unparteilichen und unvoreingenommenen Rechtspflege andererseits einen gewissen Spielraum zu. Dieser werde auch nicht durch Art. 33 Abs. 5 GG eingeschränkt, vor allem deshalb nicht, weil in Anbetracht der heute veränderten Beziehung zwischen Justiz und Politik die Berücksichtigung solcher ohnehin zweifelhafter hergebrachter Grundsätze zu einer unzweckmäßigen Erstarrung führen müßte. Eine Beschränkung des Rechts der freien politischen Betätigung sei im Rahmen des Art. 5 Abs. 2 GG nur zulässig, „soweit es zur Wahrung der Belange einer unabhängigen und vom begründeten Anschein der Parteilichkeit freien Rechtspflege notwendig" sei. Insoweit sei sie aber auch verfassungsrechtlich geboten, „weil im Staat mit Gewaltenteilung und richterlicher Unabhängigkeit nur eine politisch unparteiische und vom Verdacht der Parteilichkeit freie Rechtsprechung" der Verfassungsstruktur entspreche. Unter Beachtung dieser Grundsätze hielt Hanack eine Beschränkung des aktiven Wahlrechts und der Teilnahme an Versammlungen politischer Parteien weder für nötig noch für möglich. Bei darüberhinausgehender politischer Betätigung unterschied er zwischen einem Richtertum, das von politischen Kräften abhängig und einem, das davon unabhängig ist. Im ersten Falle seien parteipolitische Bindungen der Richter äußerst

[66] Die politische Betätigung des Richters, in: Festgabe für Heinrich Herrfahrdt, Marburg 1961, S. 127 ff., (dieser Aufsatz ist vor Inkrafttreten des DRiG abgeschlossen worden).

schädlich, ein Verbot jedoch nur dann zulässig, wenn die politischen Kräfte einen zu starken Einfluß auf die Besetzung der Stellen und die Beförderungen nähmen und sich weniger einschneidende Maßnahmen nicht böten. Unter Hinweis darauf, daß die Richterberufung bei uns heute fast völlig in der Hand aktiver Mitglieder von politischen Parteien sei, sah Hanack eine Möglichkeit zur Ausschaltung dieser „ungeheuren Gefährdung der Justiz" für die Zukunft in der „Entfesselung der Dritten Gewalt", d. h. in einer wirklichen richterlichen Selbstverwaltung. Im zweiten Fall biete das Institut der Ablehnung eines Richters aus Besorgnis der Befangenheit ein wirksames Mittel für eine möglichst individuelle Lösung. Da sie die am wenigsten einschneidende Möglichkeit sei, sei sie auch ein verfassungsrechtliches Gebot. Gegen eine nominelle Parteimitgliedschaft von Richtern bestünden auch wegen dieser Möglichkeit keine Bedenken. Im übrigen würden dadurch so wenig Kollisionen zur unbefangenen Ausübung des Richteramtes entstehen, daß kaum Gefahren für den Betrieb der Rechtspflege erwachsen könnten. Auch aktive parteipolitische Tätigkeit braucht nach Meinung Hanacks nicht generell verboten zu werden. Wie schon Vogel in der DRiZ, wendete sich auch Hanack gegen das ungerechte Urteil der Öffentlichkeit, derjenige, der sich politisch betätige, sei prinzipiell unsachlich. Diese Auffassung „sollte als gefährliche Diffamierung der staatsgestaltenden Kräfte gerade überwunden, nicht aber durch Konzessionen des Gesetzgebers mittelbar bestätigt werden". Auf keinen Fall dürfe sie zu einer Einschränkung von Grundrechten führen, „zumal die aktive Betätigung eines im dienstlichen Bereich freien Richters für Sachlichkeit und Güte des politischen Lebens durchaus von Nutzen sein" könne. Wünschenswert sei allerdings eine Klausel, die den Richtern Mäßigung auferlege, nicht nur im Umgang mit politischen Parteien, sondern auch mit Gewerkschaften, pressure groups usw., weil unwürdiges Auftreten in diesen Kreisen das Vertrauen in die Rechtspflege erschüttern könne. § 38 Abs. 3 des Regierungsentwurfs hielt Hanack wegen seiner Verallgemeinerung für verfehlt. Auf größere Kommunalvertretungen träfen die Bedenken der Begründung des Entwurfs kaum zu, eine Mäßigungsklausel genüge hier. Demgegenüber begrüßte Hanack die Unvereinbarkeitsregelungen hinsichtlich der Bundestags- und Landtagsmandate. Falls ein Richter ein Mandat innegehabt oder ohne Erfolg hierfür kandidiert habe, müsse ihm die Wiederaufnahme seiner Tätigkeit in dem Wahlbezirk untersagt werden, in dem er direkt kandidiert habe, weil er dadurch in besonderer Weise politisch „abgestempelt" sein könne. Im übrigen reiche es aus, wenn die geplanten Richter-Personalvertretungen die Wiederaufnahme der Tätigkeit gestatteten. Diese Beschränkungen müßten vor allem für Verfassungsrichter gelten.

Bei der *Beratung* der politischen Klausel *im Rechtsausschuß des Deutschen Bundestags*[67] — sie war inzwischen infolge Änderung und Ergänzung anderer Bestimmungen zu § 39 geworden — befürwortete keines der Ausschußmitglieder die von der Regierung vorgesehene Regelung. *Adolf Arndt* (SPD) wehrte sich insbesondere gegen die Unterscheidung, die die Begründung des Entwurfs zwischen politischer und parteipolitischer Betätigung mache. Einen derartigen Unterschied gebe es überhaupt nicht, politisch heiße parteipolitisch. Für Arndt sollte der Richter ein „Staatsbürger in der Robe" sein.

Der Abgeordnete *Schröter* (SPD) sprach im Verlauf der Debatte von der Unmöglichkeit, in den Richtern eine Art von „politischem Eunuchentum" heranzuzüchten.

Für die Interpretation des Regierungsentwurfs sind die Ausführungen des Min. Dir. *Roemer* vom Bundesjustizministerium besonders aufschlußreich. Er erklärte, daß der vorgesehene § 39 weniger der Überzeugung des Bundesjustizministeriums entspreche als vielmehr einem „im Volke teilweise noch sehr verbreiteten Vorurteil" Rechnung trage, „das in der Zeit eines erbitterten Wahlkampfes aufkommen kann, wo vielleicht nicht der vernünftige Mann, aber doch die breite Masse, die bei uns leider noch recht wenig politische Schulung hat, dem Richter, der sich dezidiert für eine politische Partei einsetzt, nicht mehr das nötige Vertrauen entgegenbringt". Nach der einstimmigen Ablehnung der im Regierungsentwurf geplanten Regelung und Annahme des jetzt geltenden § 39 (mit dreizehn gegen zwei Stimmen) äußerte Roemer angesichts der eben angenommenen Fassung des § 39 allerdings die Befürchtung, diese Formulierung, die die politische Betätigung der Richter „ein wenig anleuchte", könne später in der Praxis die Frage aufkommen lassen, was sich der Gesetzgeber bei dieser allgemeinen Klausel gedacht habe. Deshalb müsse man zumindest im Ausschußbericht etwas mehr Farbe bekennen und klar ausdrücken, daß jede politische Betätigung erlaubt sein solle, soweit sie nicht gewisse Grenzen des Takts überschreite. Der *Ausschußbericht* enthielt dann auch die Passage[68]: „Offene politische Betätigung sollte in einer Demokratie nicht den Verdacht begründen, daß sie die Unbefangenheit und die Fähigkeit zu sauberer und gerechter Amtsführung beeinträchtigt."

In der *dritten Lesung des Deutschen Richtergesetzes* am 14. 6. 1962[69] begrüßte der damalige Abgeordnete und spätere Bundesjustizminister

---

[67] Verhandl. des dt. Bundestags, 3. Wahlp. 1960, 12. Ausschuß, Band 4, Protokoll Nr. 109/110.

[68] Verhandl. des dt. Bundestags, 3. Wahlp. 1961, Drucksache Nr. 2785.

[69] Verhandl. des dt. Bundestags, 3. Wahlp. 1961, Sten. Berichte Bd. 49, S. 9367 ff.

Bucher (FDP) „im großen und ganzen" die Entscheidung gegen § 39 des Entwurfs, verhehlte aber nicht seine persönlichen Bedenken gegen die Tätigkeit von Richtern etwa in der Kommunalpolitik wegen des Verdachts der Voreingenommenheit, der gegen solche Richter aufkommen könne. Der Gesetzgeber bringe jedoch den Richtern so viel Vertrauen entgegen, daß sie selbst den nötigen Takt entwickeln würden, „um richterliche und politische Tätigkeit einerseits zu vereinbaren, andererseits sauber auseinanderzuhalten".

Seit dem Inkrafttreten des Deutschen Richtergesetzes hat sich die Diskussion über parteipolitische Tätigkeit von Richtern spürbar entschärft. Offenbar sind selbst diejenigen, die sich früher mit Eifer für eine parteipolitische Neutralisierung der Richter auch außerhalb ihrer dienstlichen Tätigkeit ausgesprochen haben, mit der in § 39 DRiG gefundenen Lösung zufrieden, obwohl sie ihren Vorstellungen eigentlich nicht entsprechen dürfte. Denn wenn diese Vorschrift auch die Grenzen des zulässigen Verhaltens nicht im einzelnen festlegt, so ist doch unbestritten, daß sie die Teilnahme des Richters am parteipolitischen Leben gestattet, wie es schon der Bericht des Rechtsausschusses deutlich zum Ausdruck gebracht hat[70, 71].

Für ein politisches Engagement der Richter setzte sich denn auch mit Nachdruck *Dieter Huhn* in der DRiZ[72] ein. Einen Grund für das mißliche Verhältnis der deutschen Justiz zur Öffentlichkeit erblickte er in dem noch immer vorhandenen Vorurteil, Beamte und Richter müßten parteipolitisch ungebunden sein. Eine solche Ungebundenheit trage wenig dazu bei, daß der Richter tatsächlich unparteilich richte. Die Reaktion auf das in den totalitären Staaten verlangte Engagement dürfe nicht zur Bindungslosigkeit führen. Die Zweifel an der Unabhängigkeit der Richter kämen vielleicht auch daher, „daß man sie zu den wesentlichen, den politischen Fragen so vollkommen schweigsam findet".

---

70 So auch *Gerner - Decker - Kauffmann*, Deutsches Richtergesetz, Köln—Berlin—Bonn—München 1963, Anm. 1 zu § 39 DRiG.

71 Ein verfassungsrechtlich an sich sehr interessanter Beitrag von *Dimitris Tsatsos*, Die verfassungrechtliche Problematik von Richteramt und Mandat (Zur Auslegung des Art. 137 Abs. 1 GG und § 4 Abs. 1 DRiG), DRiZ 1964, S. 251 ff. sei hier nur am Rande erwähnt, da er sehr spezielle Gesichtspunkte enthält und zudem die Thematik vom herkömmlichen Gewaltenteilungsschema der drei Staatsfunktionen Exekutive, Legislative und Rechtsprechung her sieht, wobei die politischen Parteien nur beiläufig genannt werden. Bemerkenswert ist, daß darin die bestehenden Inkompatibilitäten für Richter (§ 4 DRiG) erst auf Grund der Ermächtigung in Art. 137 GG in Verbindung mit dem sich aus der Verfassung ergebenden Prinzip der richterlichen Unbefangenheit für zulässig gehalten, sie also nicht für eine immanente sich aus der Verfassung, insbesondere der Gewaltenteilung ergebende Notwendigkeit angesehen werden.

72 Richterliche Unabhängigkeit und politische Öffentlichkeit, DRiZ 1964, S. 303 ff.

Nicht minder deutlich sprach sich der Präsident des OLG Nürnberg, *Theodor Hauth*, gegen eine politische Abstinenz der Richter aus[73]. Ein bedeutendes Mittel für die notwendige Verbundenheit des Richters mit seinem Staat, dem er diene, sei die politische Bindung, die „bei einem denkenden und vollwertigen Menschen ohne politisches Handeln eine Halbheit, um nicht zu sagen ein Kastratentum“ bedeute. Unter Hinweis auf die Staatsfeindlichkeit der Richter in der Weimarer Republik schrieb Hauth: „Sehen wir allen Ernstes zu, den Richter in der Bundesrepublik politisch heimisch zu machen, indem wir ihn nicht nur einmal in vier Jahren zur Wahl aufrufen, sondern an jedem Tag zwischen den vier Jahren politisch denken und handeln lassen. Alle meine jungen Freunde, die heute in den kleinen Parlamenten ihrer Gemeinden sitzen, schaffen viel Sachverstand und dazu noch einen guten Richterruf. Das sollten wir von der Justizverwaltung nicht nur zulassen, sondern auch begrüßen.“

Für ein unbedingtes Engagement der Richterschaft in politischen Parteien setzte sich auch der Richter *Jan-Wolfgang Berlit* ein[74]. Die Richter seien durch ihre beruflichen Qualitäten dazu prädestiniert, die Gemeinschaft „aktiv-befruchtend“ mitgestalten zu helfen. Auch ein nicht politisch engagierter Richter habe seine politische Überzeugung, die sich in seiner beruflichen Tätigkeit niederschlage, und jedermann nehme dies auch an. Der Schein der Unbefangenheit könne also nicht als Begründung für ein Fernbleiben der Richter vom parteipolitischen Leben dienen. Wenn man aber die „äußere Unbefangenheit“ trotzdem anstrebe, müsse man auch jede andere äußerlich wahrnehmbare organisatorische Bindung ablehnen, vor allem die konfessionelle.

In einer Entgegnung hierauf wurde sogar die Mitgliedschaft der Richter in politischen Parteien abgelehnt, da die Richter für den Eintritt in eine Partei einen zu hohen Preis bezahlen müßten, nämlich die Anzweiflung ihrer äußeren und inneren Unbefangenheit[75]. Hierdurch entstünden auch Gefahren für die Personalpolitik. Nach Meinung des Verfassers wird parteipolitische Betätigung ganz überwiegend als wesensfremd für das Richteramt angesehen, wenn nicht gar als unvereinbar empfunden[76]; die Zugehörigkeit zu keiner anderen politischen oder konfessionellen Gruppe falle so ins Gewicht wie die zu einer Partei. Der Autor sprach sich wie schon Hanack für eine Ausweitung der Befangenheitsablehnung aus unter Hinweis auf Fälle, in

[73] Richterprobleme vor dreißig Jahren, DRiZ 1964, S. 389 ff.

[74] Neubesinnung und Neuorganisation der Richtervereinigungen, Versuch einer positiven Kritik, DRiZ 1965, 325 ff.; vgl. auch neuerdings ders., Der parteilose Richter, in: Recht und Politik 1966, S. 20 ff.

[75] *Brack*, Richter als Mitglieder politischer Parteien, DRiZ 1966, S. 254 ff.

[76] Daß diese Meinung unzutreffend ist, zeigt der vorliegende Bericht.

denen die Vermutung der parteipolitischen Befangenheit besonders nahelägen, so z. B. wenn ein Sozialrichter über zweifelhafte Rentenfälle zu urteilen habe, wenn ein Scheidungsrichter eine bestimmte Einstellung zur Ehe oder ein Arbeitsrichter eine bestimmte Auffassung über Streik- und Kündigungsrecht vertrete.

Gegen diese Forderungen wandte sich ein Richter, der aus eigener Erfahrung als Amtsgerichtsdirektor und Parteimitglied feststellte, ihm sei stets Vertrauen entgegengebracht worden[77]. Offenes Eintreten für die eigene Überzeugung dürfe vielleicht eher als ein Zeichen innerer Unabhängigkeit gewertet werden. Daß aus parteipolitischen Bindungen Gefahren für die Richterpersonalpolitik entstehen können, sei allerdings nicht zu bestreiten.

Noch einmal belebte sich die Diskussion, als ein — Presseberichten zufolge — parteipolitisch engagierter Amtsgerichtsrat im Herbst 1967 auf der Frankfurter Buchmesse das sogenannte Braunbuch des Staatsverlages der DDR beschlagnahmen ließ[78]. Es entstanden Gerüchte, der Richter habe sich bei seiner Entscheidung von parteipolitischen Gesichtspunkten leiten lassen, wobei dann auch die parteipolitische Bindung des verstorbenen hessischen Generalstaatsanwalts Bauer mit ins Spiel gebracht wurde. Diese „Braunbuch-Affäre" nahm der hessische Richterbund zum Anlaß, auf einer Veranstaltung die Frage des parteipolitischen Engagements der Richter zur Diskussion zu stellen[79]. Der Referent, der Präsident des hessischen Landesarbeitsgerichts Dr. *Joachim*[80], zog aus der „Braunbuch-Affäre" nicht den Schluß, die Richter sollten sich von Parteien fernhalten, vielmehr sei es „in der gegenwärtigen kritischen Situation" der Bundesrepublik für die Richter „geradezu ein Gebot der Selbstachtung, nicht länger im Schmollwinkel abseits zu stehen". Die allgemeine Vereins- und Verbandsmüdigkeit könnte sich bessern, „würden sich in dieser Lage die Richter politisch engagieren, würden sie das ganze Gewicht, das dieser integre Berufsstand besitzt, in die Waagschale werfen, würden sie mit dem Ernst, den sie im Amt aufzuwenden gewohnt sind, sich den öffentlichen Angelegenheiten widmen ...".

Der Kasseler Oberstaatsanwalt *Hasske* vertrat als Korreferent die entgegengesetzte Meinung[81]. Der Braunbuch-Fall habe in der Öffentlich-

---

[77] *Otto Kleinknecht*, Richter als Mitglieder politischer Parteien, DRiZ 1966, S. 340 f.

[78] Vg. *Gerhard Ziegler*, Richter Pawlik zieht zu Felde, in: „Die Zeit" v. 10. 11. 1967, S. 15; ders., Richter mit oder ohne Parteibuch? Nachtrag zur Frankfurter „Braunbuch-Affäre", in: „Die Zeit" v. 24. 11. 1967, S. 13.

[79] *G. Ziegler*, Richter mit oder ohne Parteibuch?, a.a.O.

[80] Politisches Engagement des Richters?, abgedr. in: Recht und Politik 1968, S. 9 ff.

[81] *G. Ziegler*, Richter mit oder ohne Parteibuch?, a.a.O.

keit „teils schwärzlich, teils rötlich schimmernde Wellen" geschlagen, „weil aus dem Rechtsfall ein Politikum gemacht wurde, bei dem die getroffene Entscheidung unter dem Aspekt des politischen Engagements des Staatsanwalts und des Richters gesehen wurde". Die Stellung des Richters biete schon so viel Angriffspunkte, daß man nicht noch die Parteipolitik ins Spiel bringen sollte „in Gestalt des parteipolitisch engagierten, das heißt gebundenen und verpflichteten Richters".

Für den hessischen Richterbund bestand wohl auch aus anderen Gründen Anlaß, über die Parteitätigkeit der Richter zu diskutieren. Der hessische Ministerpräsident hatte nämlich auf eine kleine Anfrage der CDU zum Verhältnis von Richtern und politischen Parteien geantwortet[82], der hessische Justizminister und die gesamte Landesregierung seien „der Auffassung, daß im heutigen Staat sich auch ein Richter zu einer politischen Partei bekennen sollte ...". Vom hessischen Richterbund um eine Interpretation dieser Äußerung gebeten, erklärte er, man verlange nicht etwa, die Richter sollten einer Partei angehören; allerdings sollten sie ein Vorbild im demokratischen Verhalten sein und z. B. an den Wahlen teilnehmen. Ob diese Erläuterung diejenigen, die wegen der zitierten Äußerung des Ministerpräsidenten besorgt waren, wirklich beruhigen konnte, wird man mit Recht bezweifeln können.

Daß aber auch der deutsche Richterbund parteipolitische Betätigung der Richter grundsätzlich bejaht, ergibt sich aus einer Äußerung seines Vorsitzenden, des Oberlandesgerichtspräsidenten *Drees,* der in einem kürzlich im „Spiegel" veröffentlichten Interview auf die entsprechende Frage antwortete: „Politische Abstinenz wäre falsch. Ich würde es begrüßen, wenn viele Richter über ihr Richteramt in die Parlamente einzögen und so Einfluß auf die Gesetzgebung gewinnen könnten. Jedenfalls soll sich der Richter keinesfalls hinter dem Richtertisch und in der Robe verkriechen[83]."

3. Zusammenfassung der Argumente

A. Gegen parteipolitische Betätigung der Richter:

a) Recht und Politik schließen einander aus (Mielke); ein parteipolitisch engagierter Richter ist *an sich* nicht geeignet, Träger der Dritten Gewalt zu sein (Marcic, Rieß).

b) Parteipolitische Tätigkeit gefährdet Unabhängigkeit und Unbefangenheit. Der Richter urteilt als unabhängiger und unbeteiligter Dritter par excellence; bindet er sich an eine politische Partei, be-

---

[82] Ders., a.a.O.

[83] „Der Spiegel" vom 29. 7. 1968, S. 41.

steht die Möglichkeit, daß er den Prozeßparteien in einer Rechtssache, an der eine politische Partei interessiert ist, nicht unbefangen gegenübersteht (Bismarck, Kübel, Rotberg).

c) Auf die tatsächliche Befangenheit kommt es nicht an, der Anschein genügt, weil schon dadurch das Vertrauen der Rechtsuchenden in die Unbefangenheit des Richters gefährdet wird und als Folge davon das Ansehen der Rechtspflege leidet (Rotberg, Käser, Schiffer, Marcic, Rothenburger Entwurf, Nürnberger Vorschlag, Referentendenkschrift, Rieß, Brack).

d) Man kann den Richter nicht in zwei Personen aufspalten, den Amtsträger einerseits und den Privatmann andererseits; der Rechtsuchende identifiziert den Richter mit dem Parteimann (Schiffer, Käser).

Eine Vermutung der Befangenheit besteht insbesondere wegen des Kampfes, der das politische Handeln beherrscht (Wunderlich), wegen der Würdelosigkeit des politischen Lebens (Kübel), wegen der weltanschaulichen Trennung der Parteien (Eberhard Schmidt). Die Vermutung gilt vor allem für die Tätigkeit in Kommunalvertretungen, weil hier politische und persönliche Gegensätze besonders schwer zu trennen sind (Rothenburger Entwurf, Referentendenkschrift).

e) Bei charakterschwachen Menschen kann Politik den Charakter verderben; dadurch wird die Eignung zum Richteramt in Frage gestellt (Schellhas; Ansätze zu dieser Meinung auch bei Rieß).

f) Da politische Tätigkeit die ganze Arbeitskraft erfordert, wird der Richter seinem Amt entzogen (Wunderlich).

g) Die Richter werden durch die Fernhaltung von der Parteipolitik nicht unpolitisch, sondern erst dadurch dazu gebracht, sich für das Gemeinwesen mitverantwortlich zu fühlen (Rotberg); sie *sollen* politisch handeln, soweit diese Tätigkeit die Gesamtheit des Volkes betrifft (Scholz); sie sollen politische Meinungen äußern, soweit es sich dabei um ein Bekenntnis zur demokratischen Grundordnung handelt (Schiffer).

h) Parteizugehörigkeit der Richter kann die Personalpolitik der Justizverwaltung in dem Sinne negativ beeinflussen, daß Parteizugehörigkeit vor fachlicher Qualifikation berücksichtigt wird (Scholz, Hanack, Brack, Kleinknecht).

i) Die verfassungsrechtliche Zulässigkeit eines Verbots ergibt sich aus den allgemeinen Gesetzen des Art. 5 Abs. 2 GG als Schranke der allgemeinen Meinungsäußerungsfreiheit (Rotberg, Käser, Hanack, der aber ein Verbot grundsätzlich wegen des Grundsatzes der

Verhältnismäßigkeit für unzulässig hält), aus dem besonderen Gewaltverhältnis (Rothenburger Entwurf, Referentendenkschrift), aus den hergebrachten Grundsätzen des Berufsbeamtentums (Referentendenkschrift), als Korrelat der Unabhängigkeit (Schiffer, Eberhard Schmidt), aus der Gewaltenteilung (Schiffer).

B. Für parteipolitische Betätigung der Richter:

a) Die generelle Vermutung der Befangenheit wegen parteipolitischer Bindungen beruht auf einem Anti-Parteien-Affekt (Vogel, Hanack); er sollte überwunden und nicht durch Zugeständnisse des Gesetzgebers bestätigt werden (Hanack).

b) Solange man nicht auch andere Bindungen verbietet, kann man den Richtern parteipolitische Betätigung nicht untersagen (Lassen, Hanack); vor allem konfessionelle Bindungen könnten ebensosehr den Anschein der Befangenheit hervorrufen (Berlit).

c) Die richterliche Autorität gewinnt durch parteipolitische Betätigung, da die Rechtsuchenden daran ersehen können, daß der Richter nicht von der Staatsgewalt abhängig ist (Dosenheimer).

d) Das Taktgefühl der Richter verhindert den Verlust der Unbefangenheit (Müller-Meiningen, Rothenburger Entwurf, Kübel, Bucher bei der dritten Lesung des Deutschen Richtergesetzes).

e) Ein Verbot würde die Richter dem politischen Leben entfremden, das durch die politischen Parteien bestimmt wird. Dies wäre insofern von Nachteil, als die Richter oft über politische Fragen urteilen müssen, denen sie nicht fremd gegenüberstehen dürfen (Müller-Meiningen, Neugebauer, Riß, Oppler, Hauth, Huhn).

f) Die Politik ist auf den Sachverstand der Richter angewiesen (Kübel, Rothenburger Entwurf, Hanack, Hauth, Berlit).

g) Ein Verbot würde die Richter dem ständigen Verdacht aussetzen, ihm zuwiderzuhandeln (Braun-Friderici).

h) Es würde sämtlichen Richtern der Zugang zu den Parlamenten versperren, da ohne Parteitätigkeit eine parlamentarische Tätigkeit nicht möglich ist (Memmel bei der ersten Beratung des Deutschen Richtergesetzes).

i) Es würde den Richtern praktisch auch das aktive Wahlrecht nehmen, da dieses ohne vorherige Beschäftigung mit der Politik nicht ausgeübt werden kann (Neugebauer).

j) Das Grundgesetz steht einem Verbot entgegen, da es alle Bürger und damit auch die Richter zur Mitwirkung in den politischen Parteien aufruft (Lassen, bezüglich der Mitgliedschaft auch Käser). Ein

Verbot würde gegen Art. 5 bzw. 21 GG verstoßen (Vogel), ebenso gegen Art. 33, Abs. 5 GG, in dem Beamten und Richtern das Recht auf politische Betätigung garantiert ist (Vogel). Nach dem Grundsatz der Verhältnismäßigkeit reichen die geltenden Bestimmungen über die Ablehnung von Richtern aus Besorgnis der Befangenheit aus (Dosenheimer), solange nicht die Ablehnungen so überhand nehmen, daß Gefahren für den Betrieb der Rechtspflege entstehen (Hanack).

Teil B

Verfassungsrechtliche Untersuchung

V. Grundrechte und Richteramt

Aus den oben zusammengefaßten Stellungnahmen ergibt sich, daß man zu der Frage, ob sich ein Richter parteipolitisch betätigen soll oder nicht, mit guten Gründen jeweils verschiedene Standpunkte vertreten kann. Die verfassungsrechtliche Untersuchung der Zulässigkeit parteipolitischer Betätigung der Richter setzt indessen der Vielfalt der Meinungen, soweit sie auch diese Seite des Problems miteinbeziehen, eine gewisse Grenze. In den letzten Jahren ist gerade die verfassungsrechtliche Problematik wenig beachtet worden.

Da man heute überwiegend zu einer Bejahung der Zulässigkeit und Wünschbarkeit parteipolitischer Betätigung von Richtern neigt, begnügt man sich meist mit dem Hinweis, der Richter sei ein Bürger wie jeder andere auch, dem dieselben Rechte wie den anderen Bürgern zustünden; die politischen Parteien seien verfassungsmäßig sanktioniert, die Tätigkeit in ihnen sei eine Stütze der Demokratie, die, auch von Richtern ausgeübt, legitim sein müsse.

Hier soll untersucht werden, ob die das Grundgesetz kennzeichnende starke Hervorhebung der individuellen Freiheitsrechte und der demokratischen Funktion der politischen Parteien wirklich die parteipolitische Betätigungsfreiheit auch der Richter kompromißlos garantieren soll oder ob es nicht andere, in der verfassungsrechtlichen Stellung der Richter liegende Gründe gibt, die dieser Annahme entgegenstehen.

Dabei soll der Akzent auf der Frage liegen, ob ein Verbot parteipolitischer Betätigung von Richtern ohne Verfassungsänderung zulässig wäre oder vielleicht sogar den den Richtern vom Grundgesetz verliehenen Funktionen entspräche. Gerade weil heute ganz allgemein die Auffassung vorherrscht, das Grundgesetz gestatte nicht, die parteipolitische Tätigkeit der Richter über den in § 39 DRiG gezogenen Rahmen hinaus zu begrenzen, soll hier die Prüfung der Zulässigkeit eines Verbots im Vordergrund stehen, das in Anbetracht der Stellung, die das Richtertum in der Verfassungsordnung einnimmt, als durchaus erwägenswerte Maßnahme angesehen werden kann.

1. Das Recht auf freie Meinungsäußerung, Art. 5 GG

Prüft man, welches Grundrecht, bzw. welche Grundrechte überhaupt dem Staatsbürger die Freiheit, politischen Parteien beizutreten und sich in ihnen zu betätigen, gewährleisten, bietet sich zunächst Art. 5 GG an. Er wird immer wieder im Zusammenhang mit politischer Tätigkeit der Richter genannt und verschiedentlich nicht nur allgemein auf politische Aktivität, sondern ausdrücklich auf parteipolitische Aktivität bezogen[1].

In den einschlägigen Grundgesetz-Kommentaren findet sich nur bei Hamann eine Stellungnahme, der auch „die Bekundung der Zugehörigkeit zu einer Vereinigung, insbesondere einer politischen Partei" in Art. 5 GG miteinbezieht[2]. Diese „Bekundung der Zugehörigkeit" zu einer politischen Partei wird nun aber nach herrschender Ansicht durch Art. 9 bzw. 21 GG geschützt. Das Recht, „Vereine und Gesellschaften zu bilden", bzw. die Gründungsfreiheit politischer Parteien, umfaßt auch das Recht, Vereinen bzw. Parteien beizutreten und in ihnen tätig zu sein[3]. Während Schutzobjekt des Art. 5 GG die Meinungsäußerungsfreiheit als solche ist, die natürlich auch innerhalb der politischen Parteien gewährt sein soll, geht die Zielrichtung des Art. 9 bzw. des Art. 21 GG dahin, dem Staatsbürger gerade die parteipolitische Betätigungsfreiheit zu garantieren, die sich zwar mit dem Recht auf freie Meinungsäußerung vielfach überschneidet, aber doch nicht in ihr aufgeht.

Folgt man dieser Auffassung, entfällt allerdings auch die Möglichkeit, die in Art. 5 Abs. 2 GG genannten allgemeinen Gesetze als Grundlage für eine Einschränkung parteipolitischer Tätigkeit von Richtern heranzuziehen, wie es wiederholt versucht worden ist. Aber auch wenn man Art. 5 GG hier für anwendbar hält, könnten diese allgemeinen Gesetze ein Verbot parteipolitischer Tätigkeit doch nicht rechtfertigen. Ihre Bedeutung war vor allem unter der Weimarer Verfassung sehr umstritten, die in Art. 118 Abs. 1 Satz 1 eine dem Art. 5 Abs. 2 GG entsprechende Bestimmung enthielt. Von den zahlreichen damals gefundenen Formulierungen für den Begriff der allgemeinen Gesetze, die heute in den führenden Kommentaren zu Art. 5 GG weiterhin als Auslegungshilfen zitiert werden, ist wohl die einleuchtendste die von

---

[1] *Kröger*, a.a.O., S. 150; BayVGH Urteil v. 30. 12. 1955, NJW 1956, S. 767 (beide auf Beamte bezogen).

[2] Das Grundgesetz für die Bundesrepublik Deutschland, 1. Aufl. Darmstadt 1956, Anm. C 2 zu Art. 5.

[3] *Füßlein*, Vereins- und Versammlungsfreiheit, in: Die Grundrechte, hrsg. von *Neumann - Nipperdey - Scheuner*, Bd. 2, S. 433; *Mangoldt - Klein*, Das Bonner GG, 2. Aufl. Berlin—Frankfurt 1957—64, Anm. III 7 zu Art. 9; *Wernicke*, Bonner Komm. Erl. II 1 c zu Art. 9.

Häntzschel, wonach allgemeine Gesetze nicht „Sonderrecht gegen die Meinungsfreiheit" enthalten dürfen[4]. Neuerdings hat Bettermann allgemeine Gesetze definiert als solche, „die ein Verhalten des Bürgers ohne Rücksicht darauf verhindern, beschränken oder verbieten, ob der Bürger ein Grundrecht aus Art. 5 Abs. 1 GG oder ein anderes Grundrecht, insbesondere ‚nur' seine ‚allgemeine Handlungsfreiheit' ausübt"[5]. Vorausgesetzt also, man hielte Art. 5 GG hier für anwendbar, würde ein Richtergesetz, das den Richtern parteipolitische Aktivität untersagte, in diesem Punkte einen gezielten Eingriff in die Meinungsäußerungsfreiheit und damit Sonderrecht gegen sie enthalten; ein allgemeines Gesetz im Sinne von Art. 5 Abs. 2 würde also nicht vorliegen.

Art. 5 GG müßte aber dann berücksichtigt werden, wenn man untersuchte, ob ein Richter unabhängig von einer politischen Partei seine politischen Meinungen, z. B. in einer allgemein verbreiteten Zeitung, äußern darf (Fall des Bundesrichters Jagusch). Die Frage braucht hier nicht beantwortet zu werden, da hier nur die parteipolitische Betätigung interessiert. Nur soviel sei gesagt, daß es wohl sehr schwierig wäre, eine Grenze zu setzen, jenseits derer solche Meinungen nicht mehr veröffentlicht werden dürften. Auf diesem Gebiet muß es wohl dem Takt und dem Verantwortungsbewußtsein des einzelnen Richters überlassen bleiben zu entscheiden, welches Verhalten mit seinem Amt noch vereinbar ist.

2. Art. 9 und Art. 21 GG

Kann sich das Recht auf freie parteipolitische Betätigung also nicht auf Art. 5 GG stützen, fragt sich weiter, ob und inwieweit hier Art. 9 Abs. 1 oder Art. 21 Abs. 1 Satz 2 GG anwendbar sind. Im Hinblick auf die politischen Parteien selbst gilt allgemein Art. 21 GG als Anwendungsfall, als lex specialis des Art. 9 GG, da die politischen Parteien ihrer Rechtsform nach zwar in der Regel Idealvereine des bürgerlichen Rechts und damit Vereinigungen im Sinne des Art. 9 GG sind[6], dennoch aber Besonderheiten aufweisen, die eine spezielle verfassungsrechtliche Regelung erforderten. Dabei wird aber die Frage stillschweigend übergangen, ob auch die Freiheit der parteipolitischen Betätigung in Art. 21 Abs. 1 Satz 2 ihre Spezialregelung findet. Man

---

[4] Das Recht der freien Meinungsäußerung, in: Handbuch des deutschen Staatsrechts, Band 2, S. 659; vgl. auch die Zusammenstellungen bei *Mangoldt - Klein,* Anm. IX e zu Art. 5; *Wernicke,* Bonner Komm. Erl. 2 b zu Art. 5 und im Lüth-Urteil, BVerfGE 7, S. 198 ff.

[5] Die allgemeinen Gesetze als Schranken der Pressefreiheit, JZ 1964, S. 601 ff.

[6] *Füßlein,* a.a.O., S. 432; *Maunz - Dürig,* Grundgesetz, Komm. München—Berlin 1963, Randnr. 38 zu Art. 21.

könnte gegen eine solche Auslegung einmal einwenden, daß Art. 21 nicht im Grundrechtsteil steht, zum anderen, daß er schon seiner Formulierung nach nur die Rechte der Parteien als Korporationen, nicht aber Individualrechte einzelner Parteimitglieder festlege.

Was den ersten Einwand angeht, so ist auf die zahlreichen Bestimmungen mit Grundrechtscharakter hinzuweisen, die außerhalb des eigentlichen Grundrechtskatalogs stehen, wie z. B. Art. 33, 38, 103 GG[7]. Bezüglich des zweiten Einwands ist zu sagen, daß zwar die Formulierung „Ihre Gründung ist frei" auf ein korporatives Recht der Parteien hindeutet, daß aber diese Gründung von einzelnen Staatsbürgern vollzogen werden muß, denen somit gleichzeitig dieses Recht auch garantiert sein muß. Art. 21 Abs. 1 Satz 2 GG gewährleistet also „sowohl das Individualrecht des einzelnen auf parteimäßigen Zusammenschluß, Gründung, Beitritt und Mitgliedschaft — als auch ein korporatives Recht der Parteien auf Bestand"[8].

Nach allem findet sich die verfassungsmäßige Grundlage des Rechts auf freie parteipolitische Betätigung in Art. 21 Abs. 1 Satz 2 GG und nicht in Art. 9 oder Art. 5. Ergänzend können Art. 38 Abs. 1, der das aktive und passive Wahlrecht gewährleistet, und Art. 48 Abs. 2 hinzugezogen werden, wonach niemand an der Annahme und Ausübung seines Abgeordnetenmandats gehindert werden und wegen dieses Mandats weder gekündigt noch entlassen werden darf.

Keines der genannten Grundrechte weist ausdrückliche Gesetzesvorbehalte auf, die in diesem Zusammenhang von Bedeutung sein könnten; auch Art. 9 GG enthält keine solche Schranke, so daß es also im Ergebnis keinen Unterschied macht, ob man Art. 21 GG nur als korporatives Recht und Art. 9 GG als das Individualrecht auf Parteitätigkeit ansieht oder ob man — wie hier — Art. 21 GG sowohl für ein korporatives Recht der Parteien als auch für ein Grundrecht des Staatsbürgers hält.

---

[7] Hinsichtlich dieser außerhalb des Grundrechtskatalogs stehenden Grundrechte wird vereinzelt die Auffassung vertreten, sowohl die Sonderregelung für die Einschränkung der Grundrechte in Art. 19 Abs. 1 als auch die Wesensgehaltssperre in Art. 19 Abs. 2 fänden auf sie keine Anwendung (*Maunz*, Dt. Staatsrecht, S. 92). Folgt man dieser Meinung, dürfte bei einer Einschränkung des Art. 21 in dessen Wesensgehalt eingegriffen werden, während dies bezüglich Art. 9 nicht erlaubt wäre. Schon hieran zeigt sich die Unhaltbarkeit dieser Ansicht, die im übrigen auch in Art. 19 keine Stütze findet, in dem nur allgemein von Grundrechten die Rede ist.

[8] *Seifert*, Zur Rechtstellung der politischen Parteien, DÖV 56, S. 1 ff. (5); im Ergebnis ebenso *v. d. Heydte - Sacherl*, Zur Soziologie der deutschen Parteien, München 1955, S. 481; *Vogel*, a.a.O., S. 280; a.A. z. B. *Grewe*, Die polit. Treuepflichten der Angehörigen des öffentl. Dienstes, Frankfurt 1951, S. 60.

Hier enden denn auch viele Stellungnahmen zur Zulässigkeit der parteipolitischen Tätigkeit von Richtern mit der Feststellung, da keine gesetzlichen Beschränkungsmöglichkeiten dieser Grundrechte vorgesehen seien, dürfe die parteipolitische Tätigkeit der Richter auch nicht beschnitten werden.

Es ist zwar allgemein anerkannt, daß auch unbeschränkte Grundrechte unter bestimmten Umständen nicht schrankenlos gelten, die Richtigkeit der Meinung, daß die parteipolitische Tätigkeit der Richter nicht einschränkbar sei, könnte sich aber doch indirekt aus bestimmten Spezialregelungen des Grundgesetzes ergeben. Daß das Grundgesetz dieses Recht direkt weder Richtern noch Beamten garantiert, wie es die Weimarer Verfassung in Art. 130 in Verbindung mit Art. 118 tat, wurde bereits hervorgehoben.

3. Die Wählbarkeitsbeschränkung des Art. 137 GG

Art. 137 GG eröffnet dem Gesetzgeber die Möglichkeit, die Wählbarkeit der Richter im Bund, in den Ländern und Gemeinden gesetzlich zu beschränken. Die Fassung dieser Bestimmung könnte darauf hindeuten, daß das Grundgesetz keine weitergehenden Beschränkungen der politischen Tätigkeit der Richter zulassen will. Wenn für die Einschränkung des passiven Wahlrechts eine besondere Bestimmung aufgenommen wurde, dann hätte man dies wohl auch bei einer Einschränkung der parteipolitischen Betätigungsfreiheit erwarten können. Die Entstehungsgeschichte des Grundgesetzes unterstützt diese Annahme. Bei Erörterung der Frage des passiven Wahlrechts von Richtern und Beamten in der 53. Sitzung des parlamentarischen Rates erklärte der Abgeordnete Dr. Strauß, ohne auf Widerspruch zu stoßen, daß die politische Betätigung dieser Personengruppen an sich bejaht werde[9]. Erwähnt sei hier auch noch einmal die Ablehnung des von dem Abgeordneten Zinn in Herrenchiemsee formulierten Vorschlags, wonach Richter einer politischen Partei weder angehören noch für sie tätig werden sollten. So heißt es denn auch im „Bonner Kommentar“: „Die Tatsache der Aufnahme einer solchen Vorschrift (Art. 137) ins Grundgesetz läßt darauf schließen, daß eine Einschränkung der staatsbürgerlichen Rechtsstellung der genannten Personengruppen als verfassungsändernd angesehen wurde[10].“ Dieser Schluß ist indessen nicht zwingend[11]; dies zeigt schon ein Vergleich mit dem durch Gesetz

[9] Verhandlung des Hauptausschusses des parlamentarischen Rates, S. 707 ff. Sitzung vom 23. 2. 1949.

[10] *Jess*, Erl. A 1 zu Art. 137 GG.

[11] So auch *Rieß*, Parlamentarische Unvereinbarkeiten für Richter, DRiZ 1959, S. 273 ff. (275).

vom 19. 3. 1955 ins Grundgesetz eingefügten Art. 17 a, wonach für Soldaten und Angehörige des Ersatzdienstes das Recht der freien Meinungsäußerung durch Gesetz eingeschränkt werden kann. Daraus ließe sich entsprechend der oben wiedergegebenen Auslegung des Art. 137 schließen, daß solche Gesetze ohne den Art. 17 a verfassungswidrig wären, insbesondere also nicht unter die allgemeinen Gesetze des Art. 5 Abs. 2 GG fielen. Diese Ansicht vertrat jedoch nur eine Minderheit des dieses Gesetz beratenden Ausschusses des Bundestages. Die Mehrheit meinte, ein solche Einschränkungen enthaltendes Soldatengesetz entspreche den Anforderungen, die an allgemeine Gesetze im Sinne von Art. 5 Abs. 2 gestellt werden müßten. Wenn man sich trotzdem zur Einfügung des Art. 17 a entschloß, dann hatte dies nur „klarstellende Bedeutung"[12].

Köttgen folgert sogar umgekehrt aus Art. 137: „Wenn das Grundgesetz sogar die vornehmste Form politischer Betätigung, die Mitarbeit im Bundestage für Beamte ... der Möglichkeit gesetzlicher Beschränkung unterwirft, so werden auch die minderen Formen politischer Betätigung ... ohne Widerspruch zu der Verfassung, insbesondere dann beschnitten werden können, wenn es sich hierbei um einen ‚hergebrachten Grundsatz des Berufsbeamentums' handeln sollte[13]." Auch von den hergebrachten Grundsätzen des Berufsbeamtentums abgesehen, ist dieser Schluß a maiore ad minus nicht überzeugend; trotzdem kann man aber wohl sagen, daß Art. 137 GG nicht weitere Beschränkungen der politischen Betätigungsfreiheit ausschließt, sofern andere Grundgesetzbestimmungen eine Grundlage dafür bieten[14].

4. Art. 33 Abs. 2 und 3 GG

Art. 33 Abs. 2 GG, wonach jeder Deutsche nach seiner Eignung, Befähigung und fachlichen Leistung gleichen Zugang zu jedem öffentlichen Amt hat, steht einer Einschränkung der parteipolitischen Betätigung von Richtern nicht entgegen, weil eine solche Einschränkung sich erst auswirken könnte, nachdem die Übernahme des öffentlichen Amtes erfolgt wäre. Dagegen bestimmt Art. 33 Abs. 3 Satz 2 GG, daß niemandem aus seiner Zugehörigkeit oder Nicht-Zugehörigkeit zu einem Bekenntnisse oder einer Weltanschauung ein Nachteil erwachsen dürfe.

---

[12] Verhandl. d. dt. Bundestags, 2. Wahlperiode 1953, Sten. Berichte Bd. 28, S. 6857.

[13] *Köttgen*, Grundgesetz und Beamtenrecht, in: Recht, Staat, Wirtschaft, Bd. 4, S. 227 ff. (237).

[14] Auch Art. 94 Satz 3 GG ergibt nichts anderes; man kann aus dem Bestehen besonderer Inkompatibilitätsbestimmungen für Bundesverfassungsrichter nicht folgern, daß weitergehende Einschränkungen ausgeschlossen seien.

Man wird diese Norm wohl als speziell auf den öffentlichen Dienst bezogen auffassen müssen, auch wenn der Hinweis darauf fehlt, weil ein direkter Zusammenhang mit Abs. 3 Satz 1 besteht, in dem ausdrücklich vom öffentlichen Dienst die Rede ist[15]. Wäre den Richtern die Betätigung in politischen Parteien untersagt, würde dies praktisch bedeuten, daß der politisch engagierte Richter, der seine offen gezeigte Parteibindung nicht aufgeben will, sich zu einem anderen Beruf entschließen müßte, was unter Umständen durchaus als ein Nachteil anzusehen wäre. Dieser Nachteil wäre aber nur dann im Rahmen des Art. 33 Abs. 3 Satz 2 zu berücksichtigen, wenn parteipolitische Tätigkeit unter den Oberbegriff der Zugehörigkeit zu einem Bekenntnis oder zu einer Weltanschauung einzuordnen wäre. Dies wird man aber ablehnen müssen, denn Weltanschauung im Sinne der genannten Bestimmung bedeutet „ein metaphysisches Gedankensystem über den Zusammenhang der Welt und den Sinn des Daseins“[16], also das weltliche Gegenstück zum Bekenntnis im religiösen Sinne, nicht aber die konkrete parteipolitische Tätigkeit[17]. Diese kann ganz unabhängig von einer Weltanschauung sein und ist dies heute jedenfalls in den demokratischen Parteien grundsätzlich auch.

5. Die hergebrachten Grundsätze des Berufsbeamtentums, Art. 33 Abs. 5 GG

Unter hergebrachten Grundsätzen des Berufsbeamtentums sind solche zu verstehen, „die entweder schon vor 1919 in Geltung waren und durch die Weimarer Reichsverfassung ausdrücklich oder stillschweigend als fortgeltend anerkannt worden sind oder aber unter der Herrschaft der Weimarer Verfassung als Grundsätze des Berufsbeamtentums im demokratisch-rechtsstaatlichen Staatswesen neu aufgestellt wurden“[18]. Wie oben schon ausgeführt wurde[19], war Richtern und Beamten sowohl vor als auch unter der Weimarer Verfassung parteipolitische Betätigung grundsätzlich gestattet, soweit sie sich nicht auf staatsfeindliche Parteien bezog und in maßvollen und würdigen Formen ablief. Eine darüber hinausgehende Einschränkung der parteipolitischen Betätigung von Richtern würde also den hergebrachten Grundsätzen des Berufsbeamtentums, bzw. Berufsrichtertums nicht entsprechen, ihnen vielmehr widersprechen[20]. Ergibt sich daraus der Schluß, daß den Richtern

---

[15] So *Maunz*, Dt. Staatsrecht, S. 275; a.A. *Hamann*, Anm. C 3 zu Art. 33 GG.

[16] *Maunz*, Dt. Staatsrecht, S. 275.

[17] So aber: *Mangoldt - Klein*, Anm. V 2 b zu Art. 3 GG; *Hamann*, Anm. C 3 zu Art. 33 GG; *Ule*, a.a.O., in: Die Grundr. IV, 2, S. 626.

[18] *Ule*, ebenda, S. 569; daß diese Grundsätze auch für Richter gelten — gemäß Art. 33 Abs. 5 GG, wurde oben S. 20 festgestellt.

[19] S. 21 f.

[20] a.A. Referentendenkschrift zur Vorbereitung eines DRiG 1954, S. 41.

heute parteipolitische Betätigung freistehen muß? Die Antwort auf diese Frage hängt davon ab, was man unter der Formulierung des Art. 33 Abs. 5 GG versteht, daß das Recht des öffentlichen Dienstes *unter Berücksichtigung* der hergebrachten Grundsätze des Berufsbeamtentums zu regeln ist. Falls dies eine unmittelbare Bindung des Gesetzgebers bedeuten sollte, *nur* die hergebrachten Grundsätze und keine anderen zu berücksichtigen, wäre wohl eine gesetzliche Beschränkung der Parteitätigkeit von Richtern nicht zulässig. Diese Auslegung des Art. 33 Abs. 5 ist aber zu eng. Damit wäre praktisch jede Entwicklung des Beamten- und Richterrechts, die über die unter der Weimarer Verfassung herrschenden Grundsätze hinausginge, ausgeschlossen. Das kann nicht im Sinne des Grundgesetzes liegen, das gegenüber der Weimarer Verfassung doch sehr große Unterschiede aufweist. Es wird denn auch im Schrifttum überwiegend die Meinung vertreten, daß dem Gesetzgeber ein Abgehen von den hergebrachten Grundsätzen des Berufsbeamtentums gestattet sein muß, wobei allerdings die Grenzen für die Voraussetzungen eines solchen Abweichens verschieden weit gesteckt werden. Ule zieht diese Grenzen zu eng, wenn er die Auffassung vertritt, eine Abweichung sei nur zulässig, „wenn sie durch die Notwendigkeit, die Einrichtung des Berufsbeamtentums in abgeänderter Form aufrechtzuerhalten, zwingend geboten“ sei[21]. Nach dem Wortlaut des Art. 33 Abs. 5 hat der Gesetzgeber die hergebrachten Grundsätze nur zu berücksichtigen, nicht aber zwingend zu beachten. Ein Abgehen von ihnen muß schon dann gerechtfertigt sein, wenn durch veränderte Umstände Reformen geboten sind, die die Institution des Berufsbeamtentums nicht im Wesensgehalt antasten[22], und vor allem dann, wenn das Grundgesetz in bestimmten Beziehungen (mit gleichem Rang wie Art. 33 Abs. 5 GG) eine andere Regelung erkennbar getroffen hat, die ihrerseits als lex specialis zu beachten wäre. Die veränderte Stellung des Richtertums nach dem Grundgesetz oder auch die erhöhte Bedeutung der politischen Parteien innerhalb der Verfassungsordnung könnten durchaus derartige veränderte Umstände sein, die eine Reform des Verhältnisses der Richter zu den politischen Parteien legitimieren könnten. Inwieweit hierzu ein Anlaß gegeben ist, wird die weitere Untersuchung zeigen.

6. Der Gleichheitssatz des Art. 3 GG

In Art. 3 Abs. 1 GG wird generell die Gleichheit aller Menschen vor dem Gesetz geschützt. Abs. 3 spezifiziert diesen Grundsatz näher

---

21 *Ule*, a.a.O., S. 569.

22 *Grewe*, Inwieweit läßt Art. 33 Abs. 5 GG eine Reform des Beamtenrechts zu?, Verhandl. d. 39. Dt. Juristentags, 1952, Teil D, S. 16; *Mangoldt-Klein*, Anm. VII, 2 zu Art. 33 GG.

und verbietet unter anderem, jemanden wegen seiner politischen Anschauungen zu benachteiligen oder zu bevorzugen. Im Gegensatz zu Art. 33 Abs. 3 Satz 2 GG, in dem in bezug auf den öffentlichen Dienst von einer Benachteiligung wegen politischer Anschauungen nicht die Rede ist, ist sie hier für den Staatsbürger allgemein relevant. Trotzdem steht diese Bestimmung einer Einschränkung der parteipolitischen Betätigungsfreiheit der Richter nicht im Wege. Eine solche Einschränkung würde nämlich eine Benachteiligung wegen politischer Anschauungen nicht mit sich bringen; sie könnte den Richter allenfalls wegen seiner Richtereigenschaft gegenüber anderen Staatsbürgern benachteiligen, die sich parteipolitisch betätigen dürften, weil sie nicht in diesem öffentlich-rechtlichen Dienst- und Treueverhältnis stehen. Eine wirkliche Benachteiligung läge allerdings z. B. dann vor, wenn der Zugang zum Richteramt wegen bestimmter politischer Anschauungen erschwert wäre; ein Verbot parteipolitischer Betätigung der Richter könnte dieses Ergebnis jedoch nicht haben, da es erst die Zeit nach Eintritt in das Richterverhältnis beträfe.

Art. 3 Abs. 3 GG hindert also eine Einschränkung der Parteitätigkeit nicht. Auch Art. 3 Abs. 1 GG steht ihr nicht entgegen, da Art. 33 Abs. 4 GG für die Angehörigen des öffentlichen Dienstes einen eigengearteten Tatbestand schafft, der es rechtfertigen kann, sie anders zu behandeln als Personen, die diesem Verhältnis nicht angehören; darüber, wie diese Andersbehandlung aussehen könnte und dürfte, ist damit allerdings noch nichts gesagt.

7. Das öffentlich-rechtliche Dienst- und Treueverhältnis als persönliche Gewährleistungsschranke, Art. 33 Abs. 4 GG

Die herrschende Meinung rechnet das öffentlich-rechtliche Dienst- und Treueverhältnis zu den sog. besonderen Gewaltverhältnissen[23], ein Begriff, der „aus grundrechtsarmer Zeit" stammend, hauptsächlich deshalb geschaffen wurde, um Eingriffe des Dienstherrn in die Rechtssphäre der „Gewaltunterworfenen", auch soweit dabei Grundrechte tangiert wurden, ohne gesetzliche Grundlage zu rechtfertigen. „Wer als Beamter ... in einem besonderen Gewaltverhältnis ... steht, (kann) sich der vorgesetzten Behörde gegenüber im Zweifel nicht auf die Freiheitsverbürgungen berufen[24]."

---

[23] *Mangoldt-Klein*, Vorbem. XVI, Nr. 4; *Hildegard Krüger*, Die Grundrechte im besonderen Gewaltverhältnis, ZBR 56, S. 310; BVerfGE 3, S. 58 ff. (153); *v. Münch*, Freie Meinungsäußerung u. besonderes Gewaltverhältnis, Frankfurt 1957, S. 37.

[24] *Thoma*, Die jurist. Bedeutung der grundrechtl. Sätze der dt. Reichsverfassung im allgemeinen, in: *Nipperdey*, Die Grundrechte und Grundpflichten der Reichsverfassung, Bd. 1, S. 1 ff. (24); s. hierzu auch *Hildegard Krüger*, a.a.O., S. 31.

Begriff und Inhalt des besonderen Gewaltverhältnisses sind seit Inkrafttreten des Grundgesetzes vor allem aus rechtsstaatlichen Gesichtspunkten äußerst umstritten. Gegen diesen Begriff wird eingewendet, er sei „als Immunität für eine Haus- und Herrengewalt", in der eine Vielzahl von „alten Vorstellungen des Hauses, der Grundherrschaft und vor allem des Lehnswesens noch weiterlebt", im modernen Staat zum Untergang verurteilt[25]. Die Verrechtlichung des Beamtenverhältnisses sei in einem Maße fortgeschritten, daß es nicht mehr erlaubt sei, von ihm als von einem „Herrschafts-" oder „Gewaltverhältnis" zu reden[26].

Zweifellos ist der Begriff „besonderes Gewaltverhältnis" nicht besonders glücklich, weil darin die Vorstellung von der Allgewalt des Staates gegenüber dem zum Gehorsam verpflichteten Untertanen mitschwingt, die heute überwunden sein sollte. Man wird auch davon ausgehen müssen, daß unter dem Grundgesetz (und auch schon unter der Weimarer Verfassung) Einschränkungen von Grundrechten in den besonderen Gewaltverhältnissen ohne einen in der Verfassung gesetzten Maßstab unzulässig sind. Dies ergibt sich eindeutig aus dem in Art. 20 GG zum Ausdruck gekommenen Rechtsstaatsgedanken, wonach insbesondere alle staatlichen Handlungen auf ein formelles Gesetz zurückzuführen sein müssen, soweit sie den Betroffenen nicht nur begünstigen.

Man mag nun das in Art. 33 Abs. 4 GG statuierte öffentlich-rechtliche Dienst- und Treueverhältnis als besonderes Gewaltverhältnis bezeichnen oder nicht — der Begriff tut hier im Grunde nichts zur Sache —, aus der Tatsache seiner ausdrücklichen Aufnahme ins Grundgesetz folgt jedenfalls, daß es der Verfassung nicht widersprechen kann, wenn die in ihm stehenden Personen Pflichten unterworfen werden, die sich aus der verfassungsmäßigen Struktur ihres Amtes als Dienst- und Treueverhältnis ergeben. Insoweit kann man das öffentlich-rechtliche Dienst- und Treueverhältnis als einen „Sonderfall der persönlichen Gewährleistungsschranken" des Grundgesetzes ansehen[27]. „Dienst" und „Treue" haben im modernen Staat allerdings einen anderen Sinn als er diesen Begriffen, auf Richter und Beamte bezogen, ursprünglich innewohnte. Sie knüpfen heute nicht mehr an das persönliche Verhältnis zum Monarchen an, sondern an das überpersönliche zur Gesamtheit des Volkes und seiner Grundordnung[28].

---

[25] *Herbert Krüger*, Das besondere Gewaltverhältnis, in VVDStRL H. 15, S. 115 ff.

[26] *Neis*, Die Koalitionsfreiheit des Beamten, in: Koalitions- und Meinungsfreiheit des Beamten, S. 49.

[27] *Mangoldt-Klein*, a.a.O., Vorbem. XVI, Nr. 4.

[28] *Götzl*, Die Einschränkung des Grundrechts der freien Meinungsäußerung durch das Beamtenverhältnis, 1961, S. 29.

Dem Gebot der Rechtsstaatlichkeit ist mit der Begrenzung dieser Pflichten auf die verfassungsmäßigen Erfordernisse des jeweiligen Amtes genügt. Grundrechtseinschränkungen sind allerdings auch unter der genannten Voraussetzung nur zulässig, wenn der Wesensgehalt des Grundrechts dabei nicht angetastet (Art. 19 Abs. 2 GG) und der Grundsatz der Verhältnismäßigkeit beachtet wird. Er bedeutet, daß nicht schon eine solche Grundrechtseinschränkung zulässig wäre, die auf Grund der verfassungsmäßigen Stellung des Richters nützlich oder förderlich erscheinen könnte, sondern nur eine solche, „die für die Effektivität jenes Rechtsgutes unerläßlich, unaufhebbar erscheint, eine conditio sine qua non, ohne die jenes andere Rechtsgut schlechterdings nicht bestehen könnte“[29]. Der Meinung von Lerche kann nicht gefolgt werden, wonach im Innenbereich der besonderen Gewaltverhältnisse der Grundsatz der Verhältnismäßigkeit schweige, weil ein freies Organisierenkönnen das „Charakteristikum jeder ‚Autonomie‘“ sei. Vor allem seien es „jene Formeln und Klauseln, die ein ‚allgemeines‘ Standesethos einzufangen und zu bewahren trachten, welche dem Erforderlichkeitsprinzip keinen Anlaß bieten“[30]. Diese Auffassung wäre nur dann vertretbar, wenn Verstöße gegen dieses Standesethos nicht disziplinarrechtlich verfolgbar wären und es dem Verantwortungsgefühl des einzelnen überlassen bliebe, diesem Ethos zu entsprechen; andernfalls wäre der Grundrechtsschutz für die „Gewaltunterworfenen“ zu schwach. Der Grundsatz der Verhältnismäßigkeit muß also auch im Dienst- und Treueverhältnis der Beamten und Richter gelten.

Besonders ist hier noch hervorzuheben, daß die eben entwickelte Möglichkeit der Einschränkung von Grundrechten im öffentlich-rechtlichen Dienst- und Treueverhältnis sich nicht mit der Auffassung deckt, die heute in diesem Zusammenhang vielfach vertreten wird, daß Grundrechtseinschränkungen im besonderen Gewaltverhältnis nur zulässig seien, wenn sie sich aus seiner Zweckbestimmung herleiten ließen[31]. Diese Definition ist viel zu allgemein und bietet keine Gewähr gegen willkürliche Maßnahmen, die mit der Zweckbestimmung des besonderen Gewaltverhältnisses begründet werden könnten, ohne daß sie gleichzeitig verfassungsmäßig zu sein brauchten. Denn der Zweck ist ein äußerst relativer Begriff, unter dem jeder — je nach

---

[29] *Neis*, a.a.O., S. 48; BGH Beschl. v. 17. 10. 55 in: DÖV, 1955, S. 729 (730).

[30] *Peter Lerche*, Übermaß und Verfassungsrecht. Zur Bindung des Gesetzgebers an die Grundsätze der Verhältnismäßigkeit und der Erforderlichkeit, Köln, Berlin, München 1961, S. 218.

[31] *Mangoldt-Klein*, a.a.O.; *Herbert Krüger*, Die Einschränkung von Grundrechten nach dem Grundgesetz, DVBl. 1950, S. 627 ff. (629); E. des OVG Berlin v. 13. 10. 54, abgedr. in JZ 1955, S. 272 ff. (277); vgl. insbes. für Richter: Referentendenkschrift, S. 40 ff.

Intention — etwas durchaus Verschiedenes verstehen kann. Diese Gefahr ist nur dann gebannt, wenn man bei Grundrechtseinschränkungen auf die sich aus der verfassungsmäßigen Struktur des jeweiligen Amtes ergebenden Pflichten der Amtsträger abstellt, die im Verhältnis zu den ihnen als Staatsbürger zustehenden Rechten gesehen werden müssen[32].

Bei dieser Begründung einer Einschränkbarkeit von Grundrechten im öffentlich-rechtlichen Dienst- und Treueverhältnis taucht an sich das vieldiskutierte Problem der Zulässigkeit eines freiwilligen Grundrechtsverzichts des in ein solches auf Antrag zu begründendes Verhältnis Eintretenden nicht auf. Es soll aber doch hier erörtert werden, weil wohl die überwiegende Meinung Grundrechtseinschränkungen nur in Verbindung mit einem freiwilligen Grundrechtsverzicht bei in besonderen Gewaltverhältnissen stehenden Personen für zulässig hält.

Ein solcher Verzicht wird heute großenteils für zulässig angesehen („volenti non fit iniuria"), die Auffassungen über die Grenzen eines solchen Verzichts gehen aber auseinander. Daß ein völliger Verzicht auch auf unbeschränkbar gewährleistete Grundrechte zulässig ist, wird — soweit ersichtlich — nirgends angenommen. Während z. B. Forsthoff (wohl im Anschluß an ihn auch Neis[33]) einen freiwilligen Verzicht nur bei Grundrechten mit Gesetzesvorbehalt für zulässig hält, ihn bei unbeschränkbar gewährleisteten Grundrechten aber für „unter allen Umständen unzulässig" ansieht[34], hält ihn Maunz grundsätzlich für möglich (z. B. bei Art. 5 und Art. 9 GG), fordert aber eine möglichst enge Auslegung unter Begrenzung „auf den unmittelbaren Anstaltszweck"[35]. Die Vermutung müsse zugunsten der Rechte und zuungunsten der Beschränkungen sprechen. Diese Abgrenzungsversuche scheinen alle etwas konstruiert, denn es ist nicht recht einzusehen, warum man nicht freiwillig auf Grundrechte sollte verzichten können. Wenn sich jemand entschließt, von dem ihm zustehenden Recht auf

---

[32] Im Ergebnis so auch *Kröger*, Verfassungsrechtliche Grundfragen des Rechts des Beamten auf „parteipolitische Meinungsäußerungen", AöR Bd. 88, S. 121 ff. (139), der allerdings das Recht des Beamten auf parteipolitische Meinungsäußerung trotzdem nicht für beschränkbar hält, weil dies den Gleichheitssatz und das Strukturprinzip der konstitutionellen Demokratie verletzen würde. *Kalisch* kommt in: Grundrechte u. Berufsbeamtentum nach dem Bonner GG, AöR Bd. 39, S. 344 — von ähnlichen Grundlagen ausgehend — gerade zu dem Ergebnis, eine Beschränkung der parteipolit. Betätigung der Beamten sei zulässig: „Gegenüber einer rechtmäßigen Forderung, die sich aus dem eigentlichen Sinn ... des Dienstes (des Beamten) ergibt, kann er sich nicht auf ein seine Individualsphäre schützendes Grundrecht berufen." *v. Münch*, a.a.O., S. 35/36, nimmt ein Zurücktreten der Grundrechte im bes. Gewaltverhältnis da an, „wo die Existenz des Staates auf dem Spiele steht".

[33] a.a.O., S. 50/51.

[34] Verwaltungsrecht Bd. 1, S. 122.

[35] *Maunz*, Dt. Staatsrecht, S. 125/126.

parteipolitische Betätigung keinen Gebrauch zu machen, also darauf zu verzichten, dann ist dies ein freier Willensentschluß, der in jedem Falle zulässig sein muß. Was nun aber den sog. freiwilligen Grundrechtsverzicht beim Eintritt in ein besonderes Gewaltverhältnis angeht, so ist die Freiwilligkeit im Grunde eine Fiktion. Wer z. B. Richter werden möchte, entschließt sich dazu zwar in der Regel freiwillig; mit dem Richteramt verbundene Beschränkungen der parteipolitischen Betätigungsfreiheit würde er dabei aber doch im Zweifel nur widerwillig in Kauf nehmen. Er würde es aber in den meisten Fällen tun, da er andernfalls vom Richteramt ausgeschlossen wäre. Für den, der schon Richter ist, würde sich bei einer gesetzlichen Einschränkung der genannten Tätigkeit die Alternative stellen, aus dem Amt auszuscheiden oder die Einschränkung als „notwendiges Übel" zu akzeptieren. Entschlösse er sich zur zweiten Alternative, was vom durchschnittlichen, seine Laufbahn verfolgenden Richter wohl zu erwarten wäre, könnte man von einem freiwilligen Grundrechtsverzicht wohl kaum sprechen[36]. Dies könnte man aber z. B. dann, wenn parteipolitische Betätigung den Richtern zwar erlaubt wäre, es aber zu den Standessitten gehörte, sie nicht auszuüben, oder auch nur der einzelne Richter der Meinung wäre, die Ausübung würde seinem Amte schaden, obwohl er vielleicht Neigung dazu verspürte. Ein derartiger freiwilliger Verzicht wäre, wie gesagt, ohne weiteres zulässig.

Bei der Überlegung, ob sich eine Einschränkung der parteipolitischen Tätigkeit von Richtern mit den im Grundgesetz an das Richteramt gestellten Forderungen begründen läßt, stellt sich zunächst die grundsätzliche Frage, ob die rechtlichen Wirkungen dieses Amtes auch eine Tätigkeit erfassen können, die außerhalb der eigentlichen Dienstgeschäfte stattfindet. In der Einleitung wurde schon dargelegt, daß für die während der Wahrnehmung des eigentlichen Dienstes stattfindende parteipolitische Aktivität nur sehr geringe Möglichkeiten geboten sind, die, wenn es sich z. B. um Propaganda für eine politische Partei handeln sollte, ohne weiteres als betriebsfremdes Verhalten untersagt werden kann. Hier interessiert die Parteitätigkeit, die der Richter gewissermaßen privat ausübt, weil nur sie wirklich effektiv sein kann und in der Öffentlichkeit bemerkt wird.

Gegen eine Ausdehnung „statusrechtlicher Cognition"[37] auf die Privatsphäre des Amtsträgers bzw. Statusinhabers haben sich schon

---

[36] Ähnlich *Ule*, Der öffentliche Dienst, Anm. 251 auf S. 626; eine ähnliche Situation entsteht für den Benutzer einer öffentlichen Anstalt; der Eintritt in sie erfolgt zwar in der Regel freiwillig, danach hat sich der Benutzer aber der Anstaltsordnung zu unterwerfen, durch die er sich, ob er will oder nicht, Einschränkungen gefallen lassen muß, s. *Forsthoff*, a.a.O., S. 386.

[37] *Köttgen*, Die Meinungsfreiheit des Soldaten, in: Von den Grundrechten des Soldaten, 1957, S. 47 ff. (87).

vor und unter der Weimarer Verfassung Bedenken erhoben, und insbesondere in letzter Zeit versucht man, ihr mit dem Hinweis auf die unantastbare Würde des Menschen zu begegnen. Die Frage ist ja auch bei einigen wenigen Stellungnahmen zur Problematik der parteipolitischen Tätigkeit der Richter angeklungen; erinnert sei an Schiffers Meinung, man könne den Richter nicht in zwei Personen spalten, von denen die eine die richterliche Robe, die andere das allgemeine bürgerliche Gewand trage, da für das Volk beide Teile der richterlichen Persönlichkeit eins seien[38]. Im allgemeinen setzen sich aber selbst diejenigen, die eine Einschränkung der parteipolitischen Betätigung von Richtern befürworten, mit der aufgeworfenen Frage nicht auseinander, obwohl es keineswegs selbstverständlich ist, daß eine sich auf das Richteramt gründende Einschränkung eines Grundrechts auch die sog. Privatsphäre erfassen kann. Ein kurzer Überblick über die Diskussion soll die wesentlichsten Aspekte verdeutlichen:

Unmißverständlich und deutlich entschied das Preußische Oberverwaltungsgericht: „Das Amt erfaßt die gesamte Persönlichkeit des Beamten. Er ist niemals nur Privatmann[39].“ Arnold Köttgen äußerte sich ebenso eindeutig, wenn er ausführte, daß eine Spaltung der amtlichen und außeramtlichen Sphäre „im tiefsten Widerspruch zu dem Wesen eines jeden personenrechtlichen Verhältnisses“ stehe, „für das es eine private Sphäre, wie der Dienstvertrag sie kennt, nicht geben kann“[40]. An anderer Stelle schrieb derselbe Autor: „Die Tatsache der Unteilbarkeit menschlicher Psyche spottet jeglichen formalisierenden Unterscheidungsmerkmals[41].“ Unter Bezugnahme auf Art. 118 Abs. 1 Satz 2 Weimarer Verfassung, wonach kein Arbeits- oder Anstellungsverhältnis das Recht der freien Meinungsäußerung behindern durfte, kam Vervier zum gegenteiligen Ergebnis, indem er den Beamten, der innerhalb der Schranken der allgemeinen Gesetze frei seine Meinung äußerte, „seiner Beamteneigenschaft als völlig entkleidet“ ansah und ihm hier einen „dienstpflichtfreien Stand“ zubilligte[42]. Für Max Weber bedeutete die Trennung von Amt und Privatleben geradezu ein Charakteristikum

[38] Die Deutsche Justiz, S. 52 ff.

[39] JW 27, S. 2867; so vorher schon z. B. PrOVGE 76, S. 473 ff., 77, S. 495 ff.; etwas abgeschwächt *Piloty*, Streitfragen aus dem Beamtenrecht, in: AöR Band XXXIII, S. 1 ff., wonach der Beamte bei allen seinen öffentlichen Kundgebungen „primo loco Beamter, secundo loco Privatmann“ sei. „Es ist nicht so, als ob der Beamte, wenn er nach Amtsschluß das Bureau verläßt, verläßt, aufhörte, Beamter zu sein. Er ist es vom Dienstantritt an zu jeder Zeit.“

[40] Die Entwicklung des dt. Beamtenrechts u. die Bedeutung des Beamtentums im Staate der Gegenwart, in: Handbuch des Dt. Staatsrechts, Bd. 2, S. 1 ff. (S. 18).

[41] Das dt. Berufsbeamtentum u. die parl. Demokratie, S. 17.

[42] Meinungsäußerungsfreiheit u. Beamtenrecht, AöR N.F. 6, S. 1 ff. (18).

der modernen Behördenorganisation[43], und Rudolf Smend erklärte, daß durch Art. 118 Abs. 1 Satz 2 WV „nunmehr die reichs- und staatsbürgerliche Gleichstellung des Beamten in seiner außeramtlichen Sphäre mit der Gesamtheit der Bürger reichsverfassungsrechtlich sanktioniert“ sei[44]. Nach Carl Schmitts Meinung war im Konfliktsfalle dem Sonderstatus des Beamten gegenüber den Freiheitsrechten der Vorrang zuzubilligen, einem Status, der „von dem allgemeinen Menschsein sehr verschieden“ sei und auch die Sphäre „außerhalb des Amtes“ umfasse[45]. Herbert Krüger vertritt auch für den Amtsträger unter dem Grundgesetz die Meinung, „die Öffentliche Person“ stelle nicht „nur eine Eigenschaft für die Dienststunden und die Amtsverrichtungen“ dar, es gehe dabei vielmehr um einen Status, „der das Leben der Person überhaupt“ erfasse und umgestalte[46]. Köttgen, dessen auf die Weimarer Verfassung bezogene Meinung oben wiedergegeben wurde, hat diese angesichts der in Art. 1 GG statuierten Unantastbarkeit der Menschenwürde dahingehend eingeschränkt, daß die altpreußische Formel vom sich immer im Dienst befindenden Beamten nicht mehr unbedingt der heutigen Rechtslage entspreche; trotzdem sei die Privatsphäre nicht jeder statusrechtlichen Cognition entzogen, vielmehr strahlten die „allgemeinen Verhaltensregeln des Statusrechts ... begriffsnotwendig auch in die Privatsphäre des Statusinhabers aus“. Wegen seiner „im Begriffe der Menschenwürde eingeschlossenen Subjektsqualität“ sei aber „eine absolute Grenze gezogen“, hinter der das Privatleben beginne[47]. Auch wenn es bei einigen neueren Stellungnahmen so scheint, als ob sie eine strikte Trennung zwischen privater und dienstlicher Sphäre des Amtsträgers vollziehen wollen, verzichten doch auch sie nicht darauf, das außerdienstliche Verhalten im Zusammenhang mit dem Amt zu würdigen[48]. Überwiegend wird heute

---

[43] Wirtschaft und Gesellschaft, Köln—Berlin 1964, S. 704.

[44] Das Recht d. freien Meinungsäußerung, VVDStRL, Heft 4, S. 54; so auch *Rothenbücher*, ebenda, S. 29.

[45] Verfassungslehre, 3. Aufl. Berlin 1928, S. 181 f.

[46] Allgemeine Staatslehre, S. 318.

[47] Die Meinungsfreiheit des Soldaten, in: Von den Grundrechten des Soldaten, 1957, S. 47 ff. (S. 76 ff.); vgl. auch ders. in: Grundgesetz und Beamtenrecht, S. 237, wo er sich noch mehr im Sinne seiner Weimarer Ausführungen äußert.

[48] Vgl. *Cornelius - Gester - Woschech*, Die Meinungsfreiheit des Beamten, Düsseldorf 1963, S. 35 f.; danach seien Beamte außerhalb des Dienstes nicht wegen des besonderen Gewaltverhältnisses besonders strenger Beurteilung unterworfen, sondern wegen der „herausgehobenen, der Allgemeinheit dienenden und sie repräsentierenden Funktion ... innerhalb der Gesellschaft“; auch von Münch leugnet nicht das Bestehen einer Beamtenmoral, a.a.O., S. 53 f., obwohl er es als Verstoß gegen die Menschenwürde empfindet, falls Grundrechte außerhalb des Dienstes genauso beschränkbar seien wie im Dienst.

nach wie vor von einer Erstreckung des öffentlich-rechtlichen Dienst- und Treueverhältnisses auf die ganze Person ausgegangen[49], wobei teilweise die Auffassung vertreten wird, dies sei als hergebrachter Grundsatz des Berufsbeamtentums von der Verfassung sanktioniert[50]. Mit Rücksicht vor allem auf die Rechtsprechung des Preußischen Oberverwaltungsgerichts ist zwar von einem hergebrachten Grundsatz des Berufsbeamtentums auszugehen, er wäre für die Gegenwart aber dann nicht maßgebend, wenn ihm der das Grundgesetz beherrschende Grundsatz von der Unantastbarkeit der Menschenwürde entgegenstünde. Dies ist indessen nicht der Fall. Es wäre widersinnig, etwaige Bindungen, die sich aus der Wesensbeschaffenheit eines bestimmten Amtes für seinen Träger ergeben könnten, mit dem Hinweis darauf abzutun, außerhalb seiner dienstlichen Sphäre sei er Privatmann und Staatsbürger wie jeder andere auch, und die Menschenwürde verbiete jeden derartigen Eingriff. Soweit in der Literatur derartige Ansichten vertreten werden, verkennen sie, daß dem Amtsträger durch etwaige Bindungen durchaus nicht seine Privatsphäre unzulässig eingeschränkt würde, die Art. 1 GG zweifellos schützt. Die Unantastbarkeit der Menschenwürde fordert aber nicht die Freiheit des Amtsträgers von *jeder* Bindung durch sein Amt außerhalb der eigentlichen Amtstätigkeit; diese Auffassung wäre ein „gründliches Mißverständnis" der Menschenwürde[51]. Das in Art. 33 Abs. 4 GG statuierte öffentlich-rechtliche Dienst- und Treueverhältnis ist nach allem ohne Verletzung von Art. 1 dahingehend zu interpretieren, daß es die Lebensführung des Amtsträgers auch über die Grenzen der eigentlichen dienstlichen Tätigkeit hinaus gewissen Einschränkungen unterwerfen kann, soweit sie sich aus der verfassungsmäßigen Funktion des Amtes ergeben und nicht den engsten wirklich privaten Bereich, die Intimsphäre, erfassen, was bei einer Beschränkung der parteipolitischen Betätigung sicher nicht der Fall wäre.

So gesehen erfaßt der durch das Amt bedingte öffentliche Status grundsätzlich die ganze Person. Die in § 39 DRiG und 54 BBG gebrauchten Formulierungen „innerhalb und außerhalb des Amtes", bzw. „innerhalb und außerhalb des Dienstes" erscheinen bei dieser Betrachtung irreführend; würden diese Bestimmungen tatsächlich davon ausgehen, daß sie Richter und Beamte auch außerhalb des Amtes

---

[49] Vgl. *Schick*, Der Beamte als Grundrechtsträger, ZBR 63, S. 67 ff.; wo die Formel des PrOVG wörtlich übernommen wird; *Müller*, Die Privatsphäre des Beamten, ZBR 65, S. 65 ff.

[50] *Schick*, a.a.O., S. 68; *Forsthoff*, Der Persönlichkeitsschutz im Verwaltungsrecht, in: Festschrift für den 45. Deutschen Juristentag, Karlsruhe 1964, S. 41 ff. (S. 49/50), der allerdings nur auf von Moral und Sitte gebotene Amtspflichten abhebt.

[51] *Forsthoff*, ebenda, S. 51.

oder des Dienstes i. S. des Dienst- und Treueverhältnisses binden können, dürfte es sehr schwer sein, dafür eine Rechtsgrundlage zu finden. Es ist damit jedoch nichts anderes gemeint als dienstliche Tätigkeit im Gegensatz zur nichtdienstlichen, auf die sich das umfassende Dienst- und Treueverhältnis aber auch erstreckt. Es ist bedauerlich, daß die Terminologie, dem Sinn des Rechtsverhältnisses entsprechend, nicht zweckmäßiger gewählt wurde.

VI. „Parteienstaat" und „Rechtswegstaat" — ihre Problematik für die Stellung der Richter in der Gewaltenteilung

1. Parteipolitische Betätigung der Richter und Gefährdung der politischen Willensbildung

Aus der Diskussion über die Zulässigkeit parteipolitischer Betätigung von Richtern sei noch einmal die Meinung Schiffers angeführt, wonach es recht gut zum Grundgedanken der Gewaltenteilung passen würde, wenn die Richter der Parteipolitik fernblieben[1]. Sollte Schiffer Parteitätigkeit mit Parlamentstätigkeit gleichgesetzt haben, wäre seine Ansicht keine Besonderheit, da der Ausschluß der Richter aus den Parlamenten ganz überwiegend als eine Folge bzw. Weiterführung der Gewaltenteilung angesehen wird[2]. Die allgemeine Formulierung läßt aber darauf schließen, daß Schiffer auch die politische Tätigkeit außerhalb von Parlamenten in seine Vorstellung von der Gewaltenteilung mit einbezogen hat, was schon insofern bemerkenswert wäre, als eine derartige Überlegung — soweit ersichtlich — sonst nirgends zu finden ist.

Dabei liegt gerade heute, nachdem die politischen Parteien von der Verfassung in Art. 21 ausdrücklich als Träger der politischen Willensbildung anerkannt sind, die Frage nahe, welche Stellung sie innerhalb der verfassungsmäßigen Ordnung einnehmen und ob sich daraus Konsequenzen für die Tätigkeit von Richtern in politischen Parteien auch außerhalb der Parlamente ergeben könnten.

Um eine Antwort zu finden, muß die verfassungsrechtliche Stellung von Richtern und politischen Parteien geklärt werden, und es müssen die Kriterien aufgezeigt werden, die ihr gegenseitiges Verhältnis bestimmen.

Art. 20 Abs. 2 GG weist die Ausübung der staatlichen Gewalt drei verschiedenen Institutionen zu, der Legislative, der Exekutive und der

---

[1] Die Deutsche Justiz, 2. Auflage, S. 274.

[2] Vgl. *Schmidt - Räntsch*, Randnr. 2 ff., zu § 4 DRiG; *Gerner - Decker - Kauffmann*, Anm. 1 zu § 4 DRiG.

rechtsprechenden Gewalt; damit wird nach h. L. die traditionelle Gewaltenteilung als eines der „grundlegenden Prinzipien" der ‚freiheitlich-demokratischen Grundordnung' statuiert[3]. „Die staatliche Gewaltausübung soll dadurch abgeschwächt und relativiert werden, daß die eine Gewalt jeweils die Machtausübung der anderen Gewalt in verfassungsmäßig geordneter Weise begrenzt[4]."

a) Parlamentstätigkeit der Richter und Gewaltenteilung

Die geltenden gesetzlichen Regelungen, wonach Richter nicht gleichzeitig in der Rechtsprechung einerseits und in der Exekutive und Legislative andererseits tätig sein dürfen und das Recht und die Pflicht zur Wahrnehmung des Richteramtes mit der Annahme der Wahl oder des Regierungsamtes enden (§§ 4, 36 DRiG, § 1 des Gesetzes über die Rechtsstellung der in den Deutschen Bundestag gewählten Angehörigen des öffentlichen Dienstes, §5 des Gesetzes über die Rechtsverhältnisse der Mitglieder der Bundesregierung) basieren auf diesem traditionellen Gewaltenteilungsprinzip. Wenn auch Art. 137 GG, wonach die Wählbarkeit von Richtern gesetzlich beschränkt werden kann, die Inkompatibilität von Richteramt und Parlamentsmandat verfassungsrechtlich zuläßt, so daß also der Gesetzgeber nicht ausdrücklich auf die Gewaltenteilung zurückzugreifen brauchte, ist es doch letztere eigentlich, die dieser Unvereinbarkeit ihren wirklichen Sinn verleiht. Zwar wird heute meist verneint, daß die in Art. 20 GG verankerte Gewaltenteilung auch eine strenge personelle Trennung zwischen den Trägern der einzelnen Staatsorgane fordere, und zwar mit der wenig überzeugenden Begründung, die Gewaltenteilung sei im Grundgesetz nicht konsequent durchgeführt[5]. Man darf dabei aber nicht übersehen, daß sich „die personelle Differenzierung der Funktionsträgerschaft, die erst wirklich eine Verteilung staatlicher Machtbefugnisse und deren gegenseitige Hemmung ermöglicht, ..., im Grunde als der entscheidende Inhalt der Gewaltenunterscheidung, soweit diese als Postulat und gestaltendes Organisationsprinzip verstanden wird", erweist[6]. Die Inkompatibilität von Staatsämtern hat also ihre Wurzel in der Gewaltenteilungslehre, und es hätte wegen Art. 20 nicht unbedingt des Art. 137 bedurft, um sie zulässig zu machen. So gesehen ist Art. 137 GG nur eine Art Folge aus Art. 20 GG.

---

[3] BVerfGE 2, 1 ff. (13); *Mangoldt-Klein*, Anm. IV zu Art. 20.

[4] *Maunz-Dürig*, Randnr. 78 zu Art. 20 GG.

[5] So z. B. *Tsatsos*, a.a.O., S. 252; *Gerner - Decker - Kaufmann*, Anm., 1 zu § 4 DRiG; a.A. *Otto*, Von den politischen Pflichten der Beamten, DDB 1960, S. 19.

[6] *Werner Weber*, Parlamentarische Unvereinbarkeiten, AöR N.F. Bd. 19 (193), S. 161 ff. (173).

Betrachtet man diese Inkompatibilitäten unter dem Gesichtspunkt der Einschränkung von Grundrechten, dann ergeben sich Zweifel, ob die geltenden Regelungen überhaupt Grundrechte der Richter beschränken. Das Recht, in den Bundestag gewählt zu werden und in ihm tätig zu sein, wird in Art. 38 und 48 und indirekt auch in Art. 21 GG geschützt. Ein Richter, der nach einem Sitz im Bundestag strebt, kann ohne weiteres von diesen Rechten Gebrauch machen, ohne dadurch seines Richteramtes verlustig zu gehen. Er darf es zwar während der Dauer seines Mandats nicht ausüben, sein öffentlich-rechtliches Dienst- und Treueverhältnis bleibt aber bestehen, er erhält weiterhin — wenn auch gekürzte — Dienstbezüge (neben seinen Abgeordneten-Bezügen), und er muß nach Ablauf des Mandats wieder als aktiver Richter eingestellt werden. Außerdem schreitet er noch in der „Anciennität" fort. Es ist bei dieser Sachlage eigentlich nicht richtig, von einer Grundrechtseinschränkung auf Grund der bestehenden Unvereinbarkeiten zu sprechen. Im Gegenteil: die Richter und auch die anderen Angehörigen des öffentlichen Dienstes sind gegenüber anderen in den Bundestag gewählten Staatsbürgern privilegiert, jedenfalls denen gegenüber, die neben ihrem Mandat keine Möglichkeit haben, ihren Beruf ohne Schwierigkeiten fortzusetzen.

Eine Grundrechtseinschränkung läge nur dann vor, wenn für Richter eine Inelegibilität bestünde, sie also eine Wahl nur dann annehmen dürften, wenn sie völlig aus dem Richteramt ausscheiden.

Den Auswirkungen der Gewaltenteilung auf das Verhältnis zwischen Dritter Gewalt einerseits und den beiden anderen Gewalten andererseits soll nicht weiter nachgegangen werden, weil hier in erster Linie die Unvereinbarkeit zwischen Richteramt und parteipolitischer Betätigung interessiert, unabhängig davon, ob sie in Parlament und Exekutive, also im Bereich der staatlichen Ämter, stattfindet oder außerhalb derselben.

b) Funktionen von Parteipolitik und Rechtsprechung in der Gewaltenteilung

Darüber hinaus kann aber die Frage auftreten, ob nicht durch die Existenz, Wirkungsmacht und verfassungsrechtliche Anerkennung der politischen Parteien die Unvereinbarkeit von Ämtern der Rechtsprechung auch mit solchen der politischen Parteien geboten ist.

Erwägungen über mögliche Unvereinbarkeiten von Funktionen der Rechtsprechung und solchen in politischen Parteien erübrigen sich dann, wenn man die verfassungsrechtliche Untersuchung allein auf die Staatsgewalt im engeren Sinne beschränkt und die Frage außer acht läßt, ob politisch relevante Macht nicht auch neben und außerhalb des Staates wirkt und im extremen Falle diesen sogar zum Apparat und zum Instrument verblassen lassen kann. Vertritt man mit Maunz-Dürig den Standpunkt, daß in Art. 20 Abs 2 GG „die einzig möglichen Adressaten und Pflichtensubjekte" des verfassungsmäßigen Befehls der Gewaltenteilung angesprochen werden[7], so begnügt man sich aber dabei nicht nur mit einer sehr formalen traditionellen Lehrformel der Gewaltenteilung, sondern man geht auch über die verfassungsrechtliche Anerkennung der politischen Parteien in Art. 21 GG hinweg.

Es ist nicht zu bestreiten, daß Art. 20 Abs. 2 GG die traditionelle Gewaltenteilung zwischen Exekutive, Legislative und rechtsprechender Gewalt statuiert hat; damit wird aber doch nicht ausgeschlossen, daß auch andere als solche Formen der Gewaltentrennung in der Verfassungsordnung verwirklicht sind, die zu einer Zurückdrängung des überkommenen Teilungsprinzips führen, und dieses so keinen absoluten Geltungsanspruch mehr erheben kann, obwohl es geschichtlich zunächst die einzig relevante Form war[8].

Der Grundgedanke der Gewaltenhemmung als wichtigstes Motiv der Gewaltenteilung wird nur dort rechtlich interessant, wo die bedeutsamsten politischen Gewalten in Erscheinung treten. Daß hierzu auch die politischen Parteien gehören, ist eine Grunderfahrung der parlamentarischen Demokratie, die in Art. 21 GG ihren Ausdruck gefunden hat. Daher entstand auch das vielzitierte Schlagwort, daß die Bundesrepublik ein „Parteienstaat" sei. Unter den Bedingungen des Parteienstaats als einem Gemeinwesen, dessen politische und verfassungsmäßige Struktur „rechtlich und tatsächlich maßgeblich durch die politischen Parteien mitbestimmt wird"[9], erscheint die Gewaltenhemmungslehre in neuem Licht.

Die sich hieraus im Hinblick auf das Verhältnis der Richter zu den politischen Parteien ergebenden Überlegungen beziehen sich nicht nur auf die drei im Bundestag vertretenen Parteien, wenn sie auf sie auch in erster Linie zutreffen. Auch die wenigen kleinen Parteien, die ja zum Teil wenigstens in den Parlamenten der Länder vertreten sind, haben die Chance, wenn der Trend zum Zwei-Parteien-Staat einmal nachlassen sollte, die Zahl ihrer Wähler zu vergrößern und damit entscheidenderen Einfluß auf die Gestaltung des Parteienstaates zu gewinnen.

---

7 *Maunz-Dürig*, Randnr. 75 zu Art. 20 GG, wo aus dieser Feststellung der Schluß gezogen wird, es gelte „mit dieser positivrechtlichen Dreiteilung, die zugestandenermaßen reichlich schematisch" sei, „fertigzuwerden" (Randnr. 77), wobei offenbleibt, was sie sich unter dem „Fertigwerden" konkret vorstellen.

8 *Peters*, Die Gewaltentrennung in moderner Sicht, Köln 1954, S. 24.

9 *Kaack*, Die Parteien in der Verfassungswirklichkeit der Bundesrepublik, 2. Auflage, Bonn 1964, S. 13.

Vor allem zwei Modelle wurden entwickelt, um im Rahmen einer Verfassungslehre alle Elemente der „lebenden Verfassung“ zu einer neuen Gewaltenbalance zu führen.

Das erste Modell bildet Leibholz’ Lehre vom modernen Parteienstaat als einer „rationalisierten Erscheinungsform der plebiszitären Demokratie“ oder „eines Surrogats der direkten Demokratie im modernen Flächenstaat“[10]. Hier haben die Parteien das Parlament erobert, in gewisser Weise verdrängt und es zu einer Stätte gemacht, „an der sich gebundene Parteibeauftragte treffen, um anderweitig (in Ausschüssen und Parteikonferenzen) bereits getroffene Entscheidungen registrieren zu lassen“[11]. So klar bei Leibholz die Bedeutung der Parteien in der Struktur des demokratischen Staates gewürdigt wird, so wenig wird sein Modell doch der ganzen Verfassungswirklichkeit der Bundesrepublik gerecht. Ausgehend vom liberalen repräsentativen Parlamentarismus, sieht er im Parteienstaat dessen plebiszitäres Gegenbild verwirklicht und unterliegt damit dem mythischen Bild, das in der Weimarer Republik vom Parteiwesen verbreitet war. Gerade im parlamentarischen Regierungssystem der Bundesrepublik verläuft aber die Grenze nicht zwischen einer Versammlung von Mandatsträgern der politischen Parteien auf der einen Seite und einer diesen verantwortlichen Regierung auf der anderen Seite, sondern zwischen einer in sich eng verwobenen Konstellation aus Parteien, Koalitionsfraktionen und Regierung, bei der die Führung zu liegen pflegt, einerseits und einer Oppositionsgruppierung andererseits, deren politisches Schwergewicht sich immer mehr in die Oppositionsfraktion verlagert. Auch sind die Parteien für den Volkswillen, den sie angeblich artikulieren, keineswegs so durchlässig, wie sie es nach Leibholz’ Modell sein müßten. Gewöhnlich verläuft die politische Willensbildung von oben nach unten und werden die konkreten politischen Fragen eher in den Bundestags-Fraktionen als in den Parteiorganisationen entschieden. Die parlamentarischen Führungskräfte prägen „Gesicht und Gewicht der heutigen Parteien“. Diese sind „wieder zurückgetreten in die Rolle der dienenden Institutionen zugunsten der ihnen verbundenen parlamentarischen Kräfte“[12].

Was bei Leibholz überzeichnet ist, ist im zweiten Modell, dem von Sternberger, nur noch schemenhaft erkennbar. Sternberger geht davon aus, daß die traditionelle Gewaltenteilung durch das parlamentarische Regierungssystem nicht mehr funktioniere, da die Grenzlinien zwi-

---

10 Der Strukturwandel der modernen Demokratie, in: Strukturprobleme der modernen Demokratie, Karlsruhe 1958, S. 93 f.

11 *Leibholz*, ebenda, S. 94.

12 *Varain*, Das Parlament im Parteienstaat, PVS, 5. Jahrgang 1964, S. 339 ff. (347); s. auch *Lohmar*, Innerparteiliche Demokratie, Stuttgart 1963, S. 75.

schen Exekutive und Legislative aufgehoben seien. In der Entwicklung des Gegensatzes und Widerspiels von parlamentarischer Regierung und parlamentarischer Opposition, von Mehrheit und Minderheit im Parlament sieht er eine zweite moderne Phase der Gewaltenteilung im „Verfassungsstaat“[13]. Ganz vom Parlament her gedacht, erscheinen die Parteien in diesem Modell als Hilfsinstrumente der Fraktionen. Beide Modelle stellen nur grobe Schemata einer Zuordnung der im Staate wirkenden politischen Kräfte dar, denn der politische Bereich ist viel stärker aufgespalten, so unter anderem durch den Föderalismus und das Wirken der Interessenverbände[14]. Ihnen sind aber zwei Gesichtspunkte gemeinsam, die hier die allein wichtigen sind: erstens verändert sich die herkömmliche Gestalt des Gewaltenteilungsschemas im Bereich der Politik — also zwischen Exekutive und Legislative — durch Strukturwandlungen in der politischen Willensbildung. Zweitens bleibt die Stellung der Dritten Gewalt von dieser Strukturwandlung unberührt[15] (daß dies nicht auch für ihre Funktion gilt, wird noch zu zeigen sein). Faßt man den ersten Punkt ins Auge, so kann nicht übersehen werden, daß Sternberger zutreffend die Verwandlung der Legislative in eine Stätte der Schaffung und Unterstützung, bzw. — auf seiten der Opposition — der Bekämpfung der Regierung und damit eines Ineinander von Parlamentsmehrheit und Regierung und von Opposition und öffentlicher Meinung beschrieben hat. Andererseits wird die irreale Begrenzung der herkömmlichen Legislative auf das Staatsorgan Parlament von Leibholz zu Recht abgelehnt, der dessen willensbildende Funktionen als eine informelle Einheit von parlamentarischer und Partei-Tätigkeit versteht.

Diese Diskussion über die Rechtsnatur der politischen Parteien hat bisher noch zu keinem allgemein akzeptierten Ergebnis geführt. Der Standpunkt, daß die Parteien gesellschaftliche Phänomene und als solche staatsrechtlich unerheblich seien, wird wohl heute kaum noch vertreten[16]. Auch das Bundesverfassungsgericht sieht in seinem die staatliche Parteienfinanzierung ablehnenden Urteil, daß die Parteien dazu „berufen“ sind, „in den Bereich der institutionalisierten Staat-

---

[13] *Sternberger*, Über parlamentarische Opposition, Zürich und Stuttgart 1955, S. 301 ff.; s. auch ders. Gewaltenteilung und parlamentarische Regierung, PVS 1960, S. 22 ff. (35).

[14] Solche Faktoren beziehen in eine moderne Gewaltenteilung ein z. B. *Peters*, a.a.O., S. 24 ff.; *Steffani*, Gewaltenteilung im demokratisch-pluralistischen Rechtsstaat, PVS 1962, S. 256 ff.; *Besson*, Regierung und Opposition in der dt. Politik, PVS 1962, S. 225 ff., der in dem Dualismus zwischen Regierung und Interessenverbänden eine 3. Phase der Gewaltenteilung sieht.

[15] Vgl. hierzu *Karl Loewenstein*, Konflikte zwischen Regierung u. Justiz, AöR Bd. 78, S. 260 ff. (262).

[16] So wohl aber *H. Krüger*, Allg. Staatslehre, S. 371.

lichkeit hineinzuwirken“[17], und kann mit der weichen Formulierung, der Prozeß der Meinungs- und Willensbildung des Volkes müsse grundsätzlich „staatsfrei“ bleiben, nicht hinwegdiskutieren, daß die Parteien staatsrechtlich eben nicht unerheblich sind.

Meinungsverschiedenheiten bestehen aber darüber, ob sie in den Staat inkorporiert sind oder nicht[18]. Die wohl überwiegende Meinung widersetzt sich einer Einbeziehung der Parteien in den klassischen „staatlichen“ Bereich, gibt ihnen eine „vermittelnde Zwischenstellung zwischen Staat und Gesellschaft“[19] und erkennt sie als „Beteiligte am Verfassungsleben“ an[20]. Diese Kompromißlösung wird wohl trotz ihrer begrifflichen Unschärfe am ehesten der verfassungsrechtlich geregelten Stellung der Parteien gerecht.

Die Frage der begrifflichen Einordnung der Parteien im Spannungsfeld zwischen Staat und Gesellschaft braucht also hier nicht endgültig beantwortet zu werden. Es wäre ein unvertretbarer Formalismus und eine Sinnentleerung des Gewaltenbalancegedankens, wenn man so gewichtige Elemente des Verfassungslebens wie die politischen Parteien nur deshalb aus dieser Balance ausscheiden wollte, weil man ihnen nicht den Charakter von Staatsorganen zusprechen kann. So bedeutend eine solche Definition für das Parteien-, Wahl- und Parlamentsrecht sein mag, so unerheblich ist sie für die Frage der Spannung zwischen der Dritten Gewalt und dem politischen Bereich der Gewalten, d. h. also der Regierung und Opposition, als deren Integrationsfaktoren die politischen Parteien im „vorstaatlichen“ ebenso wie im „staatlichen“ Bereich anzusprechen sind. Es kam hier also nur darauf an, zu zeigen, *daß* die Parteien an der Staatsgewalt real teilnehmen.

Die den politischen Parteien innerhalb der Mitwirkung an der politischen Willensbildung des Volkes gestellte Aufgabe unterscheidet sich wesentlich von dem dem Richtertum zugewiesenen Sachbereich. Dem Grundgesetz ist zu entnehmen, daß die Rechtsprechung für die politischen Parteien ein unzugängliches Gebiet sein soll[21]. Politische Willensbildung

---

[17] BVerfG Urteil vom 19. 7. 1966, JZ 66, S. 517 ff. (519).

[18] Vgl. die Übersicht bei *Henke*, Das Recht der politischen Parteien, S. 80 ff., wo auch ein guter Überblick über die Rechtsprechung des BVerfG gegeben wird, wonach die Parteien „Funktionen eines Verfassungsorganes“ ausüben (BVerfGE 4, S. 30); s. auch *Flechtheim*, Die Institutionalisierung der Parteien in der Bundesrepublik, Zeitschr. f. Politik 1962, S. 97 ff., der in den Parteien quasi-staatliche Institutionen sieht.

[19] *Henke*, a.a.O., S. 11.

[20] Rechtl. Ordnung des Parteiwesens, S. 71.

[21] „Es hat einen eindeutigen Sinn, wenn die Mitwirkung der Parteien nur im Zusammenhang mit der politischen Willensbildung normiert wird“, *Hesse*, Die verfassungsrechtliche Stellung der politischen Parteien im modernen Staat, VVDStRL, Heft 17, S. 25 ff.

ist nicht identisch mit Ausübung der Staatsgewalt, was nämlich zur Folge hätte, daß Parteien sich überall dort einschalten könnten, wo Staatsgewalt ausgeübt wird. „Es handelt sich vielmehr um sachlich verschiedene Lebensvorgänge mit einer jeweils eigenen Wertgesetzlichkeit, die das Grundgesetz in der klaren Aufgabenzuweisung der Art. 21, 33 und 92 einander zuordnet und voneinander abgrenzt." Während den Bereich des politischen Handelns, der Parlament, Regierung und Bundespräsidenten miteinschließt, die „spontane Entfaltung dynamischer politischer Kräfte", die „schöpferische Neuformung und leitende zusammenfassende Tätigkeit" prägen, zeigt sich die Rechtsprechung als „gebundene streitentscheidende Tätigkeit", die — ihrer Eigenart nach dem politischen Wechselspiel entrückt — bereits vorgeformtes staatliches Leben vorfindet und den politischen Kräften gerade neutral gegenübersteht[22]. Das Gebot, daß die Bereiche der politischen Willensbildung und der Rechtsprechung getrennt sein sollen, findet auch in Art. 97 GG Ausdruck, der die Unabhängigkeit der Richter statuiert. Sie bedeutet den verfassungsmäßigen Befehl, der sich zunächst gegen die beiden anderen traditionellen Staatsgewalten Exekutive und Legislative richtet, jede Einflußnahme auf die Rechtsprechung zu unterlassen. Dieser Befehl gilt aber auch für die politischen Parteien, wobei es keine Rolle spielen kann, ob man ihnen einen Platz als Staatsorgan einräumt oder nicht. Zwar bot die richterliche Unabhängigkeit im 19. Jahrhundert, als sich ihre Anerkennung in den deutschen Verfassungen vollzog, nur Schutz gegen staatliche Einwirkungen, d. h. also in erster Linie gegen die „landesherrliche Omnipotenz"[23] — eine Abschirmung gegen andere, nicht-staatliche Einflußquellen war zu jener Zeit auch nicht erforderlich —; das bedeutet aber nicht, daß sich die Schutzwirkung nicht heute auch gegen die das politische Geschick des Staates maßgeblich mitbestimmenden politischen Parteien richten kann[24].

---

[22] *Hesse*, ebenda, S. 26; zur Abgrenzung der rechtsprechenden von der politischen Tätigkeit vgl. auch *Werner Weber*, Das Richtertum in der deutschen Verfassungsordnung, in: Festschrift für Hans Niedermeyer, Göttingen 1953, S. 261 ff. (273); *Kirchheimer*, Politik und Verfassung, Frankfurt 1964, S. 96: „Politisches Handeln bezweckt, Machtverhältnisse zu bestätigen oder neu zu gestalten; das Gerichtswesen ist dazu da, bei konkreten Konflikten ... auf der Grundlage bestehender Gemeinschaftsregeln eine Entscheidung zu treffen."

[23] *Eb. Schmidt*, Unabhängigkeit der Rechtspflege, S. 234 ff.

[24] a.A. *Tsatsos*, a.a.O., S. 254, der zwar die Gefahren sieht, die von nichtstaatlichen Kräften ausgehen können, aber der Auffassung ist, daß man aus einer veränderten faktischen Sachlage die Schutzrichtung eines Verfassungssatzes nicht ohne weiteres ausdehnen könne, solange sich der Schutz nicht aus anderen Verfassungsbestimmungen ergebe; wie *Tsatsos*: *Kaiser*, a.a.O., S. 304; wie hier: *Eichenberger*, Die richterliche Unabhängigkeit als staatsrechtliches Problem, Bern 1960, S. 42/43; *Gerner - Decker - Kauffmann*, Kommentar zu § 25 DRiG; *Geiger*, Die Dritte Gewalt, 1961, S. 132.

Der Grundgedanke der Gewaltenteilung, nämlich daß sich die im Staate wirkenden Kräfte gegenseitig hemmen, kontrollieren und balancieren sollen, damit die Monopolisierung der Macht in einer Hand verhütet wird, gewinnt im Verhältnis zwischen der Dritten Gewalt und den politischen Parteien besondere Bedeutung. Die Dritte Gewalt hat, vor allem auf Grund des in der Verfassung verankerten Rechts- und Sozialstaatsprinzips, eine Position erlangt, durch die sie in viel stärkerem Umfang als noch unter der Weimarer Verfassung auf die politischen Gewalten einwirken kann. Sie ist etwas anderes geworden als das, wofür Montesquieu sie hielt, wenn er sie „pour ainsi dire invisible et nulle“ nannte[25]. Durch den in Art. 19 Abs. 4 GG gewährten lückenlosen Rechtsschutz sind die Gerichte zu einer umfassenden Kontrollinstanz geworden. Für die Verwaltung ist dies in § 40 VwGO dahingehend konkretisiert worden, daß grundsätzlich jede öffentlichrechtliche Streitigkeit richterlicher Nachprüfung unterworfen ist. Dies gilt auch hinsichtlich der leistenden Verwaltung, der sog. Daseinsvorsorge. Obwohl in diesem Bereich die dem Bürger gewährten Fürsorge- und Versorgungsleistungen nicht notwendig unter dem Vorbehalt des Gesetzes stehen[26], sind sie doch auch bei fehlender gesetzlicher Grundlage richterlicher Nachprüfung mit Rücksicht auf das Rechts- und Sozialstaatsprinzip und andere fundamentale Verfassungsgrundsätze wie etwa den Gleichheitssatz zugänglich. Auch durch die Möglichkeit der Überprüfbarkeit von Ermessensentscheidungen auf Ermessensmißbrauch oder -überschreitung (§ 114 VwGO) wird dem Richter ein Mittel in die Hand gegeben, ein Herauswachsen der Verwaltung aus den ihr gesetzten Grenzen unter Berücksichtigung der obengenannten Prinzipien zu verhindern[27].

Es handelt sich hierbei also um unmittelbare Eingriffe in den staatlich-politischen Bereich und damit in die Interessensphäre der politischen Parteien, deren Handeln somit durch die Verwaltungsgerichte kontrolliert wird. Aber auch die Legislative unterliegt der Kontrolle durch die Gerichte, und zwar nicht nur der durch die Verfassungsgerichte, für die es allerdings im besonderen Maße gilt. Art. 100 GG ermächtigt alle Gerichte, Gesetze auf ihre Verfassungsmäßigkeit zu überprüfen. Zwar können sie nicht selbständig darüber entscheiden, ob ein Gesetz verfassungswidrig ist, sie können aber die

---

25 *Montesquieu,* De l'esprit des lois, Bd. 1, S. 165, Neudruck, Paris 1961.

26 So jedenfalls die h. M., die den Gesetzesvorbehalt nur für belastende Verwaltungsakte fordert, vgl. z. B. VGH Bad. Württ., Verw. Rspr. Bd. 5, S. 553; s. auch die Hinweise bei *Jesch,* Gesetz und Verwaltung, Tübingen 1961, S. 201 f., der die h. L. dahin einschränkt, daß die Verwaltung für alle Handlungsformen von der parlamentarischen Ermächtigung abhängig sei (S. 205).

27 *Geiger,* Die Dritte Gewalt, 1961, S. 118 ff. (S. 120).

Verfassungsmäßigkeit für den konkreten Rechtsstreit bindend feststellen. Auch § 47 VwGO ist hier zu nennen, wonach — falls Landesgesetze die entsprechenden Bestimmungen enthalten — die Oberverwaltungsgerichte der Länder über die Verfassungsmäßigkeit landesrechtlicher Normen befinden können, sofern dafür nicht ein Verfassungsgericht zuständig ist. Hinzu kommt ein weiterer Bereich richterlicher Möglichkeiten, die Gesetzesauslegung. Mag dies von altersher auch eine der Hauptaufgaben der Rechtsprechung gewesen sein, so gewinnt sie doch heute in Anbetracht einer ständig anwachsenden Zahl neuer Gesetze und vor allem der oft darin enthaltenen Generalklauseln und Blankettnormen erhöhte Bedeutung. Der Zug zum Sozial- und Fürsorgestaat bedingt eine stärkere Reglementierung des menschlichen Zusammenlebens. Die dadurch notwendig werdenden Gesetze können vielfach von den stark belasteten Abgeordneten nicht mehr mit der nötigen Sorgfalt und Sachkenntnis geschaffen werden; die Interpretation durch den Richter gewinnt daher an Bedeutung. Auch sind diese Gesetze oft nicht auf Dauer berechnet, sondern sog. Maßnahmegesetze, die der Gefahr ausgesetzt sind, allgemeinen Rechtsgrundsätzen nicht zu entsprechen, und insoweit wiederum der Entscheidung der Richter anheimgestellt sind. Die damit den Richtern gestellte Aufgabe der Rechtsfortbildung findet ihren Ausdruck in den Leitsätzen der höheren und höchsten Gerichte, die die Tätigkeit eines „apokryphen Gesetzgebers" widerspiegeln[28].

Der „Schwerpunkt der Gerechtigkeitspflege" liegt also nicht beim Gesetzgeber, sondern beim Richter[29]. Die Dritte Gewalt ist damit nicht mehr „pour ainsi dire nulle", im Gegenteil ist es „bei allem Vorbehalt erlaubt zu sagen, daß dem Gewicht nach die ‚Dritte Gewalt' den beiden anderen Gewalten gegenüber überlegen ist"[30]. Die Bundesrepublik ist daher als „Demokratie der Dritten Gewalt"[31], als „Rechtsweg-Staat"[32] bezeichnet worden[33].

---

[28] *Fritz Werner*, Bemerkungen zur Funktion der Gerichte in der gewaltenteilenden Demokratie, Juristen-Jahrbuch 1960, S. 72.

[29] Ders., Das Problem des Richterstaates, Berlin 1960, S. 20.

[30] *Geiger*, a.a.O., S. 122.

[31] Ders., ebenda, S. 122.

[32] *Jahrreiss*, Demokratischer Rechtsstaat und Rechtsprechung, in: Recht, Staat, Wirtschaft, Bd. 2, S. 203 ff.

[33] So zwingt auch das Anwachsen der „Juridifizierung unseres gesamten öffentlichen und privaten Lebens" nicht nur viele Menschen dazu, den Richter das letzte Wort sprechen zu lassen, sondern hat offensichtlich auch die Folge, daß der Einzelne dazu neigt, sein Schicksal als „einklagbaren Rechtsverlust" anzusehen, *Werner*, Das Problem des Richterstaates, S. 20 f.; s. auch ders. a.a.O., Jur.-Jahrbuch 1960, S. 72 ff. (76): „Die allenthalben zunehmende Verlassenheit des modernen Menschen sucht eine Art von letzter Zuflucht im Gericht."

So könnte durch eine Betätigung der Richter in politischen Parteien die Stellung der Dritten Gewalt verfälscht und das von der Verfassung vorgesehene Kräfteverhältnis zwischen der Rechtsprechung einerseits und den politischen Parteien andererseits verschoben werden. Zwar üben die Parteien im politischen Raum ausschlaggebenden Einfluß auf die staatlichen Entscheidungen aus, seien es die der Parlamente, der Regierungen, der Verwaltung, schließlich auch innerhalb der kommunalen Selbstverwaltung. Diese Machtausübung wird aber durch verschiedene Faktoren gehemmt und kontrolliert, einmal durch die Existenz einer Mehrheit von Parteien, die eine notwendige Voraussetzung der parlamentarischen Demokratie darstellt, dann auch durch die Pluralität der organisierten Interessen, den Föderalismus, die Kritik der Presse und schließlich auch und nicht zuletzt durch die Rechtsprechung. Während also die Effektivität der politischen Parteien vielfach Hemmungen unterliegt, ist die Dritte Gewalt gegen Einwirkungen aus dem politischen Raum weitgehend abgeschirmt. Den politischen Parteien bleibt allerdings die Möglichkeit, die Besetzung der Richterstellen und die Beförderungen zu beeinflussen, von der sie zweifellos auch reichlich Gebrauch machen. Hinsichtlich der Wahl der Bundesverfassungsrichter sind sie hierzu von Verfassungs wegen legitimiert (Art. 94 Abs. 1 Satz 2 GG). Daß sie auch bei der Ernennung der anderen Richter durch die Exekutive ihren Einfluß geltend machen, wird man unter dem Gesichtspunkt der Aufgabenteilung in der gewaltenteilenden Demokratie nicht von vornherein für negativ oder gar verfassungswidrig halten können, solange dabei die Unabhängigkeit der Richter nach der Ernennung gewahrt bleibt. Da den politischen Parteien wie auch jedem Staatsorgan darüber hinaus aber Einflußnahmen auf die Rechtsprechung untersagt sind, würde es dem Grundgedanken der Gewaltenteilung zuwiderlaufen, wenn andererseits die Richter sich in den politischen Parteien nach Belieben betätigen und dort ihren Einfluß geltend machen könnten. Die Richter würden so das von ihnen anzuwendende Recht schon in der Entstehung beeinflussen, während sie doch dem Recht „unterworfen“ sein sollten. Den normalen „Parteibürgern“ gegenüber wären die Richter insofern privilegiert, als sie nicht nur an der politischen Willensbildung teilnehmen könnten, sondern auch noch dazu berufen wären, den von ihnen mitgebildeten Willen zu kontrollieren und zu interpretieren.

Durch eine Tätigkeit der Richter in politischen Parteien würde also nicht nur die im Grundgesetz vollzogene Trennung zwischen den Aufgaben der Mitwirkung an der politischen Willensbildung und denen der Rechtsprechung verschoben, es würde wohl auch die Dritte Gewalt ein Übergewicht erhalten, das die notwendige gegenseitige Kontrolle und Hemmung der im Staate wirkenden Gewalten zu einer Illusion machen könnte.

c) Konsequenzen für die parteipolitische Tätigkeit der Richter

Mit dieser Feststellung ist aber noch nicht über die Zulässigkeit einer Einschränkung der parteipolitischen Betätigung der Richter entschieden. Hierzu muß noch geprüft werden, ob die oben aufgezeigte Gefahr, die durch parteipolitische Tätigkeit der Richter für das Kräfteverhältnis der Verfassung entstehen kann, unter Abweichung von den hergebrachten Grundsätzen des Berufsbeamtentums (Art. 33 Abs. 5 GG) eine Beschränkung des Rechts auf parteipolitische Betätigungsfreiheit erlaubt. Auf Grund der aufgezeigten, gegenüber dem Zustand unter der Weimarer Verfassung veränderten Position der Dritten Gewalt und derjenigen der politischen Parteien in der Verfassungsordnung wird man diese Frage bejahen können, wobei über Art und Umfang dieser Beschränkung allerdings noch nichts gesagt ist. Beschränkungen ihrer parteipolitischen Betätigungsfreiheit, die sich aus dieser veränderten Verfassungssituation ergeben, müssen die Richter als Folge der Pflichtenbindung ihres Amtes im Rahmen des Art. 33 Abs. 4 GG insoweit in Kauf nehmen, als dadurch dieses Grundrecht nicht im Wesensgehalt angetastet und der Grundsatz der Verhältnismäßigkeit gewahrt wird.

Der Wesensgehalt des Grundrechts auf Parteitätigkeit wäre dann angetastet, wenn der Richter sich überhaupt nicht parteipolitisch betätigen, nicht einmal Mitglied einer politischen Partei sein dürfte, denn damit wäre Art. 21 GG ein leerlaufendes Grundrecht für ihn, akzeptiert man, daß Art. 21 GG ein Individualrecht enthält (vgl. oben S. 62). Ein derart umfassendes Verbot folgt indessen nicht aus den oben entwickelten Gedanken. Was die Mitwirkung an der politischen Willensbildung in den Parteien angeht, soll hier der Auffassung gefolgt werden, daß sich diese Willensbildung von oben nach unten vollzieht, daß also die führenden Parteimitglieder den wesentlichen Einfluß darauf haben[34]. Wenn man noch berücksichtigt, daß die führenden Parteipositionen meist in Personalunion mit einem Staatsamt ausgeübt werden, bleibt außerhalb der staatlichen Sphäre nur eine begrenzte Zahl von Parteistellungen übrig, von denen aus eine effektive Mitwir-

---

[34] „Der Einfluß der breiten Mitgliederschichten auf die Willensbildung der politischen Parteien ist ... nur als sehr mäßig, wenn nicht ganz unbedeutend anzusehen", Rechtliche Ordnung des Parteiwesens, S. 59; vgl. auch *Lohmar*, Innerparteiliche Demokratie, Stuttgart 1963, S. 43: „Die Mitgliedschaft der Parteien ... hat weder in der innerparteilichen Willensbildung noch in der Meinungsbildung nach außen Bedeutung erlangen können."

kung an der politischen Willensbildung möglich ist[35]. Hierzu kann man etwa die Kreisvorstände und alle in höherer Position führenden Parteimitglieder zählen, da sie zusammen mit den Fraktionen die Marschroute der Partei in Parlament und Regierung abstimmen und dadurch die staatlichen politischen Entscheidungen lenken können. Eine feste Grenze läßt sich allerdings nicht ziehen, weil auch die schlichten Parteimitglieder durch die Mitwirkung an der Wahl der Parteivorstände und anderer wichtiger Parteigremien gewisse Einflußmöglichkeiten haben und andererseits auch die Gewichte innerhalb der führenden Funktionen sehr unterschiedlich verteilt sind. Generell wird man aber doch von der dargelegten Unterscheidung zwischen schlichten Parteimitgliedern und denen, die führende Funktionen ausüben, ausgehen können.

Eine Bestimmung, die den Richtern die Innehabung solcher Funktionen untersagte, würde nicht in den Wesensgehalt des Individualrechts aus Art. 21 GG eingreifen. Man wird zwar davon ausgehen können, daß diese Bestimmung auch das Recht auf führende Parteitätigkeit garantieren soll; da dieses aber nur als eine Ausprägung des allgemeinen subjektiven Rechts auf Parteitätigkeit anzusehen ist, das nicht angetastet würde, gehört es wohl nicht zum Wesensgehalt des Art. 21 GG.

Bei Prüfung der Frage, ob ein Verbot führender Parteitätigkeit der Richter dem Grundsatz der Verhältnismäßigkeit zuwiderliefe, ist zunächst die Gefahr zu berücksichtigen, daß durch die Mitwirkung der Richter an der politischen Willensbildung eine Verschiebung des Verhältnisses der in der Verfassung wirkenden Kräfte zugunsten des Richtertums eintreten könnte. Auf der anderen Seite sollte der Richter, den die Verfassungsordnung der Bundesrepublik fordert, die Möglichkeit behalten, durch die Teilnahme am parteipolitischen Leben, in dem heute die wesentlichen öffentlichen Dinge diskutiert und gestaltet werden, seinen Erfahrungsbereich zu erweitern, sowohl im Hinblick auf das Phänomen des Parteienpluralismus als auch auf sachlich politische Fragen[36]. Für diese Erfahrungen können die allgemeinen Kommunikationsmittel wie Zeitungen, Rundfunk und Fernsehen keinen ausreichenden Ersatz schaffen, da sie den Richter nicht zur Stellungnahme zwingen. Die Möglichkeit der parteipolitischen Betätigung kann darüber hinaus den Richter davor bewahren, sich in einem konservativen Standesbewußtsein abzuschließen, und ihn dazu bringen, sich auch mit dem Standpunkt derer auseinanderzusetzen, die seine Entscheidungen kritisieren.

---

35 *Lohmar*, ebenda, S. 80/82.

36 Ähnlich *Riß*, a.a.O., Sp. 10; *Neugebauer*, a.a.O., S. 282; *Oppler*, a.a.O., S. 325; *Huhn*, a.a.O., S. 304; *Hauth*, a.a.O., S. 390.

Dagegen spricht für eine unbeschränkte Parteitätigkeit der Richter nicht das Argument, sie könnten durch ihre fachliche Qualifikation die Politik positiv beeinflussen[37]. Es gibt genügend andere Juristen, die mit ihren Kenntnissen das politische Leben bereichern können, und es erscheint auch fragwürdig, ob gerade die richterlichen Tugenden, vor allem die der Unparteilichkeit und der größtmöglichen Neutralität, dem politischen Bereich, der dynamische Naturen erfordert, wesentlichen Nutzen bringen können[38]. Versagt man dem Richter nur führende Parteitätigkeit, wird ihm der politische Erfahrungsbereich an sich nicht genommen, da er ihm auch als schlichtem Parteimitglied offensteht. Dafür, daß er sich gerade führend politisch betätigen solle, spricht kein spezifisches Interesse, das den oben entwickelten Folgerungen aus der Gewaltenteilung vorzugehen hätte. Gegen führende Parteitätigkeit spricht darüber hinaus auch der praktische Grund, daß der Richter sie kaum ohne Vernachlässigung seines Amtes ausüben könnte. Es ist nun aber denkbar, daß sich ein Verbot führender Parteitätigkeit auf die schlichte Parteimitgliedschaft insofern auswirken könnte, als diese ohne „Aufstiegschancen“ unter Umständen nicht mehr reizvoll sein könnte. Auch ist die Gefahr nicht von der Hand zu weisen, daß sich dadurch die ohnehin schwindende Anziehungskraft des Richteramtes auf den juristischen Nachwuchs noch mehr verringern könnte. Die oben genannte Auswirkung auf die schlichte Parteitätigkeit unterstellt, wäre aber die Annahme verfehlt, dem Richter wäre dadurch auch praktisch das aktive Wahlrecht genommen, dessen Ausübung nur möglich sei, wenn man sich vorher mit Politik beschäftigt habe[39]. Denn zur Wahrnehmung dieses Rechts genügt zweifellos eine unabhängig von einer Parteimitgliedschaft sich vollziehende politische Orientierung; andernfalls müßten alle Wähler Parteimitglieder sein.

Bei all diesen Erwägungen darf eine Schwierigkeit nicht übersehen werden, die sich bei einer Normierung eines Verbots führender Parteitätigkeit ergäbe: es wäre wohl kaum möglich, exakt festzulegen, welche Parteitätigkeit erlaubt, welche verboten sein sollte. Würde „führende Parteitätigkeit“ ohne nähere Definition verboten, würde es wohl zur Vermeidung von Disziplinarmaßnahmen kaum ein Richter riskieren, sich überhaupt einer Partei anzuschließen, da er keinen Maßstab dafür hätte, wann die Verbotsgrenze erreicht wäre. Es wäre indessen auf keinen Fall zulässig, wegen dieser Schwierigkeit die Parteitätigkeit überhaupt zu verbieten. Man müßte vielmehr entweder ganz von einem

---

[37] So aber *Kübel*, a.a.O., Sp. 272 f.; Begründung des Rothenburger Entwurfs zu § 27 Entwurf DRiG; *Hanack*, a.a.O., S. 141; *Hauth*, a.a.O., S. 390; *Berlit*, a.a.O., S. 327.

[38] Vgl hierzu *Kübel*, a.a.O., Sp. 272 f.

[39] So *Neugebauer*, a.a.O., Sp. 280.

Verbot absehen oder nur bestimmte, deutlich beschriebene Funktionen untersagen. Die Frage, welchen Weg man wählt, kann indessen dahinstehen, wenn man ein anderes Mittel findet, das die gegen ein Verbot angestellten Erwägungen mit berücksichtigt. In diesem Fall wäre nämlich ein Verbot keine „conditio sine qua non“ für die Durchsetzung des Einschränkungszwecks.

Es wäre z. B. denkbar, daß die Richter sich — etwa in Satzungen der bestehenden Richtervereinigungen — die Pflicht auferlegten, der Parteipolitik in bestimmtem, näher festzulegendem Umfang fernzubleiben. Eine derartige Verpflichtung könnte vor allem dann erreicht werden, wenn die Richterschaft sie im Bewußtsein ihrer verfassungsmäßigen Privilegierung auf sich nähme und den Verzicht als Opfer für die Erhaltung einer funktionsfähigen Demokratie auffaßte. Vorbild einer solchen Lösung könnten die für die Richter der USA aufgestellten Canons of Judicial Ethics sein, auf die im rechtsvergleichenden Teil noch ausführlich einzugehen sein wird[40].

Dieser Schritt wäre allerdings ein Experiment mit ungewissem Ausgang, der Versuch sollte aber doch gemacht werden. Fänden die Richter sich nicht dazu bereit, wäre es aus den dargelegten Gründen zulässig, ihnen durch Gesetz die Tätigkeit in bestimmten klar definierten führenden Parteipositionen zu untersagen, ohne daß es hierzu einer Verfassungsänderung bedürfte.

Unter dem Gesichtspunkt der Gewaltenteilung ist abschließend noch zu untersuchen, inwieweit parteipolitische Betätigung in Kommunalvertretungen für Richter eingeschränkt werden könnte. Wollte man diese Tätigkeit zu führender Parteitätigkeit im obengenannten Sinne zählen, würden sich dafür keine neuen Gesichtspunkte ergeben. Dies setzt aber voraus, daß in den Gemeindevertretungen ein maßgebender Einfluß auf die politische Willensbildung des Volkes ausgeübt werden kann. Kommunalverwaltung ist Selbstverwaltung, sie bildet dem Staat gegenüber einen grundsätzlich verselbständigten Bereich (Art. 28 Abs. 2 GG)[41]. Soweit sich politische Parteien in die Kommunalpolitik einschalten, verfolgen sie damit also Ziele, die nicht auf den Staat, sondern auf örtliche Interessen, die mit denen des Staates keineswegs übereinzustimmen brauchen, bezogen sind. Die Teilnahme an der politischen Willensbildung des Volkes im Sinne von Art. 21 GG, die einen der Ausgangspunkte der bisherigen Überlegungen bildete, setzt aber einen überörtlichen Bezug auf die politische Gesamtrichtung voraus; in Gemeinden und Gemeindeverbänden findet somit keine politische

---

[40] Unten S. 131 ff.

[41] *Forsthoff*, Verwaltungsrecht, S. 494; vgl. auch *Birmanns*, Wählbarkeit von Mitgliedern kommunaler Selbstverwaltungskörperschaften zu Schöffen und Geschworenen, NJW 1963, S. 144 f. (145).

Willensbildung des Volkes im Sinne von Art. 21 statt[42]. Deshalb können auch Wählervereinigungen und sog. Rathausparteien nicht zu den Parteien nach Art. 21 GG gezählt werden. Andererseits bedeutet dies aber nicht, daß sich politische Parteien im Sinne des Art. 21 nicht auf kommunaler Ebene betätigen dürften. Diese Tätigkeit unterscheidet sich aber nicht von der anderer Vereinigungen, die sich zum Zweck der Wahl bestimmter Kandidaten in einer Kommunalvertretung zusammengeschlossen haben. Es fehlt somit der Anknüpfungspunkt für eine Betrachtung von Richtern, die in einer Kommunalvertretung parteipolitisch tätig sind, unter dem Gesichtspunkt der Gewaltentrennung. Diese Form der Parteitätigkeit wird aber noch im Hinblick auf den Grundsatz von der richterlichen Unbefangenheit gewürdigt werden[43].

2. Parteipolitische Betätigung der Richter und Gefährdung von Unabhängigkeit und Unbefangenheit der Rechtsprechung

a) Richterliche Unbefangenheit als Kriterium des Rechtsstaates

Die in Art. 97 Abs. 1 GG statuierte richterliche Unabhängigkeit ist in erster Linie als eine Folge des Gewaltenteilungsprinzips zu verstehen. Durch sie soll sichergestellt werden, daß der Richter frei von Weisungen der Exekutive, Legislative und der politischen Parteien seines Amtes waltet[44]. Es mag sein, daß diese Institutionen zuweilen geneigt sind, einem Richter zu einer von ihnen gewünschten Entscheidung zu drängen; damit ist aber noch in keiner Weise gesagt, daß der Richter diesen Beeinflussungsversuchen auch unterliegt. Ob er das tut, hängt von dem Grade seiner Unbefangenheit oder auch inneren Unabhängigkeit ab. Aber auch wenn diese in Einzelfällen leiden sollten, wäre doch die Gefahr von Beeinflussungsversuchen kein ausreichender Grund für eine Beschränkung der Parteitätigkeit. Denn solche Einflußnahmen sind schon durch Art. 97 GG verboten; sollten sie trotzdem vorkommen, müßten sich gesetzliche Bestimmungen zu ihrer Verhinderung an die Quellen wenden, von denen die Einflußnahmen ausgehen, nicht aber an deren Adressaten.

Dies gilt besonders für Beeinflussungsversuche der sog. *Politischen Justiz,* deren Urteilsfindung vor allem Angriffe auf den Staat oder dessen Organe, etwa in der Form des Hochverrats, der Staatsgefährdung oder auch der Beleidigung unterliegen. Ganz überwiegend fällt den Strafgerichten die Aufgabe zu, solche Taten abzuurteilen. Gerade bei der Politischen Justiz liegt nun für die Träger der politischen Gewalt und damit auch für die politischen Parteien die Versuchung nahe, in das

---

42 Rechtliche Ordnung des Parteiwesens, S. 128, 136.

43 Unten S. 92 und 99.

44 *Eichenberger,* a.a.O., S. 64 ff.

Prozeßgeschehen einzugreifen, um bestimmte, ihnen genehme Ergebnisse zu erzielen. Derartige Eingriffe sind, wie sich aus Art. 97 GG entnehmen läßt, verfassungswidrig; inwieweit sie heute in der Bundesrepublik vorkommen, mag dabei dahingestellt bleiben — naturgemäß sind die Meinungen darüber geteilt[45]. Ob parteipolitische Betätigung von Richtern die politischen Kräfte in erhöhtem Maße dazu anreizt, auf politische Strafverfahren einzuwirken, scheint sehr fraglich. Einmal wäre die Chance des Gelingens ohnehin nur bei den Richtern gegeben, die sich parteipolitisch zu der Gruppe bekennen, die die Beeinflussung versucht. Zum anderen dürfte es kaum schwerfallen, die politische Einstellung auch der Richter, die sich nicht offen parteipolitisch betätigen, herauszufinden und unter diesen wiederum diejenigen, die Einflüssen zugänglich sind. In der Literatur ist von solchen Weisungen und Beeinflussungen im Zusammenhang mit parteipolitischer Betätigung der Richter kaum die Rede, vielmehr wird meist ganz allgemein behauptet, die Zugehörigkeit zu einer Partei, bzw. die Tätigkeit in ihr könne den Richter in einseitige Gefühls- und Denkrichtungen lenken und ihn dadurch bei seinen Entscheidungen befangen machen oder doch befangen erscheinen lassen.

Das Grundgesetz erfordert nicht nur unabhängige, sondern auch unbefangene (innerlich unabhängige) Richter. Gleich, ob man die richterliche Unbefangenheit als Folge der Unabhängigkeit aus Art. 97 GG ableitet oder sie als deren „unentbehrliche Ergänzung" für ungeschriebenes Verfassungsrecht hält[46], jedenfalls ist sie ein wesentliches Merkmal der rechtsstaatlichen gewaltenteilenden Demokratie des Grundgesetzes, denn nur unabhängige *und* unbefangene Richter sind fähig, die ihnen in Art. 92 GG anvertraute „besondere institutionelle Funktion"[47] im Sinne der rechtsstaatlichen Verfassung auszuüben. Gefährdungen der Unbefangenheit müssen also, soweit es irgend geht, vermieden werden. Sollte sich ergeben, daß parteipolitische Betätigung der Richter deren Unbefangenheit in Frage zu stellen geeignet ist, könnten auch unter diesem Gesichtspunkt Einschränkungen der parteipolitischen Betätigungsfreiheit entgegen den hergebrachten Grundsätzen des Berufsbeamtentums (Art. 33 Abs. 5 GG) verfassungsrechtlich zulässig sein[48].

---

[45] *Otto Kirchheimer*, Politik und Verfassung, Frankfurt 1964, S. 97 f. verneint dies, während *Lutz Lehmann*, Legal und Opportun, Politische Justiz in der Bundesrepublik, Berlin 1966, die gegenteilige Auffassung vertritt.

[46] So wohl *Tsatsos*, a.a.O., S. 254.

[47] *Tsatsos*, ebenda.

[48] Vgl. oben S. 68 ff.

b) Konkrete Befangenheitsvermutung und Ablehnung aus Besorgnis der Befangenheit (§§ 24 StPO, 42 ZPO)

Gleich welche Funktionen ein Richter in einer politischen Partei einnimmt, könnte seine Urteilsfindung dadurch beeinflußt werden, daß seine Partei zu bestimmten, in einem von ihm geführten Prozeß auftauchenden Fragen öffentlich dezidiert Stellung nähme. Es ließe sich z. B. denken, daß eine Partei propagiert, das Verbot der KPD durch das Bundesverfassungsgericht sei eine Fehlentscheidung gewesen, wer sich kommunistisch betätige, brauche also nicht bestraft zu werden; oder daß eine Partei die Theorie von zwei deutschen Staaten vertritt, bei deren Gültigkeit viele Verfahren anders entschieden werden müßten, oder eine der herrschenden Praxis zuwiderlaufende Position zur Aburteilung von NS-Verbrechen bezieht. Sie könnte sich auch gegen die Strafbarkeit von Ehebruch, Abtreibung oder Homosexualität wenden, sich gegen die Arbeitnehmerfreundlichkeit von Arbeitsgerichtsentscheidungen aussprechen — die Beispiele ließen sich beliebig vermehren[49], insbesondere aus dem Gebiet der „politischen Justiz". Vor allem dann, wenn ein Richter selbst in der Öffentlichkeit solche Auffassungen vertreten hat, liegt der *Verdacht* nahe, seine richterliche Unbefangenheit könne Schaden erleiden.

Dies gilt auch und erst recht, wenn ein parteipolitisch engagierter Richter in einem Verfahren zu entscheiden hat, in dem die Zugehörigkeit einer Prozeßpartei zu einer politischen Partei eine Rolle spielt oder eine politische Partei direkt durch den Ausgang eines Prozesses betroffen ist. Man denke an einen Richter, der eine Beleidigungssache zwischen einem Mitglied seiner Partei und dem Angehörigen einer gegnerischen Partei zu entscheiden hat, oder an einen im Gemeinderat tätigen Richter, der jederzeit in die Lage kommen kann, einen politischen Gegner oder Freund als Prozeßpartei vor sich zu sehen. Wenn ein solcher Richter etwa am Verwaltungsgericht desselben Ortes, in dem er Gemeinderat ist, beschäftigt ist, kann er ohne weiteres in die Situation kommen, über einen Streit entscheiden zu müssen, hinsichtlich dessen er im Gemeinderat schon dezidiert Stellung bezogen oder dort an einer Entscheidung mitgewirkt hat.

In den meisten dieser Fälle kann das Institut der Ablehnung eines Richters aus Besorgnis der Befangenheit eine Gefährdung der Rechtsprechung bzw. ihres Ansehens verhindern (§§ 24 StPO, 42 ZPO).

Hanack hat sich dafür ausgesprochen, dieses Institut großzügig auf konkrete Befangenheiten auf Grund parteipolitischer Tätigkeit anzu-

---

[49] s. auch die Beispiele bei *Brack*, Richter als Mitglieder politischer Parteien, DRiZ 1966, S. 254 (255).

wenden, und dabei drei Kriterien für maßgeblich angesehen: „Art, Umfang und Intensität der Betätigung des Richters selbst“, „Art und Umfang der Bindung der Prozeßparteien“ und „die Bedeutung politischer Faktoren für die konkrete Streitsache“[50]. Schrifttum und Rechtsprechung haben die Grenzen dagegen enger gezogen, soweit sie sich überhaupt damit befaßt haben; allgemein werden besondere Umstände verlangt, die zur Zugehörigkeit des Richters zu einer politischen Partei hinzutreten müssen, wie etwa die, daß ein Richter in einer Rechtssache mit starkem politischen Gehalt für eine gegnerische Partei im besonderen Maße tätig ist[51]. Peters verlangt, daß ein einer politischen Partei angehörender Richter nur dann abgelehnt werden dürfe, wenn er in „leidenschaftlicher Gegnerschaft zu dem Beschuldigten und seinen Ansichten steht“[52], während es Eberhard Schmidt für ausreichend hält, „daß Umstände vorliegen, die in Verbindung mit der politischen Gegensätzlichkeit die Möglichkeit der Befangenheit nahelegen“[53].

Nach den geltenden Bestimmungen (§§ 24 StPO, 42 ZPO) muß jedenfalls ein konkreter, sich auf den zu entscheidenden Fall beziehender Grund vorhanden sein, damit eine Ablehnung für begründet erklärt werden kann. Das zeigt auch die aufsehenerregende Ablehnung des Bundesverfassungsrichters Leibholz aus Besorgnis der Befangenheit durch die NPD und die BP in den von ihnen angestrengten Organstreitigkeiten über die staatliche Parteienfinanzierung vor dem Bundesverfassungsgericht[54]. Zwar bezieht sich dieser Fall nicht auf eine Befangenheitsablehnung wegen parteipolitischer Betätigung des betreffenden Richters — vielmehr hatte Leibholz in einem Referat auf der Würzburger Staatsrechtslehrertagung im Oktober 1965 die Zulässigkeit der staatlichen Parteienfinanzierung grundsätzlich bejaht und offenbar die Gegenmeinung abwertend beurteilt —, er läßt sich aber ohne weiteres auf diese Problematik entsprechend übertragen. Darüber hinaus ergibt sich aus diesem Beispiel das für die vorliegende Untersuchung wichtige Kriterium, daß Voraussetzung einer solchen Befangenheitsablehnung nicht eine tatsächlich vorhandene Befangenheit sein muß, es vielmehr ausreicht, wenn das Verhalten des Richters geeignet ist, in den Verfahrensbeteiligten „bei vernünftiger Würdigung“ die Befürchtung zu erwecken, der Richter werde nicht unvoreingenommen an der Entscheidung mitwirken[55].

---

[50] a.a.O., S. 138. Hanack hat sich ausführlich mit dem Ablehnungsproblem auseinandergesetzt, so daß hier eine gedrängte Stellungnahme genügen und im übrigen auf Hanacks Ausführungen verwiesen werden kann, s. dazu auch oben S. 49 f.

[51] KMR-Kommentar zur StPO, 6. Auflage 1966, Anm. 2 b zu § 24 StPO.

[52] Strafprozeß. Ein Lehrbuch, 2. Aufl., Karlsruhe 1966, S. 130.

[53] Kommentar zur StPO u. zum GVG, Teil II, Erl. 5 zu § 24 StPO.

[54] BVerfG Beschluß v. 3. 3. 1966, JZ 1966, S. 312 ff.

[55] Inwieweit die Ablehnung von Leibholz gerechtfertigt war, kann hier

Dieser Gesichtspunkt kann nicht nur für die prozessuale Befangenheitsablehnung gelten, sondern ihm kommt allgemeine Bedeutung für den rechtsstaatlichen Grundsatz der richterlichen Unbefangenheit überhaupt zu. Nur in den seltensten Fällen wird es möglich sein, einem Richter tatsächlich eine Befangenheit nachzuweisen[56]; aus diesem „Beweisnotstand" darf aber nicht der Schluß gezogen werden, Befangenheitsvermutungen seien irrelevant.

c) Generelle Befangenheitsvermutung auf Grund der Stellung von Rechtsprechung und politischen Parteien in der Gewaltenteilung

Es bleibt die Frage, ob gerade parteipolitische Betätigung der Richter *generell* die Vermutung der Befangenheit rechtfertigt und welche Konsequenzen sich im Fall ihrer Bejahung für die politische Betätigungsfreiheit der Richter ergeben können. In diesem Bereich liegt die eigentliche Problematik der Befangenheit parteipolitisch aktiver Richter. Bei der folgenden Untersuchung wird es darauf ankommen herauszufinden, welche Argumente — nicht ad personam, sondern genereller Art — geeignet sind, ganz allgemein die Vermutung zu begründen, ein solcher Richter sei befangen.

---

dahinstehen; ablehnend *Sarstedt*, JZ 1966, S. 314 ff.; *Friesenhahn*, JZ 1966, S. 704 ff., der sich auch gegen den Beschluß der BVerfG v. 25. 3. 1966 (JZ 1966, 704) wendet, mit dem es die „Selbstablehnung" Leibholz' für begründet erklärte.

[56] In den USA, wo nach der Urteilsfällung sog. dissenting opinions veröffentlicht werden, hat man in letzter Zeit gerade in bezug auf Parteizugehörigkeit von Richtern solche Nachweise versucht. Man hat z. B. festgestellt, daß das Gruppenverhalten der Richter des Obersten Gerichtshofs von Michigan von ihrer Parteizugehörigkeit beeinflußt wurde. So nahmen etwa die vier demokratischen Richter in der Frage der „workmen's compensation" (gesetzlich festgelegte Entschädigungszahlungen für den Arbeitnehmer durch den Arbeitgeber bei Arbeitsunfällen, Berufskrankheiten und Arbeitslosigkeit) einen liberalen Standpunkt ein, während die übrigen vier konservativen Richter den ihrer Partei vertraten, was zu einem dauernden „deadlock" führte (*Glendon A. Schubert*, Quantitative analysis of judicial behaviour, Illinois 1960, S. 129 ff.). Die Ergebnisse derartiger Untersuchungen sind aber auf deutsche Verhältnisse nicht übertragbar, da die deutschen Richter nicht vom Volk gewählt werden und sich deshalb nicht bemühen müssen, die Gunst der Wähler durch ihre richterlichen Entscheidungen zu finden. Auch stützt sich die genannte Untersuchung auf die Parteizugehörigkeit der Richter vor ihrem Amtsantritt, die im Grunde nicht anders zu beurteilen ist als etwa soziale Herkunft oder Zugehörigkeit zu Interessenverbänden (vgl. auch *Stuart S. Nagel*, Political parties and judicial review in American history, Journal of Public Law, Bd. 11, 1962, S. 328 ff.; *Ulmer*, The political Party variable in the Michigan Supreme Court, ebenda; weiter die Verf. leider nicht zugängliche Diss. von *James F. Herndon*, The Relationship between Partisanship and the Decisions of State Supreme Courts, PhD Diss., Univ. of Michigan, 1959).

Zunächst sind die Meinungen aus der Untersuchung auszuscheiden, die auf Grund eines allgemeinen, nicht näher begründeten „Anti-Parteien-Affekts“ gegen eine Parteitätigkeit der Richter vorgetragen werden[57]. Diese auch heute noch weitverbreitete, wenn wohl auch im Schwinden begriffene, negative Einschätzung der politischen Parteien, die sich auch auf die Institution des Parlaments überträgt[58], ist vor allem deshalb ohne rechtliche Bedeutung, weil sie sich gegen die verfassungsmäßige Ordnung der Bundesrepublik richtet, als deren Bestandteil die politischen Parteien in Art. 21 GG anerkannt sind. Dieser Affekt kann somit nur als ein Zeichen dafür gewertet werden, daß diese Einbeziehung der politischen Parteien in die Verfassung noch nicht allgemein akzeptiert ist. In den Bereich des Anti-Parteien-Affekts gehört wohl auch die Auffassung, wonach derjenige, der Staatskunst ausübe, den Standpunkt eines über den Parteien stehenden Richters, wer Parteipolitik treibe, den einer am Rechtsstreit beteiligten Partei einnehme[59]. Gerade hier zeigt sich deutlich, daß sich diese Einstellung gegen Parteiungen als solche richtet; warum sie sich auf politische Parteien konzentriert und andere Bindungen des Richters, etwa die in einem Interessenverband oder auch solche konfessioneller Natur, unberücksichtigt läßt, wird nicht begründet.

Man muß also nach einem anderen Verständnis der politischen Parteien suchen, um die Frage, inwieweit Parteitätigkeit die Möglichkeit richterlicher Befangenheit schafft, in rechtlich relevanter Weise beantworten zu können.

Einen Ansatzpunkt kann eine Definition des Begriffs des Politischen bieten. Geht man, wie Eberhard Schmidt, davon aus, daß der Richter im „echten“ Sinne „politisch“ sein müsse, daß er zwar subjektiv keine politischen Entscheidungen fällen, aber doch vom Politischen her — im „umfassenden Sinn“ verstanden — seine Rechtsprechung beeinflussen lassen solle[60], kann man freilich eine Befangenheit des parteipolitisch engagierten Richters aus dem Begriff des Politischen nicht herleiten. Die einzige Bestimmung des Politischen, die zu einem solchen Ergebnis führen könnte, ist die von Carl Schmitt[61], da

---

57 Solche Motive schwingen z. B. mit in den Stellungnahmen *Rotbergs, Schiffers, Scholz'*, wohl auch in der — später allerdings revidierten — von *Eberhard Schmidt*, a.a.O., MDR 1947, S. 374 ff. (380).

58 Vgl. hierzu *K. Fr. Kindler*, Der Antiparteienaffekt in Deutschland, in: Gesellschaft, Staat, Erziehung, Bd. 3, H. 3, 1958, S. 107 ff., wo sich auch eine Zusammenstellung der hierzu abgegebenen Stellungnahmen in der politischen Gegenwartsliteratur findet; s. auch *W. Grewe*, Parteienstaat — oder was sonst?, in: Der Monat, 3. Jahrgang 1951, S. 563.

59 *Hans Helfritz*, Allgemeines Staatsrecht, 5. Auflage 1949, S. 29.

60 *Eberhard Schmidt*, Juristisches Denken und Politik, a.a.O., S. 17.

61 Der Begriff des Politischen, Text von 1932 mit einem Vorwort und drei Corollarien, Berlin 1963.

— im Gegensatz zu anderen derartigen Versuchen — sich nur hier die Möglichkeit einer wirklichen Unverträglichkeit zwischen Richtertum und politischem Handeln eröffnet. Soweit parteipolitische Betätigung der Richter deshalb abgelehnt wird, weil zwischen Recht und Politik eine Antinomie bestehe[62], wird die Wurzel dieser Auffassung wohl in der genannten Begriffsbestimmung Carl Schmitts liegen. Sollte damit auch gemeint sein, daß sich Recht und Politik der Sache nach ausschließen, ginge diese Argumentation insofern fehlt, als die der richterlichen Beurteilung, vor allem der des Bundesverfassungsgerichts unterliegenden Sachverhalte eine solche Trennung zunehmend weniger erlauben.

Auf der Suche nach einer Bestimmung des „Politischen" hat Carl Schmitt in der späten Weimarer Republik in Anlehnung an Dichotomien des Ästhetischen (schön — häßlich), des Moralischen (gut — böse), des Ökonomischen (nützlich — schädlich) als Kriterium (nicht als erschöpfende Definition oder Inhaltsangabe) die Unterscheidung in Freund und Feind vorgeschlagen. Während die anderen erwähnten Gebiete aber bloße Verhaltensmöglichkeiten des Menschen umfaßten, erfasse die Unterscheidung in Freund und Feind den Menschen in seiner Existenz und stelle den intensivsten und äußersten Gegensatz dar. Die Bestimmung darüber, wer Freund und wer Feind sei, könne sich zwar aller möglichen sachlichen Argumente bedienen, sei als solche aber eine existentielle. Diese Freund-Feind-Unterscheidung kann nur auf der Ebene einer allein maßgebenden „politischen Einheit" stattfinden, die „etwas spezifisch anderes und gegenüber den anderen Assoziationen etwas Entscheidendes" ist. Die Einheit definiert sich von dem anderen, dem Fremden her, zu dessen Wesen es gehört, „in einem besonders intensiven Sinne etwas anderes und Fremdes zu sein"; sie ist der souveräne Staat. Er ist nach Carl Schmitt insofern politisch, als er kraft eigener Entscheidung die reale Möglichkeit hat, den Feind zu bestimmen und auf Tod und Leben zu bekämpfen.

Wenn auch von der Außenpolitik und von der kriegerischen Auseinandersetzung mit dem äußeren „Feind" her gedacht, können die Kriterien des Politischen nach Carl Schmitt dann auf die Innenpolitik und die diese bestimmenden politischen Parteien übertragen werden, wenn der Staat als die alle Parteien und deren Gegensätzlichkeiten integrierende maßgebende politische Einheit zurücktrete und die innerstaatlichen Gegensätze deshalb stärker würden als der außenpolitische Gegensatz zu einem anderen Staat. In einem solchen Falle würden die Parteien insofern Organisationen des latenten Bürgerkriegs, als sie im Fall eines nicht erreichten Kompromisses auf

---

[62] s. *Manfred Mielke*, a.a.O., DRiZ 1954, S. 13.

Grund ihrer existentiellen Verschiedenheit sich jederzeit die Entscheidung zur gegenseitigen Feind-Erklärung und notfalls physischen Vernichtung in Form der bewaffneten Auseinandersetzung vorbehielten.

Ein Engagement in einer solchen Organisation würde einen Richter freilich a priori als Träger der Dritten Gewalt disqualifizieren, denn seinem „Feind" könnte er nur Feind, nicht Richter sein, eben weil er auf Grund der existentiellen Gegensätzlichkeit zu ihm sein Verhalten nicht „sachlich" beurteilen könnte, sondern nur polemisch unter dem Gesichtspunkt der Freund-Feind-Gruppierung. Bei näherer Betrachtung erweist sich indessen das Kriterium, nach dem Carl Schmitt das Politische bestimmt — jedenfalls für die Verfassungsordnung der Bundesrepublik — als nicht geeignet, mit seiner Hilfe die Unbefangenheit eines parteipolitisch aktiven Richters in Frage zu stellen.

Gerade die Zuspitzung auf den Krieg als „äußerste Realisierung der Feindschaft" ist es, die Carl Schmitts Bestimmung des Politischen für die Charakterisierung der Situation der heutigen politischen Parteien unfruchtbar macht. Sie stellt — nach Versailles verständlich — den Versuch dar, den Deutschen „das gute Gewissen für die Forderung der Änderung des Status quo" zurückzugewinnen[63], der gegenwärtigen Situation wird sie aber nicht gerecht. Die politischen Parteien der Bundesrepublik stehen sich nicht als existentielle Feinde gegenüber und kalkulieren nicht als reale Chance für die Durchsetzung ihrer Ziele die bewaffnete Auseinandersetzung in der Form des Bürgerkriegs ein[64]. Zwar sind Konflikte zwischen den politischen Parteien unvermeidlich, sie sollen in einem parlamentarischen Regierungssystem auch entstehen — insofern kann man auch Dolf Sternberger nicht folgen, der als Antithese zu Carl Schmitts Begriff des Politischen den Frieden als Grund, Merkmal und Norm des Politischen bezeichnet[65] —, die „den Konflikt veranlassende Feindschaft" kann aber nur verstanden werden „aus einer letzten wirklichen oder ver-

---

[63] *Hasso Hofmann*, Legitimität gegen Legalität, Der Weg der politischen Philosophie Carl Schmitts, Neuwied und Berlin 1964, S. 110; zur weiteren Auseinandersetzung und Würdigung s. *Heinz Laufer*, Das Kriterium politischen Handelns. Versuch einer Analyse und konstruktiven Kritik der Freund-Feind-Unterscheidung auf der Grundlage der Aristotelischen Theorie der Politik, jur. Diss. Würzburg 1961; *Mathias Schmitz*, Die Freund-Feind-Theorie Carl Schmitts, Köln-Opladen 1965.

[64] Bei den radikalen Parteien, die sich in der Tat vom vorhandenen politischen Leben existentiell unterscheiden wollen, hat sich wiederholt gezeigt, daß sie nicht den vom Grundgesetz an den Parteicharakter gestellten Anforderungen genügten (vgl. SRP-Urteil, BVerfGE 2, S. 1 ff., und KPD-Urteil, BVerfGE 5, S. 85 ff..

[65] *Dolf Sternberger*, Begriff des Politischen, Frankfurt 1961; ihm scheint die Begriffsbildung Schmitts vom Extremfall her ebensowenig möglich wie etwa die Erklärung des Wesens der Ehe aus der Scheidung (S. 21).

meintlichen Sorge um die eigene Polis"[66], aus einem Bemühen um einen Zustand geordneter Freiheit oder freiheitlicher Ordnung[67].

Kann also eine allgemeine Bestimmung des Politischen nicht die Vermutung rechtfertigen, ein parteipolitisch engagierter Richter sei befangen, ist weiter zu überlegen, ob nicht die besondere Stellung, die den politischen Parteien in unserer Verfassungsordnung zukommt, die Vermutung rechtfertigen kann, ein in ihnen tätiger Richter könne die ihm von der Verfassung anvertraute Funktion als Träger der Dritten Gewalt nicht unbefangen wahrnehmen.

Von vornherein ist dabei auf die besondere Stellung der politischen Parteien gegenüber anderen (auch politischen) Vereinigungen abzuheben. Sicherlich ist es unvermeidbar, daß ein Richter durch seine Zugehörigkeit zu jeder beliebigen Vereinigung, v. a. auch einer Konfession, Befangenheiten unterliegen kann; diese auf menschlicher Unzulänglichkeit beruhenden Gefahren für eine unparteiliche, nur an Gesetz und Recht gebundene Rechtsprechung sind hinzunehmen. Keine noch so weitgehende Grundrechts-Einschränkung könnte hier Abhilfe schaffen, denn es könnte, ganz abgesehen von der verfassungsrechtlichen Unzulässigkeit solcher Einschränkungen, nie *jede* innere Abhängigkeit getroffen werden. Parteipolitische Bindungen sind deshalb anders zu beurteilen, weil die politischen Parteien sich von anderen im gesellschaftlichen Bereich entstandenen Vereinigungen vor allem dadurch unterscheiden, daß sie vom Grundgesetz als Beteiligte am Verfassungsleben anerkannt sind; nur sie haben unmittelbaren Zugang zum Parlament und können sich direkt an der sich dort vollziehenden politischen Willensbildung beteiligen. Was sie hierzu gegenüber anderen gesellschaftlichen Gruppen berechtigt, ist, daß sie im Gegensatz zu diesen Gruppen nicht die Förderung bestimmter Sonderinteressen versprechen, sondern danach streben, sich am Gemeinwohl zu orientieren und dem in ihren Programmen und in ihrer Werbung Ausdruck geben[68].

Der Bürger identifiziert demgemäß das Handeln eines Parteipolitikers im Gegensatz zu dem einer in anderer Weise politisch oder sonst öffentlich tätigen Person in der Regel mit dem tatsächlichen politischen

---

[66] *Arnold Bergstraesser*, Die Stellung der Politik unter den Wissenschaften, in: Politik in Wissenschaft und Bildung, Freiburg 1961, S. 21.

[67] *Schmitz*, a.a.O., S. 107.

[68] *Grewe*, Zum Begriff der politischen Partei, in: Festgabe für Erich Kaufmann, 1950, S. 65 ff. (78 ff.); vgl. auch *Herbert Krüger*, Allgemeine Staatslehre, S. 375, der allerdings mit anderer Begründung zu einer Heraushebung der Parteien aus anderen gesellschaftlichen Gruppen gelangt: „Was sie unterscheiden darf, ist nicht eine Besonderheit, die sie vertreten, kann vielmehr nur die eigene Art und Weise sein, in der sie die Probleme der Allgemeinheit sehen und zu lösen beabsichtigen."

Geschehen, vor allem dann, wenn dieser Politiker eine maßgebende Stellung in seiner Partei einnimmt. Für den Bürger verkörpert dieser Politiker die Beteiligung seiner Partei an den politischen Entscheidungen des Gemeinwesens. Er differenziert nicht und kann es auch gar nicht, inwieweit eine wirksame Beteiligung tatsächlich vorhanden ist, und insbesondere auch nicht, inwieweit sich dieser Politiker bei anderen nicht parteipolitischen Entscheidungen aus den Bindungen seiner Partei löst. Von dieser Voraussetzung aus betrachtet, gewinnt die Vermutung, ein parteipolitisch engagierter Richter sei möglicherweise befangen, rechtliche Bedeutung. Wird nämlich der Richter in seiner Funktion als Träger der Dritten Gewalt mit den politischen Kräften, die neben der Rechtsprechung an der Gewaltenteilung partizipieren, identifiziert, dann ergibt sich für den Rechtsstaat, für dessen Bestand eine von den anderen — politischen — Gewalten unabhängige Justiz wesensnotwendig ist, eine ernsthafte Gefahr. Diese Gefahr ist allerdings da nur gering, wo ein Richter nur passives Parteimitglied ist, also in der Öffentlichkeit nicht als Parteipolitiker hervortritt. Bei der hier vorgenommenen Unterscheidung der Intensitätsgrade parteipolitischer Betätigung kommt es — anders als bei der Fragestellung des vorigen Kapitels — also nicht darauf an, inwieweit objektiv eine effektive Einflußnahme auf die politische Willensbildung für das einzelne Parteimitglied möglich ist, sondern nur darauf, welcher Anschein beim Staatsbürger erweckt wird. Schon die Stellung eines Beisitzers im Ortsvorstand einer Partei kann einen solchen Anschein hervorrufen, obwohl von hier aus kaum großer Einfluß auf die politischen Gesamtentscheidungen ausgeübt werden kann. Sobald ein Richter in der Öffentlichkeit verbindliche Erklärungen im Namen seiner Partei abgibt, insbesondere sobald er für ein Parlamentsmandat (sei es auch nur im kommunalen Bereich) kandidiert, besteht die reale Möglichkeit, daß seine Rechtsprechung mit der von der Verfassung gewollten andersartigen Funktion der politischen Partei ineinsgesetzt wird.

In diesem Zusammenhang ist auch das Argument zu berücksichtigen, daß durch die Vehemenz des politischen Stils, die zur Demokratie notwendig dazugehört und hier keinesfalls negativ bewertet werden soll, das Leitbild des über der Situation stehenden, mit größtmöglicher Objektivität Recht und Unrecht der beteiligten Prozeßparteien — unabhängig von momentanen Emotionen — abwägenden Richters leiden kann. Zwar besteht eine Wahrscheinlichkeit für die umgekehrte Vermutung, daß nämlich die in den langen Jahren des Studiums und des Berufs geübten Richtertugenden sich auch auf den Stil des politischen Verhaltens auswirken[69], wobei dahingestellt sei, ob dies für die poli-

[69] Als Beispiel sei der Zentrumspolitiker Wilhelm Marx genannt, der mehreren Kabinetten der Weimarer Republik als Kanzler vorstand. Er, der seine

tische Auseinandersetzung von Nutzen ist, es sind aber andere Fälle denkbar, vor allem in Situationen besonderer parteipolitischer Aktivität.

d) Konsequenzen für die parteipolitische Tätigkeit der Richter

Aus den vorangegangenen Erörterungen ergibt sich, daß bestimmte Formen der Parteitätigkeit der Richter das Vertrauen in eine unbefangene Rechtsprechung so erschüttern können, daß ein Abweichen von den hergebrachten Grundsätzen des Berufsbeamtentums (Art. 33 Abs. 5 GG) gerechtfertigt sein kann, allerdings unter Beachtung des Grundsatzes der Verhältnismäßigkeit und der Wesensgehaltssperre des Art. 19 Abs. 2 GG. Ein Verstoß gegen Art. 19 Abs. 2 GG scheidet aus, weil passive Parteimitgliedschaft nicht geeignet ist, den Anschein der Befangenheit zu begründen. Was das Prinzip der Verhältnismäßigkeit angeht, ist zunächst zu untersuchen, ob nicht eine Erweiterung der prozessualen Befangenheitsablehnung (§§ 24 StPO, 42 ZPO) ein geeignetes Mittel zur Ausschaltung der aufgezeigten Gefahren für die Rechtspflege darstellt. Dies ist deshalb zu verneinen, weil man, selbst wenn man die von der Rechtsprechung zur Frage der Befangenheitsablehnung aufgestellten Grundsätze im Sinne Hanacks erweiterte, keine Kriterien finden könnte, die Willkür ausschlössen. Gerade die Ablehnung des Bundesverfassungsrichters Leibholz zeigt, wie schwer derartige Entscheidungen sind und wie groß der Anreiz für die Prozeßparteien ist, einen ihnen nicht genehmen Richter aus dem Verfahren auszuschalten.

Es fragt sich weiter, ob die Bestimmung des § 39 DRiG, in der die Gefährdung des Vertrauens in die Unabhängigkeit des Richters als Kriterium für die Beurteilung seiner politischen Tätigkeit angesehen wird, ausreicht, die genannten Gefahren zu bannen. Der generalklauselartige Charakter dieser Norm läßt der Interpretation weiten Spielraum[70].

Legt man, wie es vielfach geschieht[71], § 39 DRiG dahingehend aus, daß hier letztlich dem einzelnen Richter die Entscheidung aufgebürdet

---

juristische Karriere als Senatspräsident am Berliner Kammergericht beendete, war, was seinen innenpolitischen Stil anging, „weit eher Richter als Politiker oder gar Parteimann", *Spiecker*, Ein Jahr Marx, Berlin 1925, S. 88.

[70] Dadurch mögliche Schwierigkeiten befürchtete schon Roemer in der Ausschußberatung des Bundestags über das Richtergesetz, als er an den Ausschußbericht die Forderung stellte, klar zu sagen, „daß jede politische Betätigung erlaubt sein solle, soweit sie nicht gewisse Grenzen des Takts überschreite", Verhandl. des Dt. Bundestags, 3. Wahlperiode 1960, 12. Ausschuß, Protokoll Nr. 109; vgl. auch oben S. 51.

[71] Vgl. *Schwarz - Kleinknecht*, StPO, GVG, Nebengesetze und ergänzende

wird, wann seine parteipolitische Tätigkeit geeignet ist, das Vertrauen der Rechtsuchenden in seine Unabhängigkeit und Unbefangenheit zu gefährden, wäre die Rechtsunsicherheit für den Richter zu groß, denn wie soll er erkennen können, wann er befangen erscheint? Zudem müßte jeder parteipolitisch aktive Richter, von dem eine Vertrauensgefährdung behauptet würde, gewärtig sein, disziplinarisch belangt zu werden. Bei dieser Interpretation sind Gefahren für die Rechtspflege auf Grund parteipolitischen Engagements der Richter jedenfalls nicht ausgeschlossen.

Demnach ist eine engere Auslegung vorzuziehen, die auf den Stil des parteipolitischen Verhaltens abstellt, das nach der Intention der Vorschrift ja grundsätzlich erlaubt sein soll. Parteitätigkeit steht danach dem Richter insoweit nicht offen, als er dabei „politische Ideen und Auffassungen in aufhetzender oder andere Personen verletzender Weise“ äußert oder seine politischen Ziele „statt durch sachliche Darlegung und Erörterung durch Beschimpfung oder in sonst nicht angemessener Weise“ durchzusetzen versucht[72].

Ganz davon abgesehen, daß diese Interpretation die Vorschrift im Grunde überflüssig macht, da derartige Ausfälligkeiten schon nach den hergebrachten Grundsätzen des Berufsbeamtentums mit der Würde des Richteramts unvereinbar sein dürften, ergibt sich, daß sie durch Parteitätigkeit der Richter entstehende Befangenheitsvermutungen nicht ausräumen kann. Aber auch eine anderweitige gesetzliche Regelung könnte an der Schwierigkeit scheitern festzulegen, welche Parteistellungen eines Richters den Anschein der Befangenheit hervorrufen und welche nicht, da die Grenzen hier außerordentlich fließend sind.

Eine geeignete Lösung wäre also auch hier eine den Canons of Judicial Ethics der amerikanischen Richter entsprechende Verpflichtung der Richter, sich von der Parteipolitik möglichst fernzuhalten.

Es bleibt das Problem, wie ein Richter zu behandeln ist, der für ein Parlamentsmandat kandidiert und dabei entweder keinen Erfolg hat oder nach abgelaufener Mandatsdauer wieder in sein Amt zurückkehren möchte. Für die Kandidatur zu Landtagen und zum Bundestag bestehen Bestimmungen, daß ein Richter zwei Monate vor der Wahl in den Ruhestand tritt (§ 36 Abs. 1 DRiG). Dadurch wird aber nicht

---

Bestimmungen, 26. Auflage, München und Berlin 1966, Anm. 2 zu § 39 DRiG; *Alexander Wiedow*, Deutsches Richtergesetz, Neuwied—Berlin 1961, Erl. 1 zu § 39; *Gerner - Decker - Kauffmann*, Deutsches Richtergesetz, Köln—Berlin—Bonn—München 1963, Anm. 1 ff. zu § 39 DRiG.

[72] *Schmidt - Räntsch*, Deutsches Richtergesetz, Kommentar, München 1962, Anm. 4 ff. zu § 39 DRiG.

verhindert, daß ein solcher Richter nach seiner Rückkehr ins Amt besonders starken Befangenheitsvermutungen ausgesetzt ist. Ihm diese Rückkehr zu versagen, kann schon deswegen, weil Art. 137 GG nur eine Inkompatibilität, keine Inelegibilität vorsieht, nicht angehen; eine Versetzung an einen anderen Ort dürfte wegen der in Art. 97 Abs. 2 GG garantierten Unversetzbarkeit nicht zulässig sein. Solche Gefahren müssen also getragen werden; ihnen kann nur durch eine Selbstbindung der Richter begegnet werden.

e) Parteitätigkeit und Einflußnahmen politischer Parteien auf Einstellung und Beförderung der Richter

Es wurde bereits festgestellt, daß derartigen Einflußnahmen unter dem Gesichtspunkt der Gewaltenteilung eine gewisse Berechtigung zukommt. Eine andere Frage ist die, ob, vorausgesetzt solche Einflüsse finden statt, dadurch Unabhängigkeit und Unbefangenheit der Richter gefährdet sind. Hanack z. B. ist unter der Voraussetzung, daß politische Kräfte einen zu starken Einfluß auf Einstellung und Beförderungen nehmen, der Auffassung, parteipolitische Betätigung sollte den Richtern verboten werden, sofern sich weniger einschneidende Maßnahmen nicht bieten. Ein solches Verbot wäre aber nur dann zu erwägen, wenn Unbefangenheit und Unparteilichkeit der Richter, die sich in einer politischen Partei betätigen, durch solche Einflußnahmen gefährdeter sind als die ihrer nicht in dieser Weise gebundenen Kollegen. Dies ist aber sehr zweifelhaft. Was die Einstellung angeht, würde ein solches Verbot ohnehin ins Leere stoßen, weil es nicht die Parteitätigkeit vor der Berufung zum Richter erfassen könnte, die allein für eine Auswahl nach Parteigesichtspunkten maßgebend sein kann. Hinsichtlich der parteipolitischen Beteiligung bei Beförderungen befürchtet Hanack, die Entscheidungen eines parteipolitisch tätigen Richters könnten „unter der Perspektive einer politischen Gruppe betrachtet und für Beförderungen gewürdigt" werden[73]. Nun kann natürlich nicht ausgeschlossen werden, daß Parteizugehörigkeit oder -tätigkeit, sofern sie sich auf die Regierungspartei(en) bezieht, sich günstig auf die Beförderung auswirken kann, was dann Nachteile mit sich bringt, wenn dabei nur noch politische und keine fachlichen Qualifikationen eine Rolle spielen. Heißt das aber auch, daß ein solcher Richter befangener ist als er es wäre, wenn er sich nicht parteipolitisch betätigte? Wohl kaum, denn wenn die die Beförderungen beeinflussende Partei dabei auf ihr genehme Tendenzen richterlicher Entscheidungen achtet, wird auch ein nicht dieser Partei angehörender Richter, der eine Be-

---

[73] *Hanack*, a.a.O., S. 133.

förderung anstrebt, sich möglicherweise bemühen, mit seinen Entscheidungen Wohlwollen zu erwecken.

Ein Verbot parteipolitischer Betätigung würde also die Gefahren, die für die richterliche Unbefangenheit wegen der parteipolitischen Beeinflussung von Richterbeförderungen vielleicht bestehen, nicht beseitigen. Darüber hinaus würde es die politischen Parteien auch nicht daran hindern, sich weiterhin an solchen Personalfragen zu beteiligen, da sie auch ohne eine offene politische Tätigkeit der Richter herausfinden können, welcher Richter nach ihren Vorstellungen befördert werden sollte. Wenn wirklich parteipolitische Qualifikationen dabei eine ausschlaggebende Rolle spielen sollten, läßt sich die Einstellung eines Richters z. B. daran erkennen, welcher Partei er als passives Mitglied angehört — dieses Recht kann ja in keinem Falle beschränkt werden, da dadurch in den Wesensgehalt des Grundrechts auf freie politische Betätigung eingegriffen würde. Darüber hinaus gibt es z. B. akademische Verbindungen, durch deren Mitgliedschaft sich Richter politisch ausweisen können, und auch sonst bestehen genügend Möglichkeiten dazu.

Ein Verbot parteipolitischer Tätigkeit für Richter wäre also kaum der richtige Weg, negative Einflüsse politischer Parteien auf Beförderungen auszuschließen. Man wird Eschenburg recht geben müssen, der der Meinung ist, eine Reform könne im Grunde nur von den politischen Parteien selbst ausgehen[74].

VII. Parteipolitische Betätigung der Bundesverfassungsrichter

„Der Wechsel vom Amte des Ministers und Regierungschefs zum Richter am Bundesverfassungsgericht bedeutet unzweifelhaft eine entscheidende Veränderung des eigenen Lebenskreises, den Zwang zum Denken und Handeln in neuen Bahnen, den Verzicht auf jede politische Initiative und Aktivität, letzte Zurückhaltung in den Tagesfragen, für die Zukunft ein Schweigen auch dort, wo innere Verbundenheit mit den Existenzfragen der Nation zur Stellungnahme drängen will."

Man wird wohl nicht fehlgehen, wenn man diese Worte, die der gegenwärtige Präsident des Bundesverfassungsgerichts, Dr. Gebhard Müller, anläßlich seiner Amtseinführung am 13. Februar 1959 sprach[1], nicht nur auf die Haltung der Bundesverfassungsrichter bei der Urteilsfindung, sondern auch auf ihre gesamte Lebensführung bezieht. Wor-

---

74 Der Beamte in Partei und Parlament, S. 193.

1 Das Bundesverfassungsgericht, Karlsruhe 1963, S. 16.

auf könnte sich die Meinung, daß die Zurückhaltung von politischer Aktivität zu den selbstverständlichen Pflichten eines Bundesverfassungsrichters gehöre, stützen?

Das Grundgesetz unterwirft die Bundesverfassungsrichter weitergehenden Beschränkungen ihrer politischen Aktivität als die übrigen Richter, wenn es in Art. 94 Abs. 1 Satz 3 bestimmt, daß sie weder dem Bundestag, dem Bundesrat, der Bundesregierung noch entsprechenden Organen eines Landes angehören dürfen. Über die Betätigung von Bundesverfassungsrichtern in politischen Parteien ist ihm indessen nichts zu entnehmen. Dagegen wird im Bundesverfassungsgerichtsgesetz eine Mitgliedschaft von Bundesverfassungsrichtern in politischen Parteien ausdrücklich als zulässig vorausgesetzt, wenn gemäß § 18 Abs. 2 ein Richter nicht kraft Gesetzes wegen Beteiligtseins in der Sache von der Ausübung seines Amtes ausgeschlossen ist, der „auf Grund... seiner Zugehörigkeit zu einer politischen Partei oder aus einem ähnlich allgemeinen Gesichtspunkt am Ausgang des Verfahrens interessiert ist".

Die Entscheidung des Grundgesetzes in Art. 94 Abs. 1 Satz 3 ist eine verfassungsrechtliche Notwendigkeit. Wenn schon die anderen Richter nicht in Exekutive und Legislative tätig sein sollten, weil eine recht verstandene Gewaltenteilung einer Häufung politischer Macht bei der Dritten Gewalt widerspricht, muß dies erst recht für Bundesverfassungsrichter gelten, die in weit höherem Maße als die übrigen Richter mit ihren Entscheidungen in den politischen Bereich eingreifen.

Was die Tätigkeit in politischen Parteien außerhalb des Parlaments angeht, trifft das Ergebnis der oben angestellten Überlegungen, wonach sich die Träger der Dritten Gewalt u. a. von führenden Parteistellungen fernhalten sollten, im besonderen Maße auf Bundesverfassungsrichter zu. Sie haben weitgehend über politische Rechtsstreitigkeiten zu entscheiden, „bei denen über politisches Recht gestritten und das Politische selbst an Hand der bestehenden Normen zum Gegenstand der richterlichen Beurteilung gemacht wird"[2]. Sie nehmen selbst am Prozeß der Staatswillensbildung teil, „indem sie die Normen, die die verfassungsmäßig intendierte ‚Balance der Gewalten' gewährleisten sollen, verbindlich auslegen und damit bei Verletzung durch ein oberstes Verfassungsorgan das Gleichgewicht wieder herstellen"[3]. Da die Parteien innerhalb dieser Gewaltenbalance im „politischen Bereich" eine maßgebende Rolle spielen, die das Bundesverfassungsgericht

---

[2] Denkschrift des BVerfG, in: Der Status des BVerfG, Jahrbuch des öffentl. Rechts, N.F., Bd. 6, S. 144 f.

[3] *Wintrich*, Aufgaben, Wesen, Grenzen der Verfassungsgerichtsbarkeit, in: Festschrift zum 75. Geburtstag von Hans Nawiawsky, 1956, S. 191 ff. (201).

dadurch anerkannt hat, daß es die Parteien als Beteiligte in Verfassungsstreitigkeiten zugelassen, ihnen „organschaftliche Qualität" zugesprochen hat[4], erstreckt sich die Kontrollfunktion dieses „Hüters der Verfassung", in weitem Umfang auch auf sie. Während die Bundesverfassungsrichter in besonderem Maße, wenn auch mit den traditionellen Mitteln der Rechtsprechung, an der Ausübung politischer Macht partizipieren, sind die politischen Parteien lediglich dazu legitimiert, bei der Wahl der Bundesverfassungsrichter Einfluß auf die Zusammensetzung dieses Gerichts zu nehmen (Art. 94 Abs. 1 Satz 2 GG, §§ 5 ff. BVerfGG). Daß sich dabei jede Partei bemühen wird, die Kandidaten ins Amt zu bringen, von denen sie sich die größtmögliche Wahrung ihrer Interessen verspricht, liegt auf der Hand. Damit ist aber keineswegs sichergestellt, daß die so gewählten Richter später auch tatsächlich zugunsten der Partei entscheiden werden, die sie ins Amt gebracht hat. Die Bildung von „roten" und „schwarzen" Senaten, von der in den ersten Jahren des Bestehens des Bundesverfassungsgerichts u. a. im Zusammenhang mit dem Streit zwischen Koalitionsparteien und SPD über den EVG-Vertrag so häufig die Rede war[5], kann man ihm, wie es seine Entscheidungen zeigen, heute nicht mehr zum Vorwurf machen: „Daß das Bundesverfassungsgericht sie (diese Gefahr) gebannt hat, kann nur ein getrübtes Urteil verkennen[6]."

Es wäre also unzutreffend, aus der Beteiligung der politischen Parteien an der Wahl der Bundesverfassungsrichter, deren Legitimierung durch das Grundgesetz aus Gründen der Gewaltenbalance durchaus einsichtig ist[7], auf eine Beeinflussung der Entscheidungen des Bundesverfassungsgerichts durch die Parteien zu schließen. Die Funktion des

---

4 So etwa BVerfGE, 4, S. 27 ff.

5 Vgl. Der Kampf um den Wehrbeitrag, Bd. 2 — Ergänzungsband, München 1958, S. 32 f., wo zahlreiche Behauptungen der Presse wiedergegeben werden, nach denen ein Senat des BVerfG eine sozialistische Mehrheit habe, bzw. es „rote" und „bürgerliche" Senate gebe.

6 Auch *Henke*, a.a.O., S. 139 f., geht davon aus, daß das Bundesverfassungsgericht „offenbar von Parteieinflüssen unabhängig" sei; anders der österreichische Verwaltungsrechtler Mannlicher, der die „bekannte parteipolitische Abstempelung" der deutschen Bundesverfassungsrichter als warnendes Beispiel dafür hinstellte, „wohin die Dinge führen müssen, wenn wir den Richterstand nicht wirksam von einer Verpolitisierung zu schützen wissen" (Berichte und Informationen, 1952, Heft 329, S. 1, zitiert nach *Marcic*, a.a.O., S. 266).

7 Kelsen sah schon 1929 die Parteibeteiligung bei der Auswahl von Verfassungsrichtern mehr als ein notwendiges Übel an, wenn er ausführte, in Anbetracht der nicht zu übersehenden Tatsache, daß „auch Fachleute — bewußt oder unbewußt — von politischen Erwägungen motiviert werden", sei es, wenn diese Gefahr besonders groß sei wie beim Verfassungsgericht, „beinahe besser, an Stelle eines inoffiziellen und unkontrollierbaren parteipolitischen Einflusses die legitime Beteiligung der politischen Parteien bei der Bildung des Gerichts zu akzeptieren" (VVDStRL, Heft 5, S. 30 ff. [56 f.], Wesen und Entwicklung der Staatsgerichtsbarkeit).

Bundesverfassungsgerichts als Kontrollinstanz der politischen Organe ist demnach vom politischen Bereich her nur begrenzten Hemmungen unterworfen. Daraus ergibt sich besonders für Bundesverfassungsrichter die Pflicht, nicht auch noch durch besondere Machtausübung in den politischen Parteien zusätzlich an der politischen Willensbildung zu partizipieren. Dies bedeutet aber nur eine Zurückhaltung von führenden Parteifunktionen, nicht von allgemeiner Parteitätigkeit. Für die Rechtfertigung einer so weitgehenden Verpflichtung sind offenbar außer den bisher aus der Stellung der Richter in der Verfassungsordnung und zu den politischen Parteien gewonnenen Ergebnissen noch weitere Kriterien notwendig. Dagegen könnte sprechen, daß gerade die Bundesverfassungsrichter mit dem politischen Leben eng verbunden sein müssen, um die ihnen unterbreiteten Probleme sachkundig entscheiden zu können. Sie müssen „die politischen Folgen und Wirkungen" ihrer Entscheidungen in den Bereich ihrer Erwägungen miteinbeziehen[8] und „über die erforderlichen allgemeinen Rechtskenntnisse hinaus sich zugleich auch insofern politisch ausweisen", als sie „etwas vom Politischen verstehen und insbesondere den in einem demokratischen Rechtsstaat wirkenden politischen Kräften Verständnis entgegenbringen" müssen[9]. Nun ist es sicher richtig, daß man sich dieses Verständnis, was die praktische Erfahrung angeht, sehr gut durch Mitarbeit in einer politischen Partei aneignen kann, es gibt darüber hinaus aber auch genügend andere Möglichkeiten dazu. Man wird von einem Bundesverfassungsrichter erwarten können, daß er dem politischen Geschehen sein besonderes Interesse zuwendet, was aber durchaus auch rezeptiv geschehen kann.

Entscheidend für eine allgemeine parteipolitische Zurückhaltung der Bundesverfassungsrichter spricht aber, daß sie sich im Gegensatz zu den anderen Gerichten vorwiegend mit Fällen zu befassen haben, bei denen politische Parteien direkt oder indirekt beteiligt sind. Direkte Beteiligungen liegen z. B. vor, wenn gemäß Art. 21 Abs. 2 GG, § 13 Ziff. 2 BVerfGG über die Verfassungswidrigkeit einer politischen Partei entschieden wird oder wenn eine Partei eine Organklage erhebt; indirekte Beteiligungen können praktisch bei jedem Rechtsstreit gegeben sein, an dem ein Verfassungsorgan beteiligt ist. Auch wenn dem Bundes-

---

[8] Der Status des BVerfG, a.a.O., S. 122 (Bericht des Berichterstatters an das Plenum zur „Status"-Frage). Gegen diese Formulierung wandte sich Thoma in seinem Rechtsgutachten betreffend die Stellung der Richter des BVerfG mit den polemischen Worten: diese Lehre, „welche dem Bundesverfassungsgericht die Befugnis beilegen will, aus eigener politischer Meinung heraus das geltende Recht zu biegen und zu beugen, ist eine Irrlehre" (Der Status des BVerfG, a.a.O., S. 170 ff.); hiergegen *Leibholz*, ebenda, S. 201 ff.

[9] Der Status des BVerfG, a.a.O., S. 122.

verfassungsgericht in den letzten Jahren kaum je parteipolitische Befangenheiten vorgeworfen worden sind — auch nicht von seiten der politischen Parteien — so könnte dies in politisch bewegteren Zeiten doch leicht geschehen. Wenn man bedenkt, daß in solchen Zeiten das Bundesverfassungsgericht vielleicht zum letzten Hort der Rechtsstaatlichkeit werden könnte, dann muß die Möglichkeit solcher Verdächtigungen als äußerst schädlich angesehen werden. Zwar mögen die Verfassungsrichter auch dann losgelöst von parteipolitischen Befangenheiten ihres Amtes walten, wenn sie sich aber öffentlich in politischen Parteien betätigen, könnte der gegenteilige Eindruck entstehen, und zwar auch und nicht zuletzt bei den politischen Parteien selbst. Es könnte dann z. B. im großen Umfang zu Ablehnungen eines oder mehrerer in dieser Weise engagierter Richter aus Besorgnis der Befangenheit kommen, die durch § 18 Abs. 2 BVerfGG, der Parteimitgliedschaft ja nur als *gesetzlichen* Ablehnungsgrund ausschließt, nicht unterbunden sind. Dies könnte zu einer Lahmlegung des ganzen Bundesverfassungsgerichts führen, da abgelehnte Richter nicht durch einen Stellvertreter ersetzt werden[10].

Parteipolitische Betätigung der Bundesverfassungsrichter ist also im besonderen Maße geeignet, die Vermutung der Befangenheit aufkommen zu lassen. Diese erstreckt sich nicht nur auf führende, bzw. öffentlich hervortretende parteipolitische Tätigkeit, vielmehr kann infolge der spezifischen Funktion des Bundesverfassungsgerichts im Bereich der Staatswillensbildung schon jede Parteitätigkeit, ja schon die schlichte Parteimitgliedschaft seiner Richter den Anschein der Befangenheit hervorrufen. Für den nicht parteipolitisch gebundenen Staatsbürger, der etwa eine Verfassungsbeschwerde erhebt, mag dies wenig ins Gewicht fallen, anders aber für einen parteigebundenen Bürger und vor allem die politischen Parteien und die sonstigen antragsberechtigten Verfassungsorgane selbst.

Nach allem kann man also den eingangs zitierten Worten Gebhard Müllers nur beipflichten.

Es bleibt allerdings die Frage, ob das Gebot, von parteipolitischen Bindungen freizubleiben, gesetzlich geregelt werden könnte und sollte.

Sofern man davon ausgeht, daß auch die Richter des Bundesverfassungsgerichts in einem öffentlich-rechtlichen Dienst- und Treueverhältnis im Sinne des Art. 33 Abs. 4 GG stehen[11], wird man annehmen

---

[10] Hier sei nochmals auf die Ablehnung des Bundesverfassungsrichters Leibholz verwiesen, bei der diese Überlegung auch mitangestellt wurde, s. Beschl. des BVerfG v. 3. 3. 66, abgedr. in JZ 66, S. 312 ff.

[11] Nach *Leibholz*, Der Status des BVerfG, a.a.O., S. 116, stehen die Bundesverfassungsrichter zum Bund nicht in einem öffentlich-rechtlichen Dienstverhältnis; dagegen *Geiger*, ebenda, S. 138.

können, daß die Gefahr eines Autoritätsverlusts dieser Richter auf Grund des Anscheins der Befangenheit, der durch parteipolitische Betätigung hervorgerufen werden kann, einen ausreichenden Grund dafür darstellt, diese Tätigkeit im angegebenen Rahmen ohne Verfassungsverstoß zu beschränken. Auch hier sind indessen die Wesensgehaltssperre des Art. 19 Abs. 2 GG und der Grundsatz der Verhältnismäßigkeit zu berücksichtigen. Wenn den Verfassungsrichtern auch die Mitgliedschaft in politischen Parteien verwehrt wird, ist ihnen jede Möglichkeit genommen, das Grundrecht auf freie politische Betätigung wahrzunehmen. Dabei ist aber nicht zu übersehen, daß dieser Verlust in hohem Maße wieder aufgewogen wird durch ihre Teilhabe an der Staatswillensbildung, die — wenn auch von anderer Warte aus — sogar erheblich effektiver als die Parteimitgliedschaft sein wird. Der Grundsatz der Gewaltenteilung in Verbindung mit der Forderung einer unbefangenen Verfassungsrechtsprechung ist hier von so überragender Bedeutung, daß Art. 19 Abs. 2 GG auch einer so weitgehenden Einschränkung nicht entgegenstehen kann.

Prüft man eine solche Einschränkung am Grundsatz der Verhältnismäßigkeit, könnte die Möglichkeit einer freiwilligen Selbstbeschränkung bei Bundesverfassungsrichtern eine andere Beurteilung fordern als bei der übrigen Richterschaft. Zwar spricht viel dafür, daß die Bundesverfassungsrichter ebenso wie ihr Präsident eine ungeschriebene Amtspflicht anerkennen, politisch in der Öffentlichkeit nicht hervorzutreten, um niemandem Anlaß zu geben, an ihrer Unbefangenheit und Unparteilichkeit zu zweifeln. Auf der anderen Seite würde eine Normierung dieser Pflicht — etwa im Gesetz über das Bundesverfassungsgericht — die Freiheit der Verfassungsrichter von parteipolitischen Bindungen besonders deutlich manifestieren. Im Augenblick mag dieser Gesichtspunkt zwar kaum ins Gewicht fallen, weil die parteipolitische Unbefangenheit der Verfassungsrichter nicht in Zweifel gezogen wird; sollte aber die parteipolitische „Färbung" der einzelnen Senate erneut in der Öffentlichkeit erörtert werden, wäre die Normierung eines Verbots parteipolitischer Betätigung im genannten Umfang zur Festigung und Förderung des Ansehens des Bundesverfassungsgerichts durchaus erwägenswert und zulässig.

VIII. Der generelle Gesetzesvorbehalt des Art. 2 Abs. 1 GG

Die verfassungsrechtliche Prüfung der Frage, ob die parteipolitische Betätigungsfreiheit, die nach hier vertretener Auffassung von Art. 21 GG garantiert wird, bei Richtern eingeschränkt werden kann, hat ergeben, daß im Rahmen des richterlichen Dienst- und Treueverhältnisses bestimmte, die passive Mitgliedschaft (anders bei Bundesverfassungsrichtern) ausnehmende Beschränkungen zulässig und auch geboten erscheinen, soweit nicht eine Selbstverpflichtung der Richter — etwa in der Art der amerikanischen Canons of judicial ethics — dieselbe Wirkung erreichen kann.

Dieses Ergebnis erübrigt es, die aufgeworfene Frage auch noch an Art. 2 GG zu messen. Zwar umfaßt die in Art. 2 Abs. 1 GG garantierte allgemeine Handlungsfreiheit wohl auch das Recht auf freie parteipolitische Betätigung; der dort ausgesprochene „Verfassungsvorbehalt zur Interpretation immanenter Grundrechts-Schranken“[1] tritt indessen zurück, wenn ein spezieller Grundrechtsvorbehalt vorhanden ist. Als ein solcher ist das öffentlich-rechtliche Dienst- und Treueverhältnis anzusehen[2]. Es kann jedoch nicht übersehen werden, daß innerhalb der vorangegangenen Untersuchung der Grundgedanke des Art. 2 GG mitberücksichtigt wurde, daß nämlich Gewaltenteilung (Art. 20 GG), richterliche Unabhängigkeit (Art. 97 GG) und Unbefangenheit, die besondere Funktion der Rechtsprechung (Art. 92 GG) und die Stellung der politischen Parteien in der Gewaltenteilung (Art. 21 GG) als Bestandteile der verfassungsmäßigen Ordnung durch parteipolitische Betätigung der Richter nicht gefährdet werden dürfen.

IX. Parteipolitische Betätigung der Laienrichter

Bei einem großen Teil der Rechtsprechung der Bundesrepublik wirken Laienrichter mit, die gemäß § 45 DRiG im gleichen Maße wie Berufsrichter Unabhängigkeit genießen. Das Deutsche Richtergesetz findet auf sie grundsätzlich keine Anwendung, soweit darin nicht wie z. B. in den §§ 44 ff. etwas anderes bestimmt ist. Jedenfalls gelten für Laienrichter nicht § 4[1], dessen Abs. 1 die gleichzeitige Wahrnehmung von Aufgaben der rechtsprechenden mit solchen der gesetzgebenden oder der vollziehenden Gewalt untersagt, und § 39 über das Verhalten bei politischer Betätigung.

Während Laienrichter an der Verfassungsrechtsprechung nicht beteiligt sind, sind sie in den anderen Gerichtszweigen sehr zahlreich vertreten. In vielen Spruchkörpern sowohl der Straf- und Zivilgerichte als auch der Verwaltungsgerichte besitzen sie gegenüber den Berufsrichtern sogar ein zahlenmäßiges Übergewicht (vgl. z. B. § 29 GVG [Schöffengerichte], § 76 Abs. 2 Satz 1 GVG [Kleine Strafkammern], § 81 GVG [Schwurgerichte], § 105 GVG [Kammern für Handelssachen], §§ 16 Abs. 2, 35 Abs. 2 ArbGG).

---

[1] *Maunz*, Deutsches Staatsrecht, S. 100.

[2] *Mangoldt-Klein*, a.a.O., Vorbem. XIV, Nr. 4.

[1] Für entsprechende Geltung für Laienrichter: *Meier*, NJW 62, S. 1999 f., für eine solche Regelung de lege ferenda: *Tsatsos*, a.a.O., S. 256.

Laienrichter können also häufig ihre Berufsrichter-Kollegen überstimmen und somit viele Entscheidungen ausschlaggebend beeinflussen. Wie oft dies tatsächlich geschieht, läßt sich auf Grund des Beratungsgeheimnisses natürlich nicht feststellen, immerhin muß wohl die Einschränkung gemacht werden, daß ein Berufsrichter, auch wenn er sich einer Mehrheit von ehrenamtlichen Kollegen gegenübersieht, häufig wegen seiner größeren Erfahrungen und Rechtskenntnisse seine Meinung wird durchsetzen können.

Trotz der umfangreichen Mitwirkung von Laienrichtern an der Gerichtsbarkeit kann ihre parteipolitische Betätigung nicht unter denselben Gesichtspunkten betrachtet werden wie die der Berufsrichter. Dagegen spricht einmal, daß ehrenamtliche Richter nicht in einem öffentlich-rechtlichen Dienst- und Treueverhältnis gemäß Art. 33 Abs. 4 GG stehen[2], die Möglichkeit von Grundrechtseinschränkungen also sehr zweifelhaft wäre. Aber selbst, wenn man solche Beschränkungen im Rahmen eines rein funktionalen besonderen Gewaltverhältnisses für zulässig hält, ist doch zu bedenken, daß Laienrichter im allgemeinen nur etwa zehn- bis zwölfmal im Jahr an Sitzungen teilnehmen, ihre richterliche Tätigkeit also nur einen Bruchteil ihrer sonstigen Arbeit ausmacht. Unter Berücksichtigung der Tatsache, daß die Berufung zum ehrenamtlichen Richter grundsätzlich nicht abgelehnt werden darf[3], könnten Einschränkungen der parteipolitischen Betätigungsfreiheit der Laienrichter für diese ganz unzumutbare Beeinträchtigungen ihres Aktionsradius' mit sich bringen. Z. B. könnte jemand, der sich auf eine Kandidatur für eine Volksvertretung vorbereitet, durch seine Wahl zum ehrenamtlichen Richter gezwungen werden, von seiner Kandidatur zurückzutreten, da er die Wahl nicht ablehnen dürfte, dies vielmehr erst tun könnte, wenn er in die Volksvertretung gewählt wäre. Denkbar wäre allerdings, Personen, die sich öffentlich parteipolitisch betätigen, durch Gesetz als ungeeignet zur Wahrnehmung der ehrenamtlichen Tätigkeit zu erklären. Für eine solche Lösung sprechen an sich gewichtige Gründe. Laienrichter sind nämlich in weit höherem Maße als Berufsrichter Einflüssen durch politische Mächte ausgesetzt. Sie besitzen nicht das juristische Training der Berufsrichter, und es wird ihnen deshalb im Zweifel schwerer fallen als jenen, einen Fall losgelöst von Gruppeninteressen zu betrachten. Dies kann sie auch

---

[2] *Maunz*, Deutsches Staatsrecht, S. 280.

[3] Ablehnen dürfen aber gemäß § 35 Ziff. 1 GVG z. B. Mitglieder des Bundestags, des Bundesrats oder einer zweiten Kammer, gemäß § 34 Abs. 1 Satz 2 GVG sind sie aber für das Laienrichteramt nicht ungeeignet. Ungeeignet für das Amt eines ehrenamtlichen Verwaltungsrichters sind dagegen nach § 22 Ziff. 1 VwGO Mitglieder des Bundestags, der Länderparlamente, der Bundesregierung und der Landesregierungen. Für die Arbeits- und Sozialgerichte gilt nichts Entsprechendes.

in den Augen derer, die bestimmte Einflüsse auf die Rechtsprechung ausüben wollen, als wesentlich geeignetere Objekte dafür erscheinen lassen als Berufsrichter.

In diesem Zusammenhang muß die Methode der Auswahl von Laienrichtern in die Untersuchung mit einbezogen werden. Schöffen beim Amts- und beim Landgericht und Geschworene werden von den Gemeinden des jeweiligen Gerichtsbezirks vorgeschlagen (§§ 36 ff. GVG), was praktisch bedeutet, daß parteipolitische Erwägungen bei der Aufstellung der Vorschlagslisten unumgänglich sind[4]. Schließlich liegt dann auch die endgültige Auswahl der Schöffen aus der Vorschlagsliste in Händen eines Ausschusses, in dem neben einem Amtsrichter und einem Verwaltungsbeamten zehn Vertrauenspersonen sitzen, die wiederum von den Gemeindevertretungen gewählt werden (§§ 40 ff. GVG), wodurch auch hier parteipolitische Gesichtspunkte maßgebend sind[5]. Für die ehrenamtlichen Verwaltungsrichter, die von den Vertretungskörperschaften der Kreise und kreisfreien Städte vorgeschlagen werden (§ 28 VwGO), wird das Gesagte verstärkt gelten, weil das Interesse der politischen Parteien an der Verwaltungsgerichtsbarkeit auf Grund ihrer Einflußmöglichkeiten in der Verwaltung größer sein wird als das an der Zivil- und Strafgerichtsbarkeit. Auch hier trifft die endgültige Auswahl aus der Vorschlagsliste ein Ausschuß, der nach ähnlichen Prinzipien gebildet wird wie der, der die Schöffen wählt (§ 26 VwGO). Hinsichtlich der ehrenamtlichen Beisitzer der Arbeits- und Sozialgerichte ist der direkte Parteieinfluß bei der Auswahl vermutlich dadurch zurückgedrängt, daß den Wahlgremien Personen angehören müssen, die aus den durch diese Gerichtsbarkeiten betroffenen Interessengruppen entnommen werden, wie z. B. Gewerkschaften, sozial- und berufspolitische Vereinigungen (§ 20 ArbGG, § 14 SGG).

Von Interesse bei der Erwägung des Für und Wider der parteipolitischen Einflüsse auf die Auswahl der meisten ehrenamtlichen Richter ist die Tatsache, daß im Jahr 1923 ein Vorschlag des Reichsministers der Justiz abgelehnt wurde, wonach als § 42 a folgende Bestimmung ins Gerichtsverfassungsgesetz eingefügt werden sollte:

„Der Ausschuß darf nur Personen wählen, von denen zu erwarten ist, daß sie das Richteramt gewissenhaft, unparteiisch und mit dem nötigen Verständnis ausüben. Nach der Zugehörigkeit zu bestimmten Parteien, Berufsarten, Religionsgemeinschaften oder sonstigen Bevölkerungskreisen darf kein Unterschied gemacht werden[6]."

---

[4] So z. B. *Potrykus*, Nachteile bei der Auswahl der Laienrichter in Strafsachen, DRiZ 1952, S. 202; vgl. auch *Schorn*, Der Laienrichter in der Strafrechtspflege, München 1955, S. 64 f.

[5] Vgl. *Potrykus*, a.a.O., S. 202.

[6] Entwurf eines Gesetzes zur Neuordnung der Strafgerichte v. 25. 9. 1923,

Aus der Ablehnung dieses Vorschlags kann man zwei alternative Schlüsse ziehen; einmal den, daß die Außerachtlassung der darin für unzulässig gehaltenen Erwägungen ohnehin als selbstverständlich angesehen wurde, so daß man auf eine gesetzliche Regelung verzichten konnte, oder den, daß man den politischen Parteien als Repräsentanten des Volkes gerade einen besonderen Einfluß auf die Auswahl des Teils der Richter zubilligen wollte, der die Stimme des Volkes in der Gerichtsbarkeit verkörpern soll. Diese Version ist die wahrscheinlichere, denn der Gesetzgeber wird 1923 realistisch genug gewesen sein zu sehen, daß bei einer Übertragung der Laienrichterauswahl auf die Gemeindevertretungen parteipolitische Erwägungen unmöglich ausgeschlossen werden konnten. Auch für die Gegenwart muß davon ausgegangen werden, daß solche Erwägungen zulässig sind und als eine Konsequenz dessen angesehen werden müssen, daß das Volk, repräsentiert durch die politischen Parteien, Einfluß auf die Wahl der Laienrichter ausüben soll[7].

Unter diesen Umständen wäre es widersinnig, parteipolitisch engagierte Personen vom Laienrichteramt fernzuhalten, zumal man auch bedenken muß, daß sehr oft Parteitätigkeit und Interesse an öffentlichen Dingen als ein Qualifikationsmerkmal für dieses Amt Hand in Hand gehen. Es würde den Wahlausschüssen auch äußerst schwer fallen, überhaupt Kandidaten für dieses Amt vorzuschlagen, wenn sie nicht auf Personen zurückgreifen könnten, die ihnen von den Parteien her bekannt sind. Diese Verlegenheit würde wohl auch die Ausschreibung der vakanten Stellen in der Tagespresse nicht beheben, wie sie die Bayerische Bekanntmachung vom 30. 5. 1952 über die Vorbereitung der Sitzungen des Schöffengerichts, der Strafkammern und Schwurgerichte vorsieht, da sich im allgemeinen niemand nach einer solchen Tätigkeit drängt und damit auch die Qualifikation der Schöffen nicht sichergestellt ist[8].

Wenn man überhaupt eine Beteiligung von Laien an der Rechtspflege für nützlich und gut hält, was auch mit guten Gründen bestritten werden könnte, dann muß man auch die Nachteile in Kauf nehmen, die vielleicht durch parteipolitisches Engagement von Laienrichtern entstehen können.

Anh. Nr. 5884 zu den Sten. Berichten der Verhandl. des Dt. Reichstags, 1. Wahlperiode 1920.

[7] So wohl BGHSt. 12, 197 ff., wo über die Frage entschieden wurde, ob die gemeindliche Vorschlagsliste für Schöffen und Geschworene auf Grund von Vorschlägen der im Gemeinderat vertretenen Parteigruppen zusammengestellt werden darf; a.A. *Löwe - Rosenberg*, Die StPO und das GVG mit Nebengesetzen, Großkommentar 21. Auflage Berlin 1963 und 1965, Bd. 2 Erl. 1 a zu § 36 GVG; *Potrykus*, a.a.O., S. 202; *Eb. Schmidt*, Lehrkomm. zur StPO u. z. GVG, Bd. 3, Erl. 2 zu § 36 GVG.

[8] Bay. GVBl. 1952, 169.

Daraus ergeben sich allerdings für Berufsrichter gewisse Konsequenzen hinsichtlich ihrer parteipolitischen Betätigung. Wenn es in einem mit ehrenamtlichen Richtern besetzten Richtergremium einmal um parteipolitische Interessen gehen sollte, müssen die Berufsrichter die Gewähr dafür bieten, daß die zu fällende Entscheidung nicht durch Parteibindungen verfälscht wird. Dies wird ihnen zweifellos leichter fallen, wenn sie parteipolitisch nicht gebunden sind. Auch dies ist also ein Argument für eine Selbstverpflichtung der Richter, sich von politischen Parteien fernzuhalten.

Teil C

Rechtsvergleichung

X. Parteipolitische Betätigung der Richter in den Ländern des common law

Die bisherige Untersuchung galt der Frage, welche Konsequenzen sich aus der verfassungsrechtlichen Stellung des Richtertums und der politischen Parteien für die Zulässigkeit der parteipolitischen Betätigung der Richter ergeben. Dabei erwiesen sich als maßgebliche Kriterien bestimmte verfassungsrechtliche Grundentscheidungen, vor allem Rechts- und Sozialstaatlichkeit, Gewaltenteilung und Anerkennung der politischen Parteien.

Die Rechtsvergleichung soll nun zeigen, ob sich aus der Regelung der Parteitätigkeit der Richter in anderen Staaten der Natur der Sache nach Folgerungen für das Ergebnis der Untersuchung ziehen lassen.

1. England

Immer wieder wird England als repräsentatives Beispiel für einen Staat genannt, in dem die Richter sich nicht parteipolitisch betätigen dürfen[1]. Untersucht man diese Behauptung auf ihre Richtigkeit, wird man feststellen, daß sie so generell jedenfalls nicht zutrifft.

Zunächst ist hier auf einen wichtigen Unterschied zwischen dem englischen und dem deutschen Gerichtssystem hinzuweisen: während in Deutschland die Rechtsprechung im wesentlichen vom Berufsrichter geprägt wird, ist England das „klassische Land der Richter im Nebenberuf“[2]. So wird z. B. der größte Teil der gewöhnlichen Strafrechtspflege (über 97 % aller Strafsachen) von Friedensrichtern erledigt, die zumeist Laien sind und das Richteramt unentgeltlich neben ihrem eigentlichen Beruf wahrnehmen. Ihnen ist weder innerhalb noch außerhalb des Parlaments parteipolitische Betätigung untersagt[3],

---

[1] Vgl. z. B. Verhandl. des dt. Bundestags, 3. Wahlp. 58, Bd. 58, Drucksache 516, Erl. zu § 38 des Reg. Entwurfs zum DRiG.

[2] *Cohn*, Richter, Staat und Gesellschaft in England, Karlsruhe 1958, S. 15.

[3] *Gerland*, Die englische Gerichtsverfassung, 2. Halbbd., Leipzig 1910, S. 813.

sie haben sogar im Unterhaus immer ein wertvolles Element gebildet[4]. Außerhalb desselben hat ihre parteipolitische Bindung allerdings schon manch harte Kritik hervorgerufen. Nachdem ursprünglich konservative Laienrichter hohen Standes dominiert hatten, was zwar der Rechtspflege zugute gekommen, den anderen Parteien aber nicht genehm gewesen war[5], wurde 1910 das Ernennungssystem geändert, um allen politischen Parteien die gleiche Repräsentation zu ermöglichen. Die Konsequenz war, daß jetzt nur noch wenige Leute Richter wurden, die nicht Mitglieder einer Partei waren und nicht aktiv für sie arbeiteten. Die Ernennung war gewöhnlich die Belohnung für politische Dienste und das Ergebnis denkbar negativ[6].

Häufig sind Anwälte nebenberuflich Richter; so fungieren sie z. B. in Städten mit einem court of quarter sessions, einem Gericht, das für ernstere Strafsachen zuständig ist, als recorders. Ihre politische Tätigkeit ist allerdings insoweit beschränkt, als sie in der Stadt, in der sie Richter sind, nicht wählbar sind[7].

Diese Richter bilden im Verhältnis zu den im Hauptberuf tätigen den weit überwiegenden Teil — Haynes schätzt die Zahl der in der Strafrechtspflege rechtsprechenden nebenberuflichen Richter auf etwa 25 000[8]. Ihnen stehen nicht einmal 140 hauptamtliche Richter beim Supreme Court of Judicature (bestehend aus High Court and Court of Appeal) und bei den County Courts gegenüber, die aber trotzdem ein Arbeitspensum zu bewältigen haben, das der Zivilrechtsprechung aller deutschen Amts- und Landgerichte entspricht, und dazu noch einen Teil der Strafgerichtsbarkeit[9].

Nur an diese geringe Anzahl von Richtern des Supreme Court und der County Courts und die Richter des höchsten englischen Gerichtshofs, des House of Lords, wird im allgemeinen gedacht, wenn vom englischen Richter die Rede ist. Dies hat auch eine gewisse Berechtigung, wenn man bedenkt, daß diese Gerichte die juristisch bedeutsameren Fälle zu entscheiden haben[10] und auch maßgeblich an der

---

4 *Phillips,* The Constitutional Law of Great Britain and the Commonwealth, London 1957, S. 560.

5 *Haynes,* The selection and tenure of Judges, 1944, Anm. 10 zu S. 141; *Mendelssohn-Bartholdy,* Das Imperium des Richters, Straßburg 1908, S. 12.

6 *Haynes,* a.a.O., Anm. 10 zu S. 141; Der Autor bemerkt hierzu weiter: „These minor careerists are subject to pressure from interests. They do the work neither because they have a sense of duty nor because they have an interest in it, but merely because it makes them prominent in the locality."

7 *Gerland,* a.a.O., S. 814.

8 a.a.O., S. 136 ff.

9 *Cohn,* a.a.O., S. 14.

10 Ausführliche Beschreibung der Aufgaben dieser Gerichte bei *Haynes,* a.a.O., S. 136 ff.

Rechtsfortbildung beteiligt sind, die ja in England im Rahmen des common law von eminenter Bedeutung ist.

Für diese Richter gilt nun der ungeschriebene Grundsatz, daß sie sich nach ihrer Ernennung nicht mehr parteipolitisch betätigen sollen, der in der einzigen umfassenden Darstellung des englischen Gerichtsverfassungsrechts von Gerland als eines der Hauptprinzipien der englischen Gerichtsorganisation angeführt wird[11]. Das Fernbleiben von der Parteipolitik ist eine Berufspflicht, die durchweg eingehalten wird[12]; ihre Verletzung kann im extremen Fall zur Absetzung des Richters führen, die bei Amtsmißbrauch durch beide Häuser des Parlaments durch Resolution vorgenommen werden kann, was allerdings noch nie vorgekommen ist[13].

Wahl und Zugehörigkeit zum Unterhaus sind für die Richter des Supreme Court gemäß Part I, 12 (2) der Supreme Court of Judicature Act von 1925[14], für die Richter der County Courts durch Part I, 6 (a) der County Courts Act von 1934[15] ausdrücklich ausgeschlossen; diese Ineligibilitäten galten aber auch vorher schon. Kanditaturen für das Unterhaus sind also nach Ernennung zum Richter des Supreme Court oder eines County Court nicht gestattet.

Das Fernbleiben von der parteipolitischen Aktivität bedeutet nun für die englischen Richter aufs Ganze gesehen eine wesentlich geringere Beschneidung ihrer politischen Betätigungswünsche als dies für ihre deutschen Kollegen gälte, wäre ihnen parteipolitische Aktivität verboten. In England gibt es im Gegensatz zu Deutschland keine Richterlaufbahn, zu der man sich nach dem Studium entschließen kann. Zum Richter an den County Courts und am High Court werden nur hochqualifizierte barristers, d. h. Anwälte, die vor den höheren Gerichten plädieren dürfen, berufen, wobei ein Richter des High Court vor seiner Ernennung mindestens zehn Jahre, ein Richter eines County Court mindestens sieben Jahre als barrister tätig gewesen sein muß. Berücksichtigt man, daß die Berufung zu diesen Stellungen meist zwischen dem 50. und dem 60. Lebensjahr erfolgt und ganz überwiegend solche barristers erfaßt, die aktiv im politischen Leben stehen[16], so ergibt sich, daß die meisten hohen englischen Richter den größten

---

[11] a.a.O., S. 813.

[12] *Haynes*, a.a.O., S. 150; *Cohn*, a.a.O., S. 19.

[13] *Jennings*, The Queen's Government, repr. 1964, S. 145; vgl. auch unten S. 120 ff.

[14] Halsbury's Statutes of England, 2nd ed., v. 5, 1948, S. 345.

[15] Ebenda, S. 19.

[16] *Cohn*, a.a.O., S. 15; von den 139 Richtern, die 1832—1906 ernannt wurden, waren 80 z. Z. ihrer Nominierung Mitglieder des Unterhauses, *Haynes*, a.a.O., S. 147.

Teil ihres Lebens ausreichend Gelegenheit hatten, sich parteipolitisch zu betätigen. Der Verzicht auf die Parteipolitik wird diesen Richtern auch dadurch leicht gemacht, daß sie mit umfangreichen gesellschaftlichen und finanziellen Privilegien ausgestattet werden[17]. Diese Vorzugsstellung folgt nun nicht etwa aus einem beamtenähnlichen Dienst- und Treueverhältnis, sondern vielmehr aus ihrer gesellschaftlichen Spitzenstellung, die die Grundlage ihrer Autorität bildet[18]. Der englische Richter ist nicht nur der Diktion nach vom Beamten grundlegend verschieden, er ist es auch tatsächlich, und zwar in einer Weise, wie man es sich für den deutschen Richter kaum vorstellen kann. Zwar ist auch die Rechtsstellung des englischen civil servant nicht derjenigen des deutschen Beamten gleich, ihm aber doch zunehmend in wesentlichen Zügen ähnlicher, was sich auch daran zeigt, daß er sich in einem besonderen Unterwerfungsverhältnis befindet[19]. Etwas Derartiges wäre für den englischen Richter undenkbar. Er ist nicht im Amt 'at the pleasure of the Crown' wie die civil servants, sondern 'during good behaviour'; er ist kein Staatsorgan wie der deutsche Richter (zwar kennt man in England nicht den Begriff Staat, sein Sinngehalt wird aber noch am ehesten mit den Begriffen ‚Queen' und ‚Crown' ausgedrückt[20]), sondern steht selbständig neben dem Staat — im gewissen Sinne dem König vergleichbar; wie dieser erhält auch er sein Gehalt aus dem Consolidated Fund und nicht aus dem jährlichen Budget[21]. Die Tatsache, daß der englische Richter „vor allem gesellschaftliche Ideale verkörpert und zu verwirklichen bestimmt ist, die vorstaatlichen und überstaatlichen Charakter tragen"[22], ist wohl einer der tieferen Gründe dafür, daß sein Fernbleiben von der Parteipolitik nach Übernahme seines Amtes eine allgemein geforderte und akzeptierte Selbstverständlichkeit ist. Die Wahrung von Unabhängigkeit und Autorität kommen als weitere Gründe hinzu, die in England deshalb ganz besondere Bedeutung erlangen, weil das common law von den Richtern in weit höherem Maße rechtsschöpferische Rechtsprechung verlangt als das Gesetzesrecht von den kontinentaleuropäischen Richtern. Dafür, daß sich die englischen Richter nicht völlig vom politischen Leben ausgeschlossen fühlen, wie es ihre deutschen Kollegen müßten, wenn sie sich nicht parteipolitisch betätigen dürften, sorgt auch der Umstand, daß sie Mitglieder des Oberhauses sein können,

---

17 So beträgt z. B. ihr Gehalt 2 000 Pfund mehr im Jahr als das des höchsten leitenden Beamten, *Cohn*, a.a.O., S. 17.

18 *Cohn*, a.a.O., S. 30; *Romberg*, Die Richter ihrer Majestät, Stuttgart 1965, S. 61 ff.

19 *Cohn*, a.a.O., S. 10.

20 *Jennings*, a.a.O., S. 32.

21 *Jennings*, ebenda, S. 145.

22 *Cohn*, a.a.O., S. 24.

bzw. es zum Teil deshalb sein müssen, weil das Oberhaus der höchste englische Gerichtshof ist. Es wäre allerdings nicht richtig, daraus den Schluß zu ziehen, mit dem Gebot der Zurückhaltung von der Parteipolitik könne es doch nicht so ernst gemeint sein. Zwar macht natürlich auch das Oberhaus Politik, sein Einfluß auf zwischen den Parteien kontroverse Materien hat aber in diesem Jahrhundert dadurch laufend abgenommen, daß in den Jahren 1911 und 1950 seine Befugnisse erheblich beschnitten wurden, nachdem es als Kammer der Konservativen gegen jede liberale oder Labour-Regierung Obstruktion getrieben hatte. Heute werden im Oberhaus hauptsächlich Dinge diskutiert, über die sich die politischen Parteien im wesentlichen einig sind, wobei es allerdings eine sehr nützliche Funktion erfüllt[23].

Die Möglichkeit, daß es hier zu parteipolitischen Auseinandersetzungen kommen kann, ist also relativ gering.

Für die im Oberhaus sitzenden Richter gilt darüber hinaus als Standessitte der ungeschriebene Grundsatz, daß sie sich auch hier aus der Parteipolitik heraushalten sollen[24], der heute indessen weniger aktuell ist als zu der Zeit, in der das Oberhaus noch bedeutendere politische Funktionen ausübte. Damals scheinen hin und wieder Richter gegen diese Standessitte verstoßen zu haben. So wurde 1908 in einem Bericht in der „Law Times" Mißbilligung darüber ausgedrückt, daß Lord Atkinson, ein Lord of Appeal in Ordinary (lebenslänglich im Oberhaus amtierender Richter), zu einer politisch umstrittenen Vorlage des Unterhauses einen Änderungsvorschlag gemacht habe. "The feeling is so strong and so general against judges mingling in the strife of political party that we have rarely any example of these great legal dignitaries taking part in the battles of party"[25].

Hier sei auch noch der Fall des Lords Carson erwähnt, ebenfalls ein Lord of Appeal in Ordinary im Oberhaus, der sich 1922 zusammen mit anderen Law-Lords aktiv bei politischen Auseinandersetzungen des Oberhauses engagierte. Anschließend kam es im Oberhaus zu einer Debatte darüber, ob sich ein solches Verhalten für Oberhaus-Richter gehöre, in der der Lord Chancellor, der oberste englische Richter, offen seine Mißbilligung über solches Verhalten äußerte[26].

---

[23] *Jennings*, a.a.O., S. 71 ff.

[24] *Gerland*, a.a.O., S. 814.

[25] Law Times, v. 125, p. 286, Parliamentary Summary; im gleichen Beitrag findet sich eine Stellungnahme aus *Brougham's* British Constitution (pp. 381 f.) in der es u. a. heißt: "A party judge is always detestable, and the corrupting influence of party connection is the more entirely to be dreaded in that it sways natures far too honest to be in any risk of being tainted by the influence of mere vulgar corruption."

[26] Parl. Debates (Lords), vol. 49, Sp. 686 ff.; vgl. dazu auch *Haynes*, a.a.O., S. 151 f.

Die Tätigkeit hoher englischer Richter im Oberhaus ist auch deshalb interessant, weil sie sowohl eine personelle als auch eine funktionelle Gewaltenüberschneidung darstellt. Obwohl die Aufgaben des Oberhauses weitgehend beschnitten sind, wirkt es doch an der Gesetzgebung mit. Die Beteiligung der Law-Lords an der Gesetzgebung birgt aber insofern kaum Gefahren, als die englischen Richter im Gegensatz zu den deutschen und amerikanischen die im Parlament zustande gekommenen Gesetze nicht für verfassungswidrig erklären können und als man von ihnen ohnehin weniger Rechtsanwendung als Rechtsschöpfung bei der Rechtsprechung erwartet. Daß gerade in England, dem klassischen Land der Gewaltenteilung, diese in mancher Hinsicht weniger konsequent verwirklicht ist als z. B. in den USA, zeigt ja auch die Institution des Richters im Nebenberuf, der sehr häufig im Hauptberuf Exekutivfunktionen wahrnimmt und auch, wie bereits erwähnt wurde, im Unterhaus sitzen darf[27]. Ein ganz hervorragendes Beispiel für eine Gewaltenhäufung in einer Person stellt das Amt des Lord Chancellor dar, eine „absolut unlogische Zwitterbildung, die nur innerhalb des traditionsreichen englischen Rechtssystems möglich ist“[28]. Durch ihn erfährt auch der Grundsatz der Unvereinbarkeit von Richteramt und parteipolitischer Tätigkeit eine Durchbrechung. Er ist nämlich nicht nur oberster Richter und als dieser Speaker im Oberhaus, sondern auch das höchste Kabinettsmitglied, das — wenigstens formal — im Range dem Premierminister vorgeht. Als solches nimmt er weitgehend Aufgaben wahr, die denen des deutschen Justizministers vergleichbar sind. Im Gegensatz zu den anderen hohen Richtern, die ihr Amt 'during good behaviour' innehaben, endet das seine mit der Regierung, die ihn ernannt hat. In seiner Eigenschaft als Regierungspolitiker kann sich der Lord Chancellor wohl kaum von parteipolitischen Einflüssen freihalten, was ihm schon viele Vorwürfe eingebracht hat. Die Kritik richtet sich vor allem dagegen, daß er bei der Richterernennung — er beruft alle Richter des High Court und der County Courts und die Laienrichter — von parteipolitischen Gesichtspunkten ausgehe, wobei allerdings in letzter Zeit eine Änderung eingetreten sein soll[29]. Trotzdem ist der Lord Chancellor hoch angesehen, und selbst wenn bei der Ernennung auch der hohen Richter parteipolitische Gesichtspunkte eine Rolle spielen sollten, so sind diese Richter doch dank ihrer gesellschaft-

---

[27] Beispiele weiterer Gewaltenüberschneidungen bei *Ernst Wolff*, Freiheit und Gebundenheit des englischen Richters, Referat auf der Tagung deutscher Juristen vom 30. 9.—1. 10. 1947 in Bad Godesberg, S. 15 ff.

[28] *Cohn*, a.a.O., S. 16.

[29] *Cohn*, a.a.O., S. 19; darüber, ob parteipolitische Gesichtspunkte eine Rolle spielen, besteht keine einheitliche Meinung, so wie hier: *Haynes*, a.a.O., S. 147; a. M. *Wolff*, a.a.O., S. 108; *Romberg*, a.a.O., S. 48; *Mendelssohn-Bartholdy*, a.a.O., S. 12.

lichen und finanziellen Vorrangstellung im allgemeinen so unabhängig, daß ihre Rechtsfindung darunter nicht leidet. Dies soll allerdings in der Vergangenheit nicht immer so gewesen sein. So werden die zahlreichen gegen die Gewerkschaften gerichteten Entscheidungen, die Ende des 19. und Anfang dieses Jahrhunderts in England ergingen, als Folge erheblicher, wenn auch unbewußter, Partei- und Klassenvorurteile der englischen Richter verstanden[30].

Derartige Befangenheiten sind indessen unabhängig davon, ob ein Richter sich nach seiner Ernennung noch parteipolitisch betätigt oder nicht. Man muß dabei berücksichtigen, daß die hohen englischen Richter ganz überwiegend gesellschaftlichen Kreisen entstammen und vor allem um die Jahrhundertwende entstammten, die den Konservativen positiv gegenüberstehen; damit zusammenhängende Anschauungen über die sozialen und gesellschaftlichen Verhältnisse haben sich bei Menschen, die wie die hohen englischen Richter das fünfzigste Lebensjahr überschritten haben, wohl im allgemeinen schon verfestigt und bestehen unabhängig davon fort, ob sie sich in der diese Anschauungen vertretenden Partei betätigen oder nicht.

Dies hindert aber nicht, daß parteipolitische Betätigung der Richter unerwünscht ist. Es liegt nun nicht allein im Ermessen des englischen Richters, ob er sich diesem ungeschriebenen Gebot beugen soll oder nicht, vielmehr wacht auch die öffentliche Meinung über seine Einhaltung[31], vor allem das Parlament als ihr Zentrum.

Zur Illustration seien Auszüge einer Debatte wiedergegeben, die am 6. Juli 1906 im englischen Unterhaus stattfand und in der eingehend und vielseitig über das Verhalten eines englischen Richters diskutiert wurde, der gegen dieses Gebot verstoßen hatte[32].

Man kann die darin abgegebenen Stellungnahmen in gewissem Sinn als repräsentativ dafür ansehen, wie ein parteipolitisches Engagement eines hohen Richters in der englischen Öffentlichkeit beurteilt wird[33]; daß diese Debatte schon fünfzig Jahre zurückliegt, spielt dabei keine Rolle, denn weder die Stellung des englischen Richters im allgemeinen noch sein Verhältnis zur parteipolitischen Betätigung hat sich in diesem Zeitraum wesentlich geändert. Soweit ersichtlich, ist dies das einzige Mal, daß in einem Parlament der hier herangezogenen Länder so

---

30 *Ensor*, Courts and judges in France, Germany and England, Oxford 1933, S. 82.

31 *Gerland*, a.a.O., S. 815.

32 Parl. Debates (H. o. C.), 4th series, v. 160, Sp. 369 ff.

33 Auf diesen Fall wird auch in der Literatur verschiedentlich im Zusammenhang mit dem Problem der parteipolitischen Tätigkeit englischer Richter verwiesen, vgl. etwa *Gerland*, Die Beziehungen zwischen dem Parlament und den Gerichten in England, Leipzig 1928, S. 43, Anm. 4.

ausführlich über die Problematik parteipolitischer Bindungen eines Richters diskutiert worden ist.

Anlaß der Debatte war ein Antrag des Abgeordneten McNeill, in dem er das Parlament aufforderte, ein Komitee des ganzen Hauses zu bilden, das beraten sollte über die Klagen über das parteiische und politische Verhalten des Richters Grantham anläßlich seiner Tätigkeit als 'election judge' in dem Prozeß über die "election petition for Yarmouth"[34]. Es muß vorausgeschickt werden, daß im Jahr 1868 durch die "Parliamentary Election Act" die Entscheidung über Wahlstreitigkeiten vom Parlament, das bisher dafür zuständig gewesen war, auf den "Court of Common Pleas" übertragen worden war, um parteipolitisch unbeeinflußte Urteile zu erhalten; 1879 traten an die Stelle des "Court of Common Pleas" zwei Richter des High Court[35].

Der Abgeordnete McNeill warf Richter Grantham vor, er habe, während die election petition vor ihm verhandelt wurde, in einer öffentlichen Rede außerhalb des Prozesses für die konservative Partei Stellung genommen, und führte dafür mehrere Beispiele an.

In der Debatte unterschied der 1. Kronanwalt (Attorney-General) zwischen Parteilichkeit und dem Schein der Parteilichkeit. Erstere sei gegeben, wenn der Richter wisse, daß die Gerechtigkeit fordere, den einen Kurs einzuschlagen, er infolge seiner politischen Bindungen oder Sympathien aber überlegt den anderen wähle. Die Offenheit, mit der sich Richter Grantham geäußert habe, zeige deutlich, daß er ohne jede Absicht gehandelt habe, den Beweis zu verdrehen. Die Rede zeige also weder beabsichtigte Parteilichkeit noch moralisches Mißverhalten, sollte jedoch als Indiskretion streng verurteilt werden, wozu jedoch das Haus nicht zuständig sei. Diese Indiskretion sei geeignet gewesen, das Vertrauen in die Unparteilichkeit von Grantham zu erschüttern, das der Richter ebenso wie seine beherrschende Stellung brauche. Gerade bei der Verhandlung einer 'election petition' sei die Atmosphäre besonders ungeeignet für das Zurschaustellen politischer Gefühle, die, auch wenn sie die Entscheidung nicht beeinflußten, doch Leute, die den Richter nicht kennten, zu dieser Meinung bringen könnten.

Auch der konservative Abgeordnete Balfour (bis 1905 Premierminister, z. Z. der Debatte einfaches Unterhausmitglied) hielt eine Amtsentfernung Granthams nicht für gerechtfertigt. Auch er vertrat die Meinung, Grantham habe ohne politische Vorurteile gehandelt. Zwar wisse man von ihm, daß er ein Konservativer sei, aber schließlich seien

---

[34] Mit diesem Antrag wurde also versucht, die einzige Möglichkeit auszuschöpfen, die bei Amtsmißbräuchen hoher englischer Richter gegeben ist.

[35] Vgl. *Phillips*, a.a.O., S. 131 f.

die meisten Richter irgendwann einmal Mitglieder dieses Hauses gewesen, zum Teil als vehemente und unmäßige Politiker; dies habe noch nie gegen ihre Ernennung zum Richter gesprochen. Man vertraue vielmehr ihren ausgezeichneten Qualitäten, die sie in die Lage versetzten, sich ihrer politischen Vorurteile zu entledigen, wenn sie über Politisches zu urteilen hätten, wobei man aber wisse, daß sie ihre Überzeugungen auch dann nicht verlören. Der Entschluß des Parlamentes im Jahre 1868, die Verfahren über Wahlbeschwerden an die Gerichte abzugeben, würde mehr Unglück als Gutes bringen, wenn man einen Richter vor das Haus zöge, der gegen das Interesse eines Teils davon gehandelt habe in einer Art, die Handhabe zur Kritik gäbe.

Zum Schluß ergriff Premierminister Sir Campbell-Bannerman das Wort. Auch er kam auf die Übertragung der election petitions auf die Gerichte zu sprechen, vor allem auf deren Grund, nämlich die Heraushebung der Entscheidung aus der Sphäre der Parteipolitik im Interesse der Reinheit und der Legalität der Wahlen. Wenn man dies bedenke, hätte seiner Meinung nach Grantham, der im Parlament eifriger Parteigänger der Regierung gewesen sei, besser daran getan, sich nicht für die Aufgabe eines election judge wählen zu lassen. Er habe die Amtswürde dadurch verletzt, daß er während der Verhandlung eine unmäßige Parteisprache gebraucht habe und dabei nicht nur vergessen habe, daß er Richter des High Court sei, sondern auch, daß er die Absicht des Parlaments auszuführen habe, von einer solchen Verhandlung jeden Verdacht irgendeines politischen Motivs fernzuhalten. Er sei so "saturated with party feeling and prejudice that he cannot help their coming out"; dies sei bei jedem Richter ein ernster Fehler. Wenn ein Richter, dessen eigentliche Funktion die Urteilsfindung sei, hinuntersteige in die niedere Sphäre und sich das Recht anmaße, seine Position dazu zu benutzen, kleine Parteireden zu halten, sei er für die Kritik genauso offen wie irgendein Mann auf der Straße. Wenn das Parlament meine, dieses Verhalten mindere die Würde der Bench herab, dann sei es seine Pflicht, dieses Mißverhalten zu verurteilen. Deshalb sei der Antrag des Abgeordneten McNeill völlig gerechtfertigt und unter den gegebenen Umständen natürlich, aber das Ziel, die Amtsentfernung des Richters Grantham, sei ungerechtfertigt.

Zuletzt empfahl auch der Antragsteller, den Antrag zurückzuweisen, weil Richter Grantham genügend verurteilt worden sei. Dies geschah dann auch.

Diese Debatte zeigt, welch maßgeblicher Wert in England auf die Integrität der hohen Richter gelegt wird. Es geht aus ihr aber auch hervor, daß man in Anbetracht der politischen Vergangenheit der meisten Richter Parteigebundenheit noch nicht als Indiz für Parteilichkeit ansieht, daß man aber das Vertrauen in die Unparteilichkeit des Richters für einen Grundpfeiler seiner Stellung hält, auf dessen Erhaltung er unbedingt zu achten hat.

Aus der Tatsache, daß Anlaß des öffentlichen Tadels für Richter Grantham sein Verhalten bei seiner Tätigkeit als election judge bildete, und insbesondere aus den Worten des Premierministers Sir Campbell-Bannerman wird man wohl schließen können, daß die Übertragung der Entscheidungen der election petitions neben den schon angeführten Gründen eine weitere Ursache für die Standespflicht der hohen englischen Richter ist, sich aus der Politik herauszuhalten, daß aber von einer Reglementierung abgesehen und auf den Erfolg einer qualifizierten Kritik des Parlaments vertraut wird.

2. Kanada

Es ist nicht beabsichtigt, die Zulässigkeit der parteipolitischen Betätigung der kanadischen Richter ausführlich zu beleuchten, da nur in einem, allerdings wesentlichen Punkte Unterschiede zu den für die englischen Richter aufgezeigten Regeln bestehen. Die Besonderheit liegt darin, daß bestimmten kanadischen Richtern sogar das aktive Wahlrecht vorenthalten ist, eine einschneidende und — so weit ersichtlich — einzig dastehende Bestimmung, die es rechtfertigt, auch die kanadischen Richter in die Untersuchung mit einzubeziehen.

Auch in Kanada gilt für Richter das ungeschriebene Gebot, sich nicht in politischen Parteien zu betätigen[36].

Da das Gerichtswesen selbständig in den verschiedenen Provinzen Kanadas geregelt ist, finden sich in der kanadischen Verfassung darüber keine besonderen Bestimmungen. Als Beispiel sei die Provinz *Quebec* ausgewählt, in der auch gerade die erwähnte Ausnahme gegenüber England eine gesetzliche Regelung gefunden hat.

Den Richtern des Court of King's Bench und des Superior Court ist durch die "Revised Statutes of the Province of Quebec" nicht nur die Tätigkeit in der Exekutive und dem Legislative Council und jede andere Stellung unter der Krone, die Profit einbringt, untersagt[37], sondern darüber hinaus ist ihnen und weiteren hohen Richtern, v. a. denen des Supreme Court und des Exchequer Court (Gericht für Handels-, Zoll- und Patentsachen) auch das aktive Wahlrecht genommen. Die entsprechenden Bestimmungen befinden sich nun nicht in den

---

[36] *Heiner*, Rechtsvergleichende Erörterungen zum Richtergesetzentwurf, DRiZ 1957, S. 159 ff.

[37] Revised Statutes v. 1941, ch. 15, Part I, Div. I, § 1, 8 u. Div. II, § 1, 26.

Statuten über die Organisation der Gerichte, sondern im Wahlgesetz der Provinz Quebec von 1945 (The Quebec Election Act—Loi électorale de Quebec [9 George VI, chapitre 15]).

Gemäß § 134 dieses Gesetzes dürfen die genannten Richter nicht nur nicht bei den eigentlichen Wahlen zum Parlament (ausgenommen sind die Gemeinderäte) mitabstimmen, sondern gemäß § 48 a auch auf keine Wahlliste gesetzt werden oder an der Wahl der Kandidaten für eine solche Liste teilnehmen, womit ihnen indirekt auch das passive Wahlrecht entzogen ist.

Es mag zunächst unverständlich erscheinen, daß kanadische Richter noch weitgehenderen Beschränkungen ihrer politischen Betätigung unterworfen sind als ihre englischen Kollegen. Betrachtet man indessen die anderen Vorschriften dieses Wahlgesetzes von Quebec, dann wird deutlich, was diese extreme Beschränkung der politischen Betätigungsfreiheit bezwecken soll.

Wie in England ist auch in Kanada bestimmten Richtern die Prüfung von Unregelmäßigkeiten bei Parlamentswahlen übertragen worden, soweit ersichtlich, aber auf viel breiterer Basis. So sind nicht nur zwei hohe Richter dafür zuständig, sondern jeweils die Richter des Superior Court, in dessen Distrikt der betroffene Wahlbezirk liegt (Part II, Div. II, § 310 der Quebec Election Act). Diese Richter müssen in derartigen Verfahren Stimmzettelboxen überprüfen und Stimmen neu zusammenzählen lassen, wenn Verdacht besteht, daß der Wahlleiter falsch gezählt oder illegal Wahlzettel angenommen oder zurückgewiesen hat (Part II, Div. VII). Sollte ein Richter des Superior Court, der für die Wahlüberprüfung zuständig ist, seinen eben beschriebenen Pflichten nicht nachkommen, kann er durch den Court of King's Bench dazu gezwungen werden (§ 331). Weiterhin können die Gerichte die gesamte Wahl für ungültig erklären, z. B. dann, wenn ein Kandidat Wahlbestechung begangen hat (wie etwa durch Ausschenken von alkoholischen Getränken, aber auch durch die Ausgabe von Fleisch (!) — sog. trial of election contestation). Die Richter können also ganz detailliert mit dem Wahlgeschehen befaßt werden, und zwar nicht nur ex post, vielmehr sind alle Richter schon während der Wahl befugt, die dabei nötig werdenden Eide abzunehmen (Part I, Div. I, § 6).

Die Tatsache, daß den Richtern das aktive und praktisch auch das passive Wahlrecht in demselben Gesetz versagt wird, das ihnen so umfassende Kompetenzen im Wahlverfahren und bei der Prüfung desselben einräumt, zeigt, daß man in Kanada nur solche Richter für unbefangen genug hält, Wahlen auf ihre Rechtmäßigkeit zu überprüfen, die selbst nicht daran teilgenommen haben. Man will offensichtlich auch nur den entferntesten Anschein vermeiden, ein Richter könne an dem Ausgang der Wahl in irgendeiner Weise interessiert sein. Daß vor allem der Entzug des aktiven Wahlrechts unmittelbar mit den den Richtern durch die Quebec Election Act übertragenen Funktionen zusammenhängt, ergibt sich auch daraus, daß gemäß § 48 a dieses Gesetzes auch der Wahlleiter, dessen Assistenten und in ähnlicher Weise beim Wahlverfahren beschäftigte Personen denselben Beschränkungen unterliegen wie die Richter. Wenn hinsichtlich des Entzugs des passiven Wahlrechts noch Gründe mitspielen mögen, die mit dem Grundsatz der Gewaltenteilung zusammenhängen, so kann der Entzug auch des aktiven Wahlrechts keine außerhalb des Wahlgesetzes liegenden Ursachen haben. Denn es ist weder vorstellbar, daß ein Richter ganz generell etwa dadurch befangen bei der Urteilsfindung werden könnte, daß er bei einer Wahl seine Stimme einer bestimmten Partei oder einem bestimmten Kandidaten gegeben hat, noch daß das Vertrauen in seine Unbefangenheit durch eine solche Stimmabgabe gefährdet werden könnte.

Allerdings werden wohl auch die von der Quebec Election Act mit den genannten Funktionen betrauten Richter bei deren Wahrnehmung durch den Entzug des aktiven Wahlrechts kaum unbefangener sein als sie es wären, wenn sie es behalten hätten. Denn ob man nun einen Stimmzettel abgibt oder sich durch Orientierung an Hand von Zeitungen oder in einer Wahlversammlung eine Meinung darüber bildet, welche Partei und welche Kandidaten man im Parlament sehen möchte — eine solche Orientierung dürfte wohl auch den kanadischen Richtern nicht verwehrt sein —, wird sicher für diese Meinungsbildung keinen Unterschied machen. In jedem Fall besteht die, wenn auch wohl recht entfernte Gefahr, daß ein Richter, der eine Wahlprüfung vornimmt, zugunsten der Partei entscheidet, mit der er sympathisiert. Es kann also nur das Vertrauen der Rechtsuchenden in die Unbefangenheit der Richter sein, mit dem der Entzug des aktiven Wahlrechts gerechtfertigt wird. Zwar erscheint das Opfer, das den Richtern durch die Vorenthaltung dieses grundlegenden politischen Rechts abgefordert wird, wohl doch zu groß für den damit verfolgten Zweck, trotzdem ist es verständlich, daß man jede Verdächtigung ausschließen will, ein Richter könne seine ihm durch das Wahlgesetz anvertrauten Kompetenzen vielleicht nicht losgelöst von eigenen Interessen wahrnehmen.

Wenn man die Tatsache, daß kanadischen Richtern das aktive Wahlrecht versagt ist, in die Diskussion über politische Betätigung von Richtern bringt, muß man dabei also die konkrete Situation berücksichtigen, die dazu geführt hat; jedenfalls wäre es falsch, dieses Beispiel etwa als Vorbild für die Regelung der politischen Betätigung von Richtern anderer Staaten zu verwenden.

3. USA

Das amerikanische Gerichtssystem unterscheidet sich vom deutschen dadurch wesentlich, daß es sowohl einzelstaatliche als auch bundesstaatliche Gerichte erster Instanz gibt, gegen deren Entscheidungen Rechtsmittel zulässig sind. Der Instanzenzug läuft bei den Gerichten der Einzelstaaten (State Courts) von den lokalen, unseren Amtsgerichten entsprechenden Gerichten (in den Städten: Municipal Courts oder auch Police oder Magistrate's Courts; auf dem Land: Friedensrichter) über die unseren Landgerichten entsprechenden Trial Courts of General Jurisdiction zu den State Supreme Courts als Obersten Landesgerichten (in größeren Staaten gibt es zum Teil noch eine Zwischenstufe vor der letzten Instanz, die Intermediate Courts of Appeal), bei den Bundesgerichten von den District Courts über die Courts of Appeal zum Supreme Court, dem Obersten Gerichtshof der Vereinigten Staaten.

Die Bundesgerichte treten grundsätzlich nur in den ihnen in Art. 3 Abs. 2 der Verfassung zugewiesenen Fällen in Erscheinung, also vor allem bei Verletzungen von Bundesrecht. Da Straf-, Zivil- und Handelsrecht überwiegend Einzelstaatsrecht ist, sind hier die State Courts zuständig, die ebenso wie die Bundesgerichte und vor allem der US-Supreme Court, soweit notwendig, in jedem Rechtsstreit die Verfassungsmäßigkeit von Gesetzen nachprüfen können.

Der US-Supreme Court kann Revisionen der Obersten Bundesgerichte zu sich zulassen, die auf die Erwägung gestützt sind, die angefochtene Entscheidung verletze Bundesrecht bzw. die Bundesverfassung.

Das amerikanische Recht ist — ebenso wie das englische Richterrecht — judge-made-law. Zwar nimmt die Zahl der Gesetze (statutes) ständig zu, bei ihrer Interpretation ist aber davon auszugehen, daß das Gesetz in erster Linie dazu dient, das auf Präjudizien beruhende common law auszulegen[38]. Wenn in Deutschland die Tendenz vorhanden ist, daß der Richter zu einem „apokryphen Gesetzgeber" wird, so bildet in den USA das auf Einzelfällen beruhende common law einen Grundpfeiler des Rechtsstaats (rule of law). Damit ist den amerikanischen Richtern, besonders denen des US-Supreme Court innerhalb der die Verfassung beherrschenden Gewaltenteilung eine Macht gegeben, neben der die der englischen oder der kontinentaleuropäischen Richter vergleichsweise gering erscheint.

---

[38] *Fraenkel*, Das amerikanische Regierungssystem, Köln und Opladen 1960, S. 25.

a) Richter an Gerichten der Einzelstaaten

Vor allem die parteipolitische Betätigung von Richtern der Einzelstaaten ist in den USA wie in keinem der untersuchten Länder als aktuelles Problem umstritten. Allerdings bedeutet der Begriff der parteipolitischen Betätigung in den USA nicht dasselbe wie etwa in der Bundesrepublik. Die beiden großen amerikanischen Parteien sind „Wahlkartelle untereinander grundverschiedener lokaler und regionaler autonomer Parteiinstanzen, die sich ausschließlich zwecks Lösung personeller Probleme zusammenschließen, ohne eine gemeinsame weltanschauliche Basis oder eine einheitliche politische Linie zu besitzen"[39]. Sie haben weder eine stabile und dauernde Organisation noch Parteiprogramme. Parteimitgliedschaft nach deutschem Verständnis gibt es nicht, "one is a Democrat or a Republican, if he says he is"[40]. Parteipolitische Betätigung ist also grundsätzlich auf Wahlen bezogen und äußert sich in der Unterstützung von Kandidaten einer Partei oder in der eigenen Kandidatur. Unter Berücksichtigung dieser Eigenarten des amerikanischen Parteiensystems leuchtet es ein, daß parteipolitische Betätigung der amerikanischen Richter weniger unter dem Gesichtspunkt erörtert wird, daß sie etwa den Richter ideologisch binde oder in ein Weisungsverhältnis zur Verwaltung bringe. Es sind vielmehr in erster Linie Unzuträglichkeiten, die bei Kandidaturen von Richtern zu juristischen und politischen Ämtern auftreten, die die Diskussion nicht zur Ruhe kommen lassen. Das Hauptproblem liegt dabei darin, daß etwa in dreiviertel der amerikanischen Bundesstaaten die Richter allein vom Volk gewählt werden, wobei die Dauer der Wahlperioden zwischen zwei und fünfzehn Jahren schwankt. Nach dieser Zeit müssen sich die Richter, sofern sie im Amt bleiben wollen, dem Volk erneut zur Wahl stellen.

Die Richterwahlen wurden im Lauf des 19. Jahrhunderts eingeführt, in erster Linie veranlaßt durch den Geist der „Jacksonian Revolution" als einer radikal-demokratischen Volksbewegung, die alle Standesunterschiede verwarf, im Grunde jeden durchschnittlich gebildeten Mann geeignet für das Richteramt hielt und regelmäßige Neuwahlen als ein Mittel ansah, mehr Bürger an der öffentlichen Gewalt zu beteiligen und das Aufkommen einer bürokratischen Elite zu verhindern.

Neben den neu hinzukommenden Staaten übernahmen auch die Gründerstaaten, in denen bisher, außer in Georgia, die Richter ernannt worden waren, die Richterwahl, wobei man infolge der Verherrlichung des Plebiszits die Gefahren nicht erkannte, die dadurch

---

[39] *Fraenkel*, a.a.O., S. 60.

[40] Ogg and Ray, Introduction to American Government, 8. Auflage New York 1948, S. 213; s. hierzu auch *Fraenkel*, a.a.O., S. 51.

entstanden, daß einflußreiche Organisationen, vor allem politische Parteien, die Wahlen zunehmend in die Hand bekamen. Auf sie ist heute ein Richterkandidat, der gewählt werden will, bzw. ein Richter, der wiedergewählt werden möchte, angewiesen, denn hauptsächlich durch sie findet er die zu diesem Zweck notwendige finanzielle und propagandistische Hilfe. Diese wird teilweise wohl auch durch religiöse Organisationen oder durch Kollegen — die meisten Richter sind vor ihrer Wahl Anwälte — gewährt, aber auch hier sind häufig Parteigesichtspunkte maßgebend.

Die Mitwirkung der politischen Parteien bei den Richterwahlen hat verbreitet zu großen Unzuträglichkeiten geführt. So wird beklagt, daß die Richter, die mit Hilfe politischer Parteien ins Amt gekommen seien, mit Bitten für Spenden und ähnliches von ihren ehemaligen Wahlhelfern bestürmt würden, denen sie sich kaum verschließen könnten[41]; auch würden sie ihre Wahlhelfer und Verwandten mit Ämtern an ihren Gerichten belohnen[42]. Daneben wird befürchtet, ein so gewählter Richter werde stark versucht sein, bei der Rechtsprechung gegenüber denen Milde walten zu lassen, die ihm zu seinem Amt verholfen haben[43]. Solche Mißstände sind schon seit langem Gegenstand breiter Kritik an dem Verhältnis zwischen Richtern und politischen Parteien und sind vor allem von der American Bar Association (ABA — Standesvereinigung amerikanischer Anwälte und Richter auf der Ebene der Bundesstaaten [Federal Bar Association] und der Einzelstaaten [State Bars]) mit Sorge zur Kenntnis genommen worden. Es fehlt nicht an Vorschlägen, diese Mißstände zu beseitigen. Den größten Erfolg hatten diese Bemühungen wohl im Staate *Missouri*, wo im Jahr 1940 auf Grund des hauptsächlich von der ABA und der American Judicature Society ausgearbeiteten *Missouri Court Plan* (auch Non Partisan Court Plan oder ABA Plan) ein Zusatzartikel zur Verfassung eingeführt wurde, in dem dieser Plan mit geringen Änderungen übernommen wurde. Es war sehr schwierig, das Parlament zu dieser Verfassungsänderung zu bewegen; erst auf Grund einer Volksabstimmung, die sich für den Plan aussprach, kam es zu dem Verfassungszusatz. 1942 wurde dann der Plan erneut zur Abstimmung gestellt, bis schließlich 1945, nachdem eine verfassunggebende Versammlung stattgefun-

[41] New York Times, v. 17. 3. 56, zit. nach *Elliott*, Improving our Courts, New York 1959, S. 174.

[42] „Searchlight" der „New York Citicens Union" vom Dezember 1953, zit. nach *Elliott*, ebenda, S. 173.

[43] *Bent*, The Independant Judiciary, 2. Auflage 1925, S. 28, berichtet von einem Mordfall vor dreißig Jahren, über den ein republikanischer Richter zu urteilen gehabt habe, dem der Ermordete und dessen Familie Wahlhilfe geleistet hätten. Der des Mordes Angeklagte sei Demokrat und mit dem Richter schon lange entzweit gewesen. Obwohl offensichtlich Notwehr vorgelegen habe, sei der Angeklagte wegen Tötung verurteilt worden.

den hatte, das Volk eine von dieser neu vorgeschlagene und formulierte Verfassung mit dem Missouri-Plan als Bestandteil des Abschnitts über die Richter ratifizierte[44]. Art. V, Abschnitt 29 dieser Verfassung bestimmt, daß von politischen Parteien unabhängige Kommissionen aus Richtern, Angehörigen der State Bar und angesehenen Bürgern gebildet werden, von denen niemand eine offizielle Position in einer politischen Partei innehaben darf, die im Falle der Vakanz eines Richterpostens dem Gouverneur des Staates drei Kandidaten vorschlagen, von denen er einen auswählen und ernennen muß. Die so ernannten Richter dürfen weder direkt noch indirekt Zuwendungen an politische Parteien machen, kein Amt in einer politischen Partei oder Organisation bekleiden und an keinem Wahlkampf teilnehmen (Abschnitt 29 f.). Die demokratische Legitimation dieser Richter soll dann dadurch hergestellt werden, daß sie sich, nachdem sie ein Jahr ihr Amt ausgeübt haben, zur Bestätigung der Volkswahl stellen, wobei auf dem Stimmzettel nur steht: „Soll Richter X im Amt bleiben?“, also jeder Hinweis auf eine Partei fehlt (non partisan ballot). Wenn der so bestätigte Richter nach Ablauf seiner Amtszeit weiter im Amt bleiben will, muß er nur diesen Wunsch äußern, um wieder in gleicher Weise auf den Stimmzettel gesetzt zu werden, braucht also auch jetzt keinen politischen Wahlkampf zu führen. Falls die Wähler einen Richter nicht in seinem Amt bestätigen, muß der Gouverneur einen neuen Richter von der von dem oben erwähnten Komitee vorbereiteten Liste ernennen, der sich dann der gleichen Prozedur zu unterziehen hat wie sein Vorgänger.

Diese Bestimmungen waren über sechs Jahre Gegenstand lebhafter Debatten in der Presse, im Parlament und im Volk; den konkreten Anlaß für ihre Annahme bildete die öffentliche Reaktion auf einen politischen „knock-down-drag-out“-Kampf zwischen zwei Kandidaten um einen Richterposten, bei dem die Parteizugehörigkeit der Kandidaten eine erhebliche Rolle spielte[45]. In diesen Debatten wurde für den Plan vor allem vorgebracht, daß die Richter durch die Teilnahme an politischen Kampagnen einen großen Prestigeverlust erlitten; sie würden mit der Parteipolitik identifiziert, wo doch gerade ihr Amt allgemeine Achtung brauche und deshalb unabhängig von der Politik sein solle. Wer als Richter direkt vom Volk gewählt werde, komme nicht umhin, an die nächste Wahl zu denken und wenigstens etwas die Wirkung seiner Urteile auf die künftige Wählerschaft einzukalkulieren. Auch könnten Richter, wenn sie keine Wahlkämpfe mehr führen müßten, ihre ganze Arbeitskraft ihrem Amt widmen, zudem hätten

---

[44] Näheres bei *Peltason*, The Missouri Plan for the selection of judges, Columbia 1945, S. 31 ff.

[45] *McCoy*, Judicial selection and judicial conduct, SCLR XXIV, S. 20.

viele qualifizierte Personen, die einen Wahlkampf scheuten, die Chance, Richter zu werden. Das Argument, daß durch die Beteiligung politischer Parteien an den Richterwahlen mehr auf den politischen Erfolg als auf die fachliche Qualifikation der Kandidaten geachtet würde, wurde selbstverständlich auch angeführt.

Dagegen wurde hauptsächlich vorgebracht, die Richter würden dadurch dem Volk entfremdet, dem damit ein Souveränitätsrecht geraubt werde; auch zerstöre der Plan die Gewaltenteilung, da die Richter in Abhängigkeit von der Exekutive gerieten. Zudem würden sie ewig im Amt bleiben, auch wenn sie noch so unfähig seien. Schließlich würden die Gerichte durch diesen Plan keineswegs der Politik entzogen; diese würde vielmehr durch die Hintertür doch hereinkommen und im Geheimen ihren Einfluß auf die Richter ausüben. Auch würden die Wahlkommissionen anderen Einflüssen unterliegen, denen parteipolitische noch vorzuziehen seien, und der Gouverneur würde bei der Auswahl eines Richters aus der Vorschlagsliste trotzdem politische Gesichtspunkte berücksichtigen[46].

Tatsächlich hat dann auch der Gouverneur, der nach Annahme des Plans die ersten Richter auszuwählen hatte und der ein Republikaner war, bei den ersten sechs Ernennungen auf Republikaner zurückgegriffen, was dem Plan heftige Anfeindungen eintrug[47].

Wirft man einen Blick auf die Verfassungen der übrigen amerikanischen Staaten, dann fällt auf, daß nur der an Missouri direkt angrenzende Staat *Kansas* den Missouri Court Plan, allerdings nur für die Richter des Supreme Court, übernommen hat und damit auch die Bestimmung, daß diese Richter kein Amt in einer politischen Partei innehaben und nicht an politischen Kampagnen teilnehmen dürfen (Art. 3, Abschn. 2 der Verfassung). Unabhängig von dem Wahlmodus der Richter verbieten die Verfassungen von *Florida* (Art. V, Abschn. 18), *Alaska* (Art. IV, Abschn. 14) und *Colorado* (Art. IV, Abschn. 18) höheren Richtern, ein Amt in einer politischen Partei innezuhaben. Die Verfassungen von *Michigan* (Art. VII, Abschn. 9) und *Utah* (Art. VIII, Abschn. 3) enthalten die Vorschrift, daß die Richterwahlen frei von politischen Einflüssen sein sollen, zeigen allerdings keinen Weg für die Realisierung dieser Forderung auf.

Dagegen gibt die Verfassung von *Oklahoma* (Art. VII, Abschn. 3) den politischen Parteien ausdrücklich das Recht, Kandidaten für das Richteramt zu nominieren, und die Verfassung von *Delaware* (Art. IV, Abschnitt 3) schreibt für die drei Richter des Supreme Court, die vom

---

[46] Näheres über diese Auseinandersetzung bei *Peltason*, a.a.O., S. 67 ff.
[47] *Peltason*, ebenda, S. 100.

Gouverneur ernannt werden, vor, daß höchstens zwei von derselben großen politischen Partei sein dürfen und daß wenigstens einer der anderen großen politischen Partei angehören muß. Hier wünscht man also offensichtlich den Parteiproporz.

Im übrigen verbieten die Verfassungen fast aller amerikanischen Bundesstaaten bestimmten Richtern, sich während ihrer Amtszeit für ein anderes Amt wählen zu lassen; für den Fall, daß es doch geschieht, drohen einige den Verlust des Richteramtes schon für die Zeit des Wahlkampfes an (Hawai — Art. V, Abschn. 3; New Jersey — Art. VI, Abschn. 7; Alaska — Art. IV, Abschn. 14; West Virginia — Art. VII, Abschn. 16 [bei Annahme der Wahl]), andere Nichtigkeit der Wahl, hier wird also die Kandidatur geduldet (Nevada — Art. VII, Abschn. 12; South Dakota — Art. VI, Abschn. 35; New York — Art. VI, Abschn. 18; North Dakota — Art. VI, Abschn. 119; Ohio — Art. IV, Abschn. 14; Wisconsin — Art. VII, Abschn. 10). Offensichtlich beziehen sich diese Vorschriften aber nicht auf Ämter in politischen Parteien, sonst würde nicht z. B. die Verfassung von Alaska diese Ämter neben bezahlten staatlichen Ämtern nennen[48].

Weit umfassendere Regelungen für das parteipolitische Verhalten der amerikanischen Richter finden sich in den *Canons of Judicial Ethics*, die im Jahre 1924 von der American Bar Association angenommen wurden[49] (etwa: „Richterlicher Ehrenkodex" oder „Richtlinien für das Wohlverhalten der Richter"). Die Präambel dieser Canons macht deutlich, was die ABA mit ihnen beabsichtigt. Sie sollen für die Richter als Maßstab und als Erinnerung daran dienen, „what the people have a right to expect from them"; die Aufstellung der Canons sei in der Meinung erfolgt, daß erklärten ethischen Maßstäben die Tendenz innewohne, zu Lebensgewohnheiten zu werden. *Canon 28* stellt allgemeine Maßstäbe für das politische Verhalten der Richter auf. In Abs. 1 wird zunächst die Berechtigung des Richters anerkannt, seine persönlichen Ansichten über politische Fragen zu haben. Obwohl von ihm nicht die Preisgabe seiner Rechte oder Meinungen als Bürger

---

[48] Nur der Vollständigkeit halber sei noch darauf hingewiesen, daß als Folge der von den Vätern der Bundesverfassung vertretenen, dort allerdings nicht ausdrücklich statuierten Montesquieuschen Gewaltenteilungslehre auch die Verfassungen der meisten Einzelstaaten dieses Prinzip aufnahmen, wobei der überwiegende Teil dieser Bestimmungen mit dem Zusatz versehen ist, daß auch eine personelle Trennung stattfinden soll (interessant ist dagegen die Verfassung von Alaska von 1959, in der nicht nur eine Bestimmung über die Gewaltenteilung fehlt, sondern die gleichzeitige Mitgliedschaft in Kongreß und Exekutive ausdrücklich gestattet wird, die Trennung der Dritten Gewalt davon aber durchgeführt ist (Art. II, Abschn. 5, bzw. Art. IV, Abschnitt 14).

[49] Auch für Anwälte gibt es einen solchen Codex, die Canons of Professional Ethics.

verlangt werde, seien doch gewisse Einschränkungen am Platze, da er sich unvermeidlich dem Verdacht einer negativen politischen Beeinflussung aussetze, wenn er aktiv die Interessen einer politischen Partei gegen die einer anderen vertrete. „He shall avoid making political speeches, making or soliciting payment of assessments or contributions to party funds, the public endorsement of candidates for public office and participation in party conventions.“ 1933 wurde ein zweiter Absatz angefügt, wonach ein Richter keinen Sitz in einem Partei-Komitee annehmen oder ihn behalten soll, nicht als politischer Führer agieren und sich generell nicht an parteipolitische Tätigkeit engagieren soll. 1950 schließlich wurde ein weiterer Absatz angeschlossen, offenbar aus der Einsicht heraus, daß mit Rücksicht auf die notwendige Unterstützung der Richterwahlen durch politische Parteien ein generelles Verbot parteipolitischer Betätigung von den Richtern unmöglich eingehalten werden könnte: In den Fällen, in denen Richter mit Hilfe einer politischen Partei nominiert und gewählt werden müssen, soll sie keines der in dieser Vorschrift enthaltenen Gebote daran hindern, politischen Versammlungen beizuwohnen, dort zu reden oder der sie unterstützenden Partei Zuwendungen zu machen.

In engem Zusammenhang mit diesen Regeln steht *Canon 30* (ebenfalls 1933 erweitert); während Abs. 1, ohne direkt auf politische Parteien Bezug zu nehmen, an den Kandidaten für ein Richteramt die Forderung stellt, keine Versprechungen zu machen oder zu dulden, die die Begierden oder Vorurteile seiner Wähler oder der ihn Ernennenden reizen, und nicht im voraus seine Rechtsmeinungen über umstrittene Materien zu verkünden oder den Eindruck zu erwecken, er werde sein Amt parteilich führen, appelliert Abs. 2 an den Richter, während seiner Amtszeit keine Kandidatur für ein anderes als ein richterliches Amt anzunehmen. Wenn er sich dennoch dazu entschließen sollte, solle er zurücktreten, „in order that it cannot be said he is using the power or prestige of his judicial position to promote his own candidacy or the success of his party“. Abs. 3 nimmt noch einmal Bezug auf die Kandidatur eines Richters zu einem Richteramt. Obwohl nach Canon 28 Abs. 3 in einem solchen Falle parteipolitische Betätigung erlaubt sein soll, soll der Richter in dieser Zeit jedes Verhalten vermeiden, das geeignet ist, den begründeten Verdacht eines Mißbrauchs im obengenannten Sinne zu wecken. Auch soll er nicht anderen erlauben, seine Kandidatur in einer Art zu unterstützen, die einen solchen Verdacht begründen könnte. Dennoch soll der Richter nicht zurückgezogen und abgeschlossen leben; gemäß *Canon 33* soll er vielmehr weiterhin gesellschaftlichen Verkehr pflegen, soweit vernünftige Rücksicht auf seine Arbeitserfüllung es erlaubt. „He should, however, in pending or prospective litigation before him be particularly careful to avoid such action as may reasonably tend to awaken the suspicion that his social or business relations or friendships constitute an element in influencing his judicial conduct."

Canon 34 zieht dann „A Summary of Judicial Obligations", zu denen auch die Indifferenz gegenüber privaten, politischen oder parteipolitischen Einflüssen gehört. Dies alles hört sich nun recht wohl durchdacht an; die zentrale Frage dabei ist freilich, ob diese Canons nur auf dem Papier stehen oder ob sie tatsächlich die amerikanischen Richter binden. Die American Bar Association, die die Canons aufgestellt hat, ist, wie bereits bemerkt, eine Bundesorganisation; Richter und Anwälte, die an Gerichten der Einzelstaaten tätig sind, werden von ihr nicht erfaßt. Für sie sind die Bar Associations der Einzelstaaten zuständig, die zum größten Teil in die ABA integriert, teilweise aber auch selbständig sind (non integrated State Bars). Damit Maßnahmen der ABA auch für die Bars der Einzelstaaten bindend werden, müssen diese sie ratifizieren. Dies ist nun mit den Canons of Judicial Ethics überwiegend geschehen, auch von seiten nicht integrierter State Bars. Wenn nun die Canons von Richtern, die der Bar angehören, mißachtet werden, kann die Bar durch ein verbandsinternes Disziplinarverfahren dieses Verhalten ahnden und ein sog. disbarment aussprechen, also den Ausschluß aus der Bar. Dies bedeutet zwar einen Prestigeverlust des betroffenen Richters und kann auch ein Hindernis für seine Wiederwahl sein, da die Zugehörigkeit zur Bar im allgemeinen Voraussetzung für die Wahrnehmung des Richteramts ist, braucht ihn aber nicht davon abzuhalten, weiterhin z. B. den Canons 28 ff. zuwiderzuhandeln, denn trotz disbarment bleibt er Richter. Damit auch eine Bindung der Mitglieder der Bars in ihrer Eigenschaft als Richter eintritt, haben die Gerichte vieler Staaten die Canons of Judicial Ethics als sog. Court Rules oder Orders angenommen, allerdings teilweise mit Änderungen oder Auslassungen[50].

So gilt nur Abs. 1 des Canons 28 für den Supreme Court von *Oregon* (am 17. 11. 1952 als Canon 27 angenommen), anstelle von „political speeches" im ABA-Canon heißt es hier „partisan political speeches". Canon 28 ohne Abs. 3 wurden angenommen vom Superior Court (andere Bezeichnung für Trial Court of General Jurisdiction) in *Connecticut* (15. 6. 1950), und vom Supreme Court von *Florida* (27. 1. 1941), von den Gerichten *New Jerseys* (15. 9. 1948), vom Supreme Court von *South Dakota* (8. 10. 1942) und vom Supreme Court von *Utah* (18. 1. 1952), von den Courts of Appeals von *Virginia* und *West Virginia* (27. 3. 1947) und vom Supreme Court von *Washington* (2. 1. 1951). Der

[50] Die folgenden Angaben sind dem sehr detaillierten Werk von *Brand*, Barristers, Attorneys and Judges, 1956, entnommen; da sie sich über das ganze Buch verstreut finden, wurde hier auf die Seitenangaben verzichtet.

Supreme Court des Staates *Michigan* setzte an die Stelle des Absatzes 2 des Canon 28 (angenommen am 16. 1. 1947) eine recht widersprüchliche Bestimmung, wonach seine Richter, obwohl ihre parteipolitische Betätigung nach Abs. 1 sehr stark beschränkt ist, sich an der Parteipolitik, soweit es nicht über die Teilnahme an politischen Versammlungen hinausgeht, wie vor der Übernahme ihres Amtes beteiligen dürfen, jedoch keine Versprechungen machen dürfen, die sie in ihrer Urteilsfindung binden könnten. Wie in dem von der Amerikan Bar Association 1950 angenommenen Absatz 3 des Canon 28 wird ihnen aber auch erlaubt, Spenden an die ihre Wahl unterstützende Partei zu machen. Auch hier wird wieder deutlich, daß ein Richter ohne parteipolitisches Engagement kaum mit Erfolg eine Wahl gewinnen kann, und daß an dieser Erkenntnis die ernstgemeintesten Beschränkungsversuche seiner parteipolitischen Betätigung ihre Grenze finden. Als Abs. 3 des Canon 28 gilt für den Supreme Court in Michigan Abs. 2 des Canon 28 in der Fassung der ABA. Der aus einer realistischen Betrachtung der Beteiligung politischer Parteien an der Richterwahl entstandene Abs. 3 des Canon 28 der ABA, der 1950 angefügt wurde, ist von folgenden Gerichten übernommen worden:

Supreme Court von *Colorado* (30. 7. 1953), Supreme Court von *Delaware* (1. 1. 1952) — er empfiehlt die Canons auch für untere Gerichte als „standards of conduct" —, Supreme Court von *Idaho* (5. 7. 1952), Courts of Appeals von *Kentucky* (1. 7. 1953), Supreme Court von *Tennessee*, Supreme Court von *Arizona* (1. 10. 1956), Supreme Court von *Iowa* (16. 9. 1958), Supreme Court von *Hawai* (3. 10. 1955), Supreme Court von *Oklahoma* (30. 9. 1959).

In *Kalifornien* wurde Canon 28 als Canon 24 von der Konferenz kalifornischer Richter 1949 mit dem Zusatz angenommen, den auch der Supreme Court von Oregon für nötig hielt, daß an die Stelle von „political speeches" „partisan political speeches" gesetzt wurde[51].

Aus dieser Übersicht ergibt sich, daß mindestens an den oberen State Courts der USA eine allgemeine Tendenz besteht, sich die Canons der ABA anzueignen. Damit ist aber noch nichts darüber ausgesagt, inwieweit diese Canons, insbesondere die über parteipolitische Betätigung der Richter, auch tatsächlich von diesen beachtet werden. Umfragen, die unter führenden Richtern und Anwälten und den State Bars veranstaltet wurden, können nur Anhaltspunkte liefern, da dabei offensichtlich keine übereinstimmenden Ergebnisse erzielt wurden, und

---

[51] Nach *McCoy*, a.a.O., S. 18, wird mit dieser Formulierung anerkannt, daß Politik die Wissenschaft von der Regierung ist, und daß ein Richter nicht davon ausgeschlossen sein soll, Reden nicht parteipolitischen Charakters zu halten, die sich damit befassen.

außerdem wohl auch diejenigen, die diese Umfragen auswerteten[52], verschiedene Maßstäbe anlegten und sich öfter selbst widersprachen. Man muß hier auch berücksichtigen, daß die Umfragen vor 1950 stattfanden, als die Canons of Judicial Ethics nur in wenigen der untersuchten Staaten angenommen waren, während sie heute schon in etwa zehn davon gelten. Da neuere Umfragen offensichtlich nicht durchgeführt wurden, soll aber auf die genannten zurückgegriffen werden, deren Ergebnisse wohl insofern heute noch zutreffen dürften, als die Richter bei ihrer Wahl nach wie vor auf die politischen Parteien angewiesen sind, die sich daraus ergebenden Unzuträglichkeiten also fortbestehen. Diesen Umfragen ist zu entnehmen, daß die parteipolitische Zurückhaltung der amerikanischen Richter noch sehr zu wünschen übrig läßt. Was *Canon 28* angeht, nennen beide herangezogenen Berichte insgesamt dreißig Staaten, also weit über die Hälfte aller Bundesstaaten, in denen sich die Richter in verschiedenen Intensitätsgraden parteipolitisch betätigen[53]; unter ihnen befinden sich nur zwei, in denen die Richter nicht direkt vom Volk gewählt werden, wobei hinsichtlich des einen, Kansas, zu bemerken ist, daß nur die Richter des Supreme Court auf der Grundlage des Missouri-Plans ernannt werden, die anderen aber nach wie vor sich der Volkswahl stellen müssen. Missouri wird von keinem der beiden Autoren erwähnt, woraus man schließen kann, daß der Non Partisan Court Plan die gewünschte Wirkung erzielt hat.

Auch *Canon 30* erfreut sich keiner generellen Beachtung. In insgesamt neunzehn Staaten soll er nicht eingehalten werden, in denen allen die Richter durch das Volk gewählt werden[54].

Sehr divergieren die Angaben darüber, wie sich die State Bars zur Mißachtung der Canons stellen und wie die öffentliche Meinung darauf reagiert. Während nach Vanderbilt die Bars von vierzehn Staaten parteipolitische Betätigung der Richter gutheißen, tun dies nach McCoy nur neun, und während Vanderbilt berichtet, daß die öffentliche Mei-

---

52 Vanderbilt, Minimum standards of judicial administration, 1949, S. 15 ff., und *McCoy*, a.a.O., S. 17 ff.

53 Allerdings nennen beide Berichte übereinstimmend nur 9 Staaten; nach *Vanderbilt*, a.a.O., S. 16, erfolgt parteipolitische Betätigung nur in zwei Staaten zur Förderung der Richterwahl (Arizona und New Mexico). Während es nach *Vanderbilt*, a.a.O., S. 15, in Georgia und in Indiana ganz allgemein üblich sein soll, daß Richter Parteipolitik betreiben, nennt McCoy Georgia überhaupt nicht und Indiana als Beispiel für teilweise Mißachtung des Canon 28, dagegen sollen die Richter von Cock County (Chicago/Ill.) flagrant gegen Canon 28 verstoßen, eine generelle Mißachtung sei in Arizona zu verzeichnen (dies stimmt im wesentlichen mit Vanderbilts Ergebnissen überein).

54 McCoy nennt nur zwei Staaten, in einem, West-Virginia, soll die Verletzung häufig und flagrant sein .

nung in den meisten Staaten indifferent sei, behauptet McCoy, sie sei gegen eine Mißachtung der Canons 28 und 30[55].

Obwohl Verstöße gegen die Canons of Judicial Ethics solange unvermeidbar sein werden, wie die herkömmlichen Richterwahlen und die zeitlich auf zwei bis fünfzehn Jahre beschränkte Amtsdauer beibehalten werden, wird vereinzelt versucht, sie mit über das disbarment hinausgehenden Sanktionen zu ahnden. Eine Disziplinargerichtsbarkeit gibt es in den Vereinigten Staaten grundsätzlich nicht. Indessen kennen viele amerikanische Verfassungen eine Amtsentfernung von Richtern. Die am häufigsten vertretene Form ist das *„impeachment"*, die Amtsentfernung auf Grund einer Anklage durch das Parlament wegen Verrats, Bestechung oder anderer schwerer Verbrechen und Vergehen („treason, felony and other high crimes and misdemeanors"); diese Methode wird nur ganz selten angewendet, Verstöße gegen richterliche Standesregeln können durch sie nicht erfaßt werden.

Daneben gibt es noch die Amtsentfernung durch *„joint address of both houses"*. Theoretisch könnte sie auf die genannten Verstöße angewendet werden, da sie keine speziellen Tatbestände richterlichen Fehlverhaltens („misconduct") voraussetzt. Sie ist aber so schwer zu handhaben (in manchen Staaten werden für diese Amtsentfernung Mehrheiten von 2/3 oder 3/4 beider Häuser gefordert), daß auch sie kaum je realisiert wird. Nur acht Staaten kennen den sog. *recall*, die Abwahl eines Richters durch das Volk, ohne daß ein Amtsvergehen vorliegen muß. Auch diese Form der Amtsentfernung eines Richters wird selten praktiziert, wohl schon deswegen, weil die Wähler ohnehin Gelegenheit haben, in regelmäßigen Abständen über das Verbleiben der Richter im Amt zu befinden. Immerhin wurden z. B. in Kalifornien[56] 1932 drei Richter auf Empfehlung der Californian Bar Association auf diese Weise abgewählt, weil sie sich in ihrem Amt in einer Weise geführt hatten, die ihren richterlichen Standespflichten zuwiderlief[57]. Neben diesen schwerfälligen Methoden besteht neuerdings die Möglichkeit, daß eine Kommission der State Bar oder der Oberste Richter des State Supreme Court die Nichteinhaltung der Canons of Judicial Ethics erforschen und Empfehlungen an die Legislative oder den Gouverneur machen können, sofern sie ein „impeachment" oder „removal by joint address of both houses" für nötig halten[58]. Der Erfolg

[55] Dabei sei in einigen Staaten zu erkennen, daß die intelligenteren Leute gegen politische Betätigung seien, während die dümmeren sie verziehen; in Oklahoma scheine der Durchschnittslaie politische Tätigkeit zu erwarten, vorausgesetzt, der Richter sei von derselben Partei wie er(!).

[56] Hier wurde der recall 1911 durch Zusatzbestimmung in die Verfassung eingefügt, Art. XIII, Abschn. 1.

[57] *McCoy*, A note of judicial ethics in California, SCLR Bd. XXII, S. 252.

[58] s. *Brand*, The discipline of judges, ABA-Journal, Bd. 46, S. 1315 ff.

ist damit aber keineswegs garantiert; bei der vielfachen Duldung, bzw. bei der umständebedingten Notwendigkeit von Übertretungen gerade der Standesregeln über das parteipolitische Verhalten ist es kaum vorstellbar, daß Politiker, die ja vielfach selbst an diesem von den Bars mißbilligten Verhalten interessiert sind, solchen Empfehlungen folgen werden.

Man könnte sich nun auch andere Reaktionen auf Verstöße gegen die richterlichen Standesregeln denken, z. B. Verwarnungen, Kürzung der Bezüge; oder auch eine leichter zu handhabende Amtsentfernung solcher Richter etwa durch Richter der obersten Gerichte. Die American Bar Association bemüht sich schon seit längerem stark darum, daß die Verantwortung für die Disziplin der Richter bei den Richtern liegen soll. Dabei sollen für ihre Einhaltung in erster Linie Aufsicht und Korrektur und erst in zweiter Linie Sanktionen sorgen[59]. Einen Erfolg dieser Anstrengungen konnte sie im Staat Ohio verbuchen, wo durch Satzung des Supreme Court 1957 eine Kommission geschaffen wurde, die die ausschließliche Jurisdiktion über u. a. standeswidriges Verhalten der Richter, also auch Verstöße gegen die vom Supreme Court angenommenen Canons of Judicial Ethics hat[60].

Die Richter scheinen von einer disziplinarrechtlichen Durchsetzbarkeit ihrer Standesregeln nicht sehr viel zu halten. So hat z. B. im September 1961 die Konferenz kalifornischer Richter eine Empfehlung verabschiedet (diese Konferenz hatte 1949 die Canons angenommen), daß „keine Vorkehrungen für die Auferlegung von Sanktionen" getroffen werden sollen[61], dies, obwohl schon 1928 der kalifornische Richter Conrey sich auf einem Treffen der Californian Bar Association dafür ausgesprochen hatte, daß die Canons nicht nur als „containing principles which appeal to the conscience" angesehen werden sollen, sondern auch als „comprising rules of conduct which may be legally enforced"[62].

b) Richter an Bundesgerichten

Während im Zusammenhang mit den Mißständen, die durch die direkte Volkswahl, bzw. -wiederwahl der meisten Richter der Einzelstaaten entstanden sind, das Problem der parteipolitischen Tätigkeit dieser Richter häufig diskutiert wird, findet man kaum Äußerungen darüber, in welchen Grenzen amerikanischen Bundesrichtern partei-

---

[59] *Brand*, ebenda, S. 1315.

[60] *Brand*, ebenda, S. 1316.

[61] *Frankel*, Judicial conduct and removal of judges for cause in California, SCLR, Bd. 36, S. 79 f.

[62] *McCoy*, a.a.O., S. 244.

politische Betätigung gestattet ist. Man wird aber davon ausgehen können, daß es für einen Bundesrichter selbstverständlich ist, nicht aktiv an politischen Kontroversen teilzunehmen oder nach einem anderen nicht-richterlichen Amt zu streben, ohne vorher auf sein Richteramt verzichtet zu haben[63]. Wenn man bedenkt, daß die amerikanischen Bundesrichter alle vom Präsidenten (unter Konsultierung des Senats) ernannt werden und „during good behaviour" im Amt bleiben, was grundsätzlich auf Lebenszeit bedeutet, ergibt sich, daß diese Richter, einmal ernannt, nicht mehr auf die Hilfe politischer Parteien angewiesen sind, um ihr Amt zu behalten. Parteipolitische Tätigkeit könnte unter Berücksichtigung des eingangs über die Eigenart der amerikanischen politischen Parteien Gesagten nur in der Kandidatur für einen nicht-richterlichen politischen Posten oder in der Unterstützung eines anderen Kandidaten bestehen. Während hierfür vielleicht ein gewisser Reiz bestehen könnte, wird wohl die Aussicht, bei der Annahme eines Amtes in Exekutive oder Legislative das wohldotierte Richteramt auf Grund der Bestimmungen über die Gewaltentrennung aufgeben zu müssen, die meisten Richter von einer Kandidatur für ein solches Amt abhalten. Weil die Richter der Bundesgerichte, vor allem die des US Supreme Court, sich nach einem ungeschriebenen Grundsatz aus der Parteipolitik heraushalten sollen, und weil sie nicht an parteipolitischen Wahlkämpfen teilnehmen müssen, um ihr Amt zu erhalten, besitzen die Canons of Judicial Ethics für sie grundsätzlich keine Aktualität, soweit darin auf das Verhalten der Richter gegenüber politischen Parteien abgestellt ist. So haben die Bundesgerichte die Canons auch nicht ausdrücklich angenommen, was aber nicht heißt, daß sich Bundesrichter nicht auch den Grundsätzen dieses richterlichen Ehrenkodex gemäß verhalten müßten.

Insbesondere für die Richter des US Supreme Court folgt das Gebot des Fernbleibens von parteipolitischen Kontroversen aus der hochpolitischen Funktion dieses Gerichts. Jeder wirklich wichtigen politischen Bewegung in den USA sind „leading cases" vorausgegangen und gefolgt[64].

Die Hauptaufgabe des Supreme Court, der „judicial review", die Entscheidung darüber, ob ein staatliches oder nationales Gesetz mit der Bundesverfassung vereinbar ist oder nicht, bringt so viel aktuelle politische Fragen an ihn heran, daß er seine Autorität verlöre, wenn seine neun Mitglieder in der Öffentlichkeit politische Kontroversen austrügen. Parteipolitik „speaks only through the technical forms of

---

[63] *Haynes*, The selection and tenure of judges, S. 24.

[64] *Jackson*, The struggle for judicial Supremacy, New York 1941, S. 310.

the lawsuit, which are not identified with politics in its popularly accepted sense"[65].

Trotz der Zurückhaltung der Richter des Supreme Court von der Parteipolitik ist ihre politische Richtung allgemein bekannt. Es wird kaum bestritten, daß der Präsident bei ihrer Ernennung weitgehend politische Erwägungen berücksichtigt. Die meisten Richter des Supreme Court haben von ihrer Ernennung in der Partei des sie berufenden Präsidenten eine aktive Rolle gespielt[66]. Das Recht des Präsidenten, Richter aus den Reihen seiner eigenen Partei zu ernennen, gehört zu den „accepted rules of the American political game", solange die Kandidaten ehrenhaft und fähig sind[67]. Die politische Vergangenheit der Richter des Supreme Court spiegelt sich aber nicht in ihren Entscheidungen wider[68]. Schon mancher Präsident, der seine Hoffnung auf die Urteile von ihm ernannter Richter seiner Partei gesetzt hatte, wurde gründlich enttäuscht[69].

Die politische Zurückhaltung der Richter des Supreme Court hat aber in der Vergangenheit Durchbrechungen erfahren. So versuchte z. B. John McLean, Supreme Court-Richter von 1829—1861, in dieser Zeit fünfmal, Präsident zu werden, was immer mißlang[70]; weitere Richter waren im 19. Jahrhundert gleichzeitig Staatssekretäre, einer sogar Botschafter in England[71]. Schon damals wandte sich aber die öffentliche Meinung scharf gegen ein solches Sich-Einmischen von Richtern in die Politik. Daß solche Tätigkeiten für einen Richter des Supreme Court heute undenkbar sind, machte Supreme Court-Richter Harlan F. Stone deutlich, der 1942 von Roosevelt gebeten wurde, ihn nur für einige wenige Tage in einer politischen Angelegenheit zu beraten. Stone lehnte ab mit der Begründung, alles was er herausfinden

---

65 *Jackson*, ebenda, S. XI.

66 99 % waren vor ihrer Ernennung politisch tätig (*Schubert*, Constitutional politics, New York 1960, S. 31), und es gibt Richter, die praktisch jedes wichtige politische Amt innehatten, so war z. B. der ehemalige Chief Justice Hughes Gouverneur von New York und Präsidentschaftskandidat (*Tresdini*, American Constitutional Law, New York 1959, S. 35), und der gegenwärtige Chief Justice Earl Warren war u. a. republikanischer Abgeordneter und Gouverneur von Kalifornien und kandidierte 1948 — ohne Erfolg — zum US-Vizepräsidenten.

67 "Evidence of corruption in the nominating process or of ineptitude in selection would be a deadly weapon in the hands of the opposition", *Murphy* und *Pritchett*, Courts, judges and politics, an introduction to the judicial process, New York 1961, S. 78.

68 Vgl. die schon erwähnte Untersuchung von *Schubert*, Quantitative analysis of judicial behaviour, S. 129/142.

69 *Murphy* und *Pritchett*, a.a.O., S. 78.

70 *Haynes*, a.a.O., S. 24.

71 *Mason*, Extra-judicial work for judges: the views of Chief Justice Stone, Harvard Law Revue, Bd. 67, S. 193 mit weiteren Beispielen.

würde, würde Gegenstand politischer Angriffe werden. Sein Wert als Richter und der Einfluß seines Amtes würden dadurch unvermeidlich herabgemindert[72].

Wenn heute ein Richter des Supreme Court politischen Ehrgeiz hat, muß er sein Amt der Politik opfern. Erinnert sei an den US-Botschafter bei den Vereinten Nationen, Goldberg, oder an James Byrnes, der, nachdem er 1941 zum Richter des Supreme Court ernannt worden war, schon 1942 von Roosevelt zum Leiter des Amts für wirtschaftliche Stabilisierung berufen wurde und 1945 bis 1947 amerikanischer Außenminister war.

c) Verfassungsrechtliche Zulässigkeit von Einschränkungen der parteipolitischen Betätigung der Richter

Solange die die parteipolitische Betätigungsfreiheit der amerikanischen Richter einschränkenden Bestimmungen nur deklaratorischen Charakter haben, wird sich wohl die konkrete Frage nach ihrer Vereinbarkeit mit der Verfassung nicht stellen. Anders aber, wenn Verstöße dagegen für den Richter nachteilige Folgen haben können, eine Möglichkeit, die auf Grund der Bemühungen der American Bar Association durchaus aktuell ist. Es wäre denkbar, daß in einem solchen Falle ein Richter sich an den jeweils zuständigen Gerichtshof wendete mit dem Antrag, die entsprechenden Bestimmungen für verfassungswidrig zu erklären. Hier kann natürlich nichts Bindendes über den Ausgang einer solchen Entscheidung ausgesagt werden, es können aber immerhin die Chancen abgewogen werden, die ein solcher Antrag hätte.

Untersucht man die amerikanischen Verfassungen daraufhin, ob sie das Recht der politischen Parteien in irgendeiner Weise regeln, wird man keinen unmittelbaren Aufschluß erhalten. Politische Parteien werden in der Bundesverfassung überhaupt nicht (etwa in einem der zahlreichen Zusatzartikel), in den Verfassungen der Einzelstaaten nur beiläufig, vor allem im Zusammenhang mit der Aufstellung von Kandidaten für politische und richterliche Ämter erwähnt. Trotzdem ist das Recht, Parteien zu gründen und sich darin zu betätigen, ein allgemein anerkanntes Grundrecht, obwohl es nicht einmal in der Form des Rechts auf Vereinigungsfreiheit in der Bundesverfassung verankert ist. Manche halten das Recht zur Bildung politischer Parteien für einen Teil des Stimmrechts, andere für einen Ausfluß der im ersten Zusatz zur Bundesverfassung garantierten Rechte auf freie Rede, friedliche Versammlung und Petition, und bei den Richtern herrscht

---

[72] *Mason,* ebenda, S. 204.

die Neigung vor, es als ein den Menschen innewohnendes Recht zu interpretieren[73]. Wie man es auch immer begründet, jedenfalls ist es grundsätzlich ebensowenig wie die anderen in den ersten zehn Zusatzartikeln zur amerikanischen Verfassung genannten Freiheitsrechte durch Gesetz beschränkbar.

Obwohl die amerikanische Verfassung keine dem Gemeinschaftsvorbehalt in Art. 2 Abs. 1 des deutschen Grundgesetzes entsprechende Klausel enthält, sind die Grundrechte doch nicht als absolute gewährleistet[74]; vom Obersten Gerichtshof werden vielmehr solche Einschränkungen als verfassungsmäßig anerkannt, die den traditionellen Regeln des common law entsprechen oder die zur Aufrechterhaltung der Verfassungsordnung unerläßlich sind (police power)[75].

Von diesem generellen Verfassungsvorbehalt ging der US Supreme Court aus, als er in einer vielbeachteten Entscheidung die sog. Hatch Act für verfassungsmäßig erklärte[76], in der allen Beamten, Angestellten und Arbeitern des Bundes (mit Ausnahme der politischen Beamten) interne und nach außen in Erscheinung tretende aktive Parteitätigkeit verboten wird. Dieses 1939 vom amerikanischen Kongreß verabschiedete Gesetz, auf das in anderem Zusammenhang schon kurz hingewiesen wurde, bildet den vorläufigen Schlußstein einer im 19. Jahrhundert begonnenen Beamtengesetzgebung (Pendleton Act 1883), die sich vor allem gegen das „spoil's system" bei Beamtenernennungen und dagegen richtete, daß der Präsident mit Hilfe der weitgehend von ihm abhängigen Bundesbürokratie Einfluß auf die verschiedenen Parteiorganisationen von Bund und Ländern nehmen konnte[77]. Der amerikanische Kongreß bezeichnete bei der Verabschiedung des Gesetzes das Übel der parteipolitischen Aktivität von Beamten als "a material threat to the democratic system"[78]. Es führte hier zu weit, detailliert auf die unterschiedlichen Meinungen der Supreme Court-Richter zur Frage der Verfassungsmäßigkeit der Hatch Act einzugehen[79], weil Beschränkungen der parteipolitischen Tätigkeit von Rich-

---

[73] *Starr*, The legal status of American political parties, Teil I, The American Political Science Revue, Bd. XXXIV, S. 439 ff.; vgl. auch *Fellman*, The constitutional right of association, Chicago 1963, S. 38.

[74] "Liberty is no licence, and rights are relative, not absolute", *Ogg* and *Ray*, a.a.O., S. 154.

[75] *Fraenkel*, a.a.O., S. 193; s. auch ders.: Das richterl. Prüfungsrecht in den Vereinigten Staaten von Amerika, Jahrbuch des öffentlichen Rechts, N.F., Bd. 2, S. 35 ff. (45); s. auch *Ogg* and *Ray*, a.a.O., S. 161.

[76] United Public workers v. *Mitchell* — 330 US 75 (1947).

[77] *Fraenkel*, Das amerik. Regierungssystem, S. 52/54.

[78] Zit. nach *Pritchett*, The American Constitution, New York, S. 422.

[79] Vgl. hierzu auch *Fraenkel*, Freiheit u. polit. Betätigungsrecht d. Beamten in Deutschland u. den USA, Veritas, Justitia, Libertas, Berlin 1953, S. 60 ff. (65 ff.).

tern grundsätzlich nicht mit denselben Maßstäben gemessen werden können wie die eines von der Hatch Act betroffenen Walzwerkarbeiters. Hingewiesen sei aber auf die von der Mehrheitsentscheidung abweichende Meinung des Richters Black, weil sie eine erstaunliche Ähnlichkeit mit Argumenten aufweist, die in Deutschland immer wieder gegen Beschränkungen der parteipolitischen Betätigung von Richtern angeführt werden. Black vertrat die Ansicht, daß die Verfassung Gesetze verbiete, die Millionen Bürger davon ausschließen, Argumente, Beschwerden und Anregungen zur öffentlichen Diskussion beizusteuern, die das Wesen der amerikanischen Demokratie ausmache. Von dieser Möglichkeit sollte niemand ausgeschlossen werden, gerade von einer Regierung nicht, die sich rühme, "that it is a government of, for, and by the people—all the people". Unter Berücksichtigung des Grundsatzes von der Verhältnismäßigkeit hätten geringere Mittel, etwa Strafbestimmungen, genügt, um zu verhindern, daß Personalfragen unter Berücksichtigung parteipolitischer Erwägungen behandelt werden. Die Mehrheitsentscheidung gab den Gefahren, die dem Staat durch parteipolitische Betätigung der Beamten und Angestellten drohten, den Vorrang vor den von Black vorgetragenen Einwänden. Zwar sei ein Verbot der parteipolitischen Betätigung unter den gegebenen Umständen nicht unbedingt notwendig, gerechtfertigt sei es aber unter anderem dadurch, daß bei unbeschränkter parteipolitischer Betätigung bei Beförderungen größerer Wert auf politische als auf dienstliche Qualifikationen gelegt werden und daß daneben auch das Parteiwesen durch die Staatsbürokratie korrumpiert werden könnte.

Auch wenn diese Entscheidung sich nicht auf parteipolitische Betätigung von Richtern bezieht, läßt sich ihr doch mindestens entnehmen, daß die parteipolitische Betätigungsfreiheit von Richtern beschränkende und bei Nichtbefolgung Sanktionen androhende Bestimmungen von einem Gericht für verfassungsmäßig erklärt werden könnten, wenn sie z. B. der Gefahr einer Korrumpierung der Richterschaft durch politische Parteien vorbeugten und die "efficiency" der Dritten Gewalt stärkten.

XI. Parteipolitische Betätigung der Richter in kontinentaleuropäischen Ländern

1. Schweiz

Obwohl in der Schweiz die meisten Richter gewählt werden[1] und die Zugehörigkeit zu einer politischen Partei eine „faktische Wählbar-

[1] Friedensrichter, Amtsrichter und Geschworene werden durch Volkswahl bestellt, die Mitglieder des Bundesgerichts und in der Regel die der kanto-

keitsbedingung" darstellt[2], wirft die Frage der Zulässigkeit der parteipolitischen Betätigung der Richter bei weitem keine solchen Probleme auf wie in den — in dieser Beziehung vergleichbaren — Vereinigten Staaten.

Im Gegensatz zu den Beamten, die in einem öffentlich-rechtlichen Gewaltverhältnis stehen, auf Grund dessen sie an der vollen Geltendmachung ihrer Freiheitsrechte gehindert sind[3], genießen die Richter in der Schweiz wie alle Staatsbürger grundsätzlich volle, auch die Betätigung in politischen Parteien mitumfassende Vereinsfreiheit, die Art. 56 der Schweizer Bundesverfassung garantiert. Allerdings bestehen sowohl im Bund als auch in einigen Kantonen Unvereinbarkeitsbestimmungen, die die gleichzeitige Innehabung von Richteramt und einem Amt in Exekutive oder Legislative untersagen. Während durchweg anerkannt ist, daß Richter keine Regierungs- und Verwaltungstätigkeiten ausüben sollen, ist die gleichzeitige Innehabung eines Großratsmandats den Richtern nur in acht Kantonen verboten[4]. Obwohl der Grundsatz von der Gewaltentrennung in Bund und Kantonen als geschriebener oder ungeschriebener Verfassungssatz gilt, ist er doch vielfach, wie in den genannten Fällen, nur in organisatorischer, nicht auch in personeller Hinsicht durchgeführt. Man sieht eine Vereinbarkeit zwischen richterlichem und gesetzgebendem Amt in einer Person für weniger gefährlich an als die zwischen rechtsprechender und vollziehender Tätigkeit. Praktische Erwägungen, wie die vorzügliche Eignung erfahrener Richter zu gesetzgeberischen Aufgaben und die Vermeidung allzu großer Beschränkung der Auswahl geben dabei vielfach den Ausschlag, obwohl man nicht verkennt, daß gerade in einer Demokratie und in so kleinen Staatsgebieten wie den Kantonen ein Richter, „der an den politischen Kämpfen, wie sie sich im Parlament oft abspielen, teilnimmt, nicht mehr allen Parteien gegenüber unparteiisch sein oder scheinen und nicht mehr ihr volles Vertrauen haben wird"[5]. Hinsichtlich der gleichzeitigen Ausübung von Richteramt und Gemeinderatsmandat besteht wohl übereinstimmend die Meinung, sie solle gestattet sein. Gerade auf unterer Ebene sind die Rich-

---

nalen Obergerichte durch die Legislative und einige wenige Richter auch durch die Obergerichte der Kantone (Näheres bei *Gossweiler*, Richterl. Unabhängigkeit und Gewaltentrennung in Bund und Kantonen, Diss. Bern 1951, S. 23).

[2] *Bosshart*, Die Wählbarkeit zum Richter im Bund und den Kantonen, Diss. Winterthur 1961, S. 72.

[3] Vgl. Bundesgesetz v. 30. 6. 1927 über das Dienstverhältnis der Bundesbeamten.

[4] Bern, Obwalden, Aargau, Baselland, Waadt, Wallis, Genf und Freiburg (nach der Zusammenstellung bei *Gossweiler*, a.a.O., S. 31).

[5] *Burckhardt*, Über Gewaltentrennung und Unvereinbarkeit im Schweizerischen Staatsrecht in: Festgabe für Philipp Lotmar, Bern 1920, S. 71 ff. (79/80); solche Bedenken hat auch *Gossweiler*, a.a.O., S. 29.

ter häufig Laien, die dieses Amt nur im Nebenberuf ausüben; da sie in Anbetracht der beschränkten Zahl geeigneter Personen in den kleinen Gemeinden häufig prädestiniert für den Gemeinderat sind, wäre es unrealistisch, sie davon auszuschließen[6].

Auf Bundesebene gilt für die Richter des Bundesgerichts Art. 108 der Bundesverfassung, wonach mit ihrem Amt die Mitgliedschaft in Bundesversammlung und Bundesrat bzw. die Stellung als von diesen Gremien gewählter Beamter unvereinbar ist (entsprechende Bestimmungen gelten für die eidgenössischen Versicherungsrichter[7]). Diese Inkompatibilitäten sind anerkannt als „undiskutable Notwendigkeit, die nicht nur aus praktischen und technischen Gründen folgt, sondern aus dem Gebot einer unpolitischen Rechtsprechung“[8]; dabei wird auch in der Schweiz besonderer Wert darauf gelegt, daß die Mitglieder des höchsten Gerichtshofs auch dem Verdacht politischer Befangenheit entzogen sind[9].

Im übrigen ist es sowohl im Bund als auch in den Kantonen dem Takt und dem Verantwortungsbewußtsein des einzelnen Richters überlassen, die Grenzen seiner parteipolitischen Tätigkeit selbst abzustecken. Dabei wird er es vermeiden, Parteiämter oder Parteiaufträge anzunehmen, die seine richterliche Unabhängigkeit in Frage stellen können. So ist es etwa nicht denkbar, daß ein Mitglied des Schweizerischen Bundesgerichts das Präsidium einer politischen Partei übernehmen oder sich in einem Abstimmungs- oder Wahlkampf exponieren würde[10]. Bundesgerichtspräsident Stooß zog 1925 bei seiner Festansprache zum fünfzigjährigen Jubiläum des Bundesgerichts die Grenzen der parteipolitischen Zurückhaltung für Bundesrichter enger[11]:

---

[6] *Haselbach*, Die Unvereinbarkeit im schweizerischen Staatsrecht, Diss. Freiburg (Schweiz) 1945, S. 50.

[7] Art. 3 d. Bundesbeschl. v. 28. 3. 1917 betr. d. Organisation u. d. Verfahren d. Eidgenössischen Versicherungsgerichte i. d. F. v. 22. 6. 1920.

[8] *Haselbach*, a.a.O., S. 45.

[9] *Burckhardt*, a.a.O., S. 94.

[10] Zit. aus einem freundl. an Verf. gerichteten Schreiben d. Schweizerischen Bundesanwaltschaft v. 18. 11. 64; so auch *Eichenberger*, a.a.O., S. 111/112, der in diesem Zusammenhang das Problem der parteipolitischen Tätigkeit von Richtern überhaupt kurz beleuchtet und zu dem Ergebnis kommt, daß in Anbetracht dessen, daß die Parteien nach Leibholz „das selbstorganisierte Volk“ seien, dem parteipolitisch tätigen Richter die „Gewißheit der Kommunikation mit dem Volk“ erwachse, „ohne daß die sachliche Unabhängigkeit daran zugrundeginge, sofern nur eine durch Zurückhaltung getragene Aufmerksamkeit zur Beobachtung der Grenzen wach sei“.

[11] Zit. nach *Haselbach*, a.a.O., S. 46; hier ist auch eine Bemerkung von Bundesrat Häberlin beim gleichen Anlaß wiedergegeben, die mehr als Kuriosität mitgeteilt sei: „Während für die regierende Behörde Politik Pflicht ist, bleibt für den Richter nach wie vor ‚ein politisch Lied ein garstig Lied‘.“

„... der Richter, mag er vorher eine mehr oder weniger hervorragende politische Rolle gespielt haben, verzichtet mit der Annahme der Wahl darauf, als Richter einer Partei anzugehören. Er steht über den politischen Parteien, wie er über den Prozeßparteien steht. Es gibt nicht freisinnige, liberale, sozialdemokratische, protestantische, katholische Richter, sondern nur Bundesrichter". Dies dürfte wohl in dieser Zuspitzung eher ein persönlicher Wunsch als eine tatsächliche Pflicht der Bundesrichter sein bzw. gewesen sein. Auch wenn sich Bundesrichter parteipolitisch nicht exponieren sollen, gehören doch alle 26 Mitglieder des Bundesgerichts einer politischen Partei an (wie übrigens auch die 5 Mitglieder des Eidgenössischen Versicherungsgerichts und sämtliche Mitglieder der Obergerichte von 19 Kantonen)[12].

Generell kann man jedenfalls feststellen, daß den Richtern in der Schweiz parteipolitische Betätigung nicht verboten ist[13]. Da die meisten nur mit Hilfe einer politischen Partei ins Amt gelangen können und sich ihrer auch bedienen müssen, um nach vier, höchstens sechs Jahren wiedergewählt werden zu können, bleibt ihnen auch nichts anderes übrig, als auch während ihrer Amtszeit Kontakte zu politischen Parteien zu unterhalten.

Die Gefahren, die durch die Beteiligung von politischen Parteien an den Richterwahlen entstehen können, werden auch in der Schweiz gesehen. Wie in den USA wird darauf hingewiesen, daß diese Richter sehr stark den Parteiströmungen unterworfen seien[14], daß vielfach Kandidaten ausgeschlossen würden, die tauglicher wären als die durch die Parteien geförderten[15] und daß Autorität und Unbefangenheit des Richters getrübt würden, der seine Wahl einer politischen Partei verdanke[16]. Dabei wird aber nicht übersehen, „daß auch die Amtsführung des parteipolitisch nicht gebundenen Richters unter dem Einfluß seiner Weltanschauung, seiner sozialen Herkunft und damit etwa der

---

12 So *Bosshart*, a.a.O., S. 58.

13 In diesem Punkt offensichtlich nicht genau *Heiner*, Rechtsvergleichende Erörterungen zum Richtergesetzentwurf, DRiZ 57, 159 ff. (161), nach dessen Darstellung den Richtern in der Schweiz ganz allgemein nur Parteizugehörigkeit gestattet sein soll.

14 *Gossweiler*, a.a.O., S. 25.

15 *Gossweiler*, ebenda, S. 23; *Bosshart*, a.a.O., S. 71.

16 *Gossweiler*, a.a.O., S. 23. Für die proporzmäßige Besetzung der Gerichte und die parteipolitische Bindung der Richter sprach sich dagegen ein in der Schweizer Tageszeitung „Volksrecht" am 12. 1. 1944 erschienener Beitrag aus, den *Haselbach*, a.a.O., S. 49 als „Attentat auf die Rechtspflege" zitiert. In diesem Artikel wurde Kritik daran geübt, daß eine wichtige Kammer des Obergerichts nicht auch mit Sozialdemokraten besetzt sei. Die bürgerlichen Richter hätten nicht das nötige soziale Verständnis, um die Angeklagten, die „in der überwiegenden Mehrzahl der Fälle als Opfer unserer heutigen Gesellschaftsordnung" zu betrachten seien, gerecht zu beurteilen.

Neigung, bestimmten Interessen und Ideen zum Durchbruch zu verhelfen, steht"[17].

Obwohl man also den parteipolitischen Bindungen der Richter nicht unkritisch gegenübersteht, ist die Volkswahl als Fundament der demokratischen Legitimierung der Richter so tief im schweizerischen Bewußtsein verwurzelt, daß es undenkbar wäre, sie etwa zugunsten einer Verbeamtung der Richter mit der möglichen Konsequenz der Ausschaltung parteipolitischer Einflüsse aufzugeben[18]. So nimmt man denn mögliche Nachteile in Kauf, die offenbar auch mehr in der Theorie als in der Praxis bestehen; jedenfalls konnte sich die Schweizerische Bundesanwaltschaft auf Anfrage nicht erinnern, jemals von Mißständen, die auf die parteipolitische Tätigkeit eidgenössischer oder kantonaler Richter zurückzuführen wären, gehört zu haben[19].

2. Österreich

Das österreichische Richterdienstgesetz vom 14. 12. 1961[20] verbietet den Richtern nicht, parteipolitisch tätig zu sein. In § 57 Abs. 3 Satz 2 wird den Richtern lediglich untersagt, „einer ausländischen, politische Zwecke verfolgenden Gesellschaft anzugehören", und § 79 regelt die Außerdienststellung eines Richters im Fall seiner Wahl zum Mitglied des National- oder Bundesrats. Die entsprechenden Unvereinbarkeitsbestimmungen finden sich in der österreichischen Bundesverfassung, die für Richter des Bundesverfassungsgerichts, des Obersten Bundesgerichts und des Verwaltungsgerichtshofs statuiert, daß sie nicht gleichzeitig Mitglieder der Bundes- oder einer Landesregierung, des Bundesrats, des Nationalrats oder eines sonstigen allgemeinen Vertretungskörpers (Landtage, Gemeindevertretungen) sein dürfen (Art. 147 Abs. 4 Satz 1, Art. 92 Abs. 2 und Art. 134 Abs. 4 und 5).

Im übrigen macht das Richterdienstgesetz den Richtern zur Pflicht, „sich in und außer Dienst vorwurfsfrei zu benehmen und alles zu unterlassen, was das Vertrauen in die richterlichen Amtshandlungen oder die Achtung vor dem Richterstande schmälern könnte" (§ 57 Abs. 3 Satz 1). In der Beratung dieses Gesetzes im Nationalrat ist das Problem der Zulässigkeit parteipolitischer Betätigung von Richtern nicht zur Sprache gekommen[21]; auch die Regierungsvorlage hatte keine

---

[17] *Bosshart*, a.a.O., S. 71.

[18] *Bosshart*, ebenda, S. 73.

[19] So im oben zitierten Schreiben an Verf. v. 18. 11. 64.

[20] BGBl. f. Österreich 1961, S. 1963 ff.

[21] Rep. Österreich, Nationalrat, Sten. Protokolle, 89. Sitzung v. 12. 12. 61, Beilage 522 (S. 3878 ff.).

Bemerkung dazu enthalten[22]. Das ist insofern bemerkenswert, als diese Frage vorher durchaus — zumindest in Richterkreisen — erörtert worden ist. Dabei kam es zu Meinungsverschiedenheiten zwischen der Vereinigung österreichischer Richter (eine dem deutschen Richterbund entsprechende Standesvertretung) und der Vereinigung Sozialistischer Juristen, als die Vereinigung österreichischer Richter einen Entwurf zu einem Richterdienstgesetz („Richtergrundgesetz") vorlegte, der in Art. 5 ein Verbot nicht nur jeder politischen Betätigung, sondern auch der Zugehörigkeit zu einer politischen Partei vorsah[23]. Diese Bestimmung wurde nun nicht etwa durch einen Präzedenzfall veranlaßt, sondern in erster Linie durch die Ansicht, „daß durch bewußte und freiwillige Aufgabe eines verfassungsmäßig gewährleisteten Rechtes die Unabhängigkeit der richterlichen Gewalt besonders augenfällig herausgestellt und dem Gedanken der richterlichen Autonomie in Standesangelegenheiten ein unterstützendes Moment gewonnen werden sollte"[24]. Die Vereinigung Sozialistischer Juristen wandte sich gegen ein Verbot parteipolitischer Betätigung, weil Richter, die einer Partei beiträten, selbständig denkende Menschen seien und diese Selbständigkeit auch ihrer Partei gegenüber behalten würden. Die Objektivität könne nicht durch Verbote gesichert werden, sondern müsse in der Charakterstärke eines jeden Richters wurzeln[25].

Wenn die Schöpfer des österreichischen Richterdienstgesetzes den Forderungen der österreichischen Richtervereinigung nicht nachgekommen sind, können sie sich auf die Bundesverfassung stützen, die in Art. 7 Abs. 2 den öffentlichen Angestellten „die ungeschmälerte Ausübung ihrer politischen Rechte" gewährleistet. Zu den öffentlichen Angestellten zählen auch die Richter, die in Österreich nach wie vor in dienstrechtlicher Hinsicht verbeamtet sind[26]. Es ist zwar nicht unbestritten, daß die in Art. 7 Abs. 2 der Verfassung genannten politischen Rechte außer dem Wahlrecht auch die Grund- und Freiheitsrechte wie z. B. die Meinungs- und Vereinsfreiheit, zu denen parteipolitische Tätigkeit gerechnet wird, mitumfassen (in Art. 13 Abs. 1, bzw. 12 des Staats-Grundgesetzes vom 21. 12. 1867, das Bestandteil der Verfassung ist, statuiert). Ermacora hat dies indessen mit überzeugenden Argumenten gegen die Ansicht u. a. des österreichischen Verfassungsgerichts dargelegt[27]. Obwohl diese politischen Rechte in der Ver-

[22] Ebenda, Beilage 506.

[23] Vgl. *Marcic*, a.a.O., S. 263, Anm. 50.

[24] Zit. aus einem freundlichen Schreiben der Vereinigung österreichischer Richter an Verf. vom 19. 1. 1965.

[25] Zu dieser Kontroverse vgl. *Marcic*, a.a.O., S. 264/265.

[26] *Adamovich-Spanner*, Handbuch des österreichischen Verfassungsrechts, 5. A. Wien 1957, S. 295.

[27] In: Handbuch der Grundfreiheiten und der Menschenrechte, Wien 1963, S. 63 mit zahlreichen Belegen für beide Standpunkte.

fassung gewährleistet sind, können sie im Rahmen eines besonderen Gewaltverhältnisses, in dem sich auch die Richter befinden, eingeschränkt werden, da aus seinem Wesen folgt, „daß die volle Vereinsfreiheit in dem Ausmaße nicht garantiert sein kann, als durch die Zuerkennung des vollen Rechts die das Gewaltverhältnis tragende Institution gefährdet wäre“[28]. Inwieweit in diesem Rahmen Einschränkungen der parteipolitischen Betätigungsfreiheit der Richter in Österreich zulässig wären, kann hier dahingestellt bleiben, da offensichtlich eine solche Frage dort nicht ernsthaft aufgeworfen wird. Immerhin wird man unter Berücksichtigung dieses Grundsatzes § 57 Abs. 3 Richterdienstgesetz so auslegen können, daß es den dort statuierten Pflichten widerspräche, wenn ein Richter einen politischen Gegner oder eine politische Ansicht in einer Art angriffe, die sich mit der Würde seines Amtes nicht vereinbaren ließe[29].

Die den Richtern grundsätzlich gewährleistete parteipolitische Betätigungsfreiheit macht allerdings halt vor den Mitgliedern des Bundesverfassungsgerichts. Für sie bestimmt Art. 147 Abs. 4 Satz 2 der Bundesverfassung: „Endlich können dem Bundesverfassungsgericht Personen nicht angehören, die Angestellte oder sonstige Funktionäre einer politischen Partei sind.“ Hier zeigt sich, daß man auch in Österreich die Gefahr erkannt hat, die der Unbefangenheit gerade der Verfassungsrichter droht, wenn sie parteipolitische Funktionen wahrnehmen. Dabei fällt auf, daß Parteimitgliedschaft und in ihrem Rahmen erfolgende parteipolitische Äußerungen für einen Verfassungsrichter zulässig sind. Man ist offenbar der Ansicht, daß sich hieraus möglicherweise ergebende Gefahren zu wenig ins Gewicht fallen, um eine so weitgehende Beschränkung der politischen Rechte zu rechtfertigen.

3. Frankreich

Am 2. März 1959 ist in Frankreich nach langer Vorbereitung das Gesetz über die Organisation der Richter und Staatsanwälte vom

---

28 *Ermacora,* a.a.O., S. 294; zur Geltung des Begriffs des besonderen Gewaltverhältnisses auch in Österreich vgl. ders., Das besondere Gewaltverhältnis in der österreich. Rechtsordnung, DÖV 1956, S. 529 ff. Der Verf. legt hier dar, daß das bes. Gewaltverhältnis an sich, wenn man nur vom normativen Begriff ausgeht, für die österreich. Rechtsordnung unbeachtlich sei; da es von ihr aber Abweichungen gebe, gebe es auch — gesetzesfreie — besondere Gewaltverhältnisse; eine Form davon seien die patrimonialen besonderen Gewaltverhältnisse, „die das Individuum zum Staat in ein Nahverhältnis bringen, das von ideellen Momenten wie ‚Treue‘, ‚Disziplin‘, ‚Gehorsam‘ gekennzeichnet ist“ und deren typischer Träger der Beamte, gleich, ob Verwaltungsbeamter oder Richter, sei.

29 So auch das zitierte Schreiben der österreichischen Richtervereinigung an Verf.

12. Dezember 1958 in Kraft getreten (Ordonnance n° 58-1270 portant loi organique relative au statut de la magistrature)[30]. Es enthält eine Reihe von Unvereinbarkeitsbestimmungen für Richter, von denen hier im wesentlichen folgende interessieren:

Nach Art. 8 Abs. 1 ist das Richteramt nicht vereinbar mit der Ausübung jeder öffentlichen Funktion und jeder anderen professionellen oder bezahlten Tätigkeit. Gemäß Art. 9 Abs. 1 besteht eine Inkompatibilität zwischen Richteramt und einem Mandat im Parlament oder im „Conseil économique et social". Abs. 2 dieser Bestimmung enthält den bemerkenswerten und wohl recht lebensnahen Zusatz, daß ein Richter, dessen Ehepartner ein solches Mandat innehat, zur Disposition gestellt wird.

Nach Abs. 3 besteht auch eine Unvereinbarkeit zwischen Richteramt und der Tätigkeit in einem innerhalb des Gerichtsbezirks des Richters gelegenen Kreis- oder Gemeinderat[31]. Abs. 4 verbietet dem Richter die Wahrnehmung seines Amtes da, wo er in den letzten fünf Jahren eines der erwähnten Mandate innehatte oder wo er in den letzten drei Jahren dafür kandidiert hat. Abs. 5 schließlich stellt klar, daß Richter, die schon vor Inkrafttreten dieses Gesetzes derartige Funktionen innehatten, von ihm nicht betroffen werden.

Art. 10 lautet im wesentlichen[32]:

„I. Toute délibération politique est interdite au corps judiciaire.

II. Toute manifestation d'hostilité au principe ou à la forme du Gouvernement de la République est interdite aux magistrats, de même que toute démonstration de nature politique incompatible avec la réserve que leur imposent leurs fonctions."

Vorläufer dieses Gesetzes ist das Gesetz vom 30. August 1883 über den Status der Richter, das ihnen in Art. 14 „toute manifestation ou démonstration d'hostilité au principe ou à la forme du Gouvernement de la République" untersagte[33].

Es fällt auf, daß die genannten Vorschriften über die politische Zurückhaltung nur für Richter bzw. Staatsanwälte gelten und nicht auch für die übrigen Beamten, obwohl Richter und Staatsanwälte

[30] Abgedr. in Journal officiel 1958, S. 11551 ff., 11711 ff.; vgl. zu diesem Gesetz: *Wagner*, Richtergesetz in Frankreich, DRiZ 1959, S. 103; zum Entwurf: *Eichler*, Zum Entwurf eines französischen Richtergesetzes, DRiZ 1953, S. 164.

[31] Im 19. Jahrhundert durften Richter gleichzeitig den gesetzgebenden Versammlungen, auch Gemeinderäten, angehören, *Rousselet*, Histoire de la magistrature française des orgines à nos jours, Paris 1957, S. 375.

[32] Gleichlautend Art. 4 des Regierungsentwurfs, mit dem das Parlament offensichtlich einverstanden war.

[33] Zit. nach *Fourrier*, La liberté d'opinion du fonctionnaire, Paris 1957, S. 364.

ihrem dienstrechtlichen Status nach einen Teil der Beamtenschaft darstellen und nicht einmal pro forma einen Sonderstatus besitzen. Die Richter genießen zwar von Verfassungs wegen sachliche und persönliche Unabhängigkeit, die — eine nicht ganz unproblematische Regelung — vom Staatspräsidenten gewährleistet wird (Titel VIII, Art. 64 der französischen Verfassung vom 4. 10. 1958), bilden aber keine selbständige „dritte" Staatsgewalt; vielmehr werden sie durchweg zur „administration" gerechnet[34]. Wie schon in der vierten Republik ist die richterliche Unabhängigkeit auch in der fünften Republik nur noch „eine Frage der Gesetzestechnik ohne staatsphilosophischen Hintergrund"[35]; die Richter sind fast noch stärker in das beamtenrechtliche Gefüge eingegliedert und damit in eine „dienende" Stellung gegenüber den die politischen Entscheidungen fällenden Gewalten gedrängt[36]. Daß trotzdem hinsichtlich ihrer politischen Zurückhaltung für sie besondere Vorschriften bestehen, mag vielleicht daran liegen, daß eine „au principe au à la forme du Gouvernement de la République" feindliche Haltung seitens der Richter der herrschenden Regierung gefährlicher werden könnte, als wenn sie von den übrigen Beamten ausginge, weil die Entscheidungen der Gerichte letztlich nicht aufhebbar sind.

Der in Art. 10 Abs. 2, 2. Halbsatz des Gesetzes vom 2. 3. 59 der alten Regelung von 1883 angefügte Zusatz, wonach den Richtern jede mit der ihnen durch ihr Amt auferlegten Zurückhaltung unvereinbare Äußerung politischer Natur untersagt ist, bedeutet darüber hinaus, daß man darin heute wohl eine Garantie für Unparteilichkeit und Unbefangenheit der Richter sieht. Allerdings ist dieser Zusatz ausgesprochen unbestimmt, da die durch das Amt auferlegte Zurückhaltung gerade bei politischen Äußerungen sehr verschieden interpretiert werden kann. Immerhin wird man davon ausgehen können, daß Parteimitgliedschaft und politische Aktivität grundsätzlich zulässig sind, solange damit nicht gegen Prinzip und Form der Regierung verstoßen wird und dabei die Formen gewahrt werden, die sich aus der Würde des Amtes verstehen[37]. Hinsichtlich der Form politischer Meinungsäußerungen gilt ohnehin für alle Beamten das Gebot einer ge-

---

[34] *Zürn*, Die republikanische Monarchie, München 1965, S. 236.

[35] *Schill*, Die Stellung des Richters in Frankreich, Bonn 1961, S. 149.

[36] *Schill*, ebenda, S. 204.

[37] *Fourrier*, a.a.O., S. 373; offensichtlich nicht richtig ist die Meinung von *Wagner*, a.a.O., S. 103, nach Art. 9 und 10 des Gesetzes vom 2. 3. 1959 sei den Richtern jede politische Betätigung untersagt; auch *Heiner*, a.a.O., S. 159 ff., ist nicht genau, wenn er die Meinung vertritt, nach dem Regierungsentwurf sei Richtern jede regierungsfeindliche Äußerung verboten. Erlaubt sein müssen nämlich nach der Formulierung in Art. 10 Abs. 2 Äußerungen, in denen Kritik an den Maßnahmen der Regierung geübt wird, ohne daß ihr Prinzip oder ihre Form in Frage gestellt werden.

wissen Zurückhaltung. Im übrigen dürfen sie sich aber ohne die für Richter und Staatsanwälte bestehenden materiellen Einschränkungen parteipolitisch betätigen, und soweit die Disziplinargerichte auch bezüglich der politischen Tätigkeit der nicht der Justiz angehörenden Beamten den Begriff der Zurückhaltung ("réserve") im Sinne der den Richtern auferlegten weitergehenden Beschränkungen oder gar im Sinne eines Verbots regierungsfeindlicher Äußerungen interpretiert haben bzw. interpretieren, dürfte dieser Rechtsprechung wohl die gesetzliche Grundlage fehlen[38].

Die Richter und Staatsanwälte haben offensichtlich gegen die ihnen auferlegten Beschränkungen nichts einzuwenden[39]. Im ganzen wird man sagen können, daß die Zulässigkeit parteipolitischer Betätigung der Richter in Frankreich, soweit ersichtlich, bei weitem nicht in dem Umfang wie etwa in Deutschland oder den USA im Hinblick auf die Gefahren diskutiert wird, die dadurch gerade im Zusammenhang mit der Eigenart des Richteramtes entstehen können. Der Grund ist wohl darin zu finden, daß die Richter keine eigenständige Dritte Gewalt bilden und die Beschränkungen ihrer politischen Tätigkeit vielleicht gerade verhindern sollen, daß sich ihre Position gegenüber der Exekutive verstärkt.

Man ist versucht, die Eingliederung der Richterschaft in die Verwaltung zu bedauern, wenn man in der Gewaltenteilung eines der tragenden Prinzipien der modernen Demokratie sieht, die ja nicht zuletzt in Frankreich ihren Ursprung hat.

---

[38] Vgl. *Fourrier*, a.a.O., S. 370; s. auch *Castberg*, Freedom of Speech in the West, Oslo 1960, S. 94; *Bourdoncle*, Fonction publique et liberté d'opinion en droit positif français, Paris 1957, S. 149 ff., spricht sich für ein Verbot parteipolitischer Betätigung und der Parteimitgliedschaft aus mit dem Argument, die Parteien verträten Einzelinteressen, während die Verwaltung das allgemeine Wohl im Auge habe, und ein Parteimitglied sei weniger als jeder andere in der Lage, die für eine neutrale Verwaltung wünschenswerte Unbefangenheit zu erreichen, ein ja auch in Deutschland viel gebrauchtes Argument.

[39] So *Fourrier*, a.a.O., S. 374. Als Repräsentation der Durchschnittsmeinung der Richter und Staatsanwälte zitiert er einen an ihn gerichteten Brief des Staatsanwalts Mornet vom 2. 2. 53, der die Auffassung vertritt, Richter und Staatsanwälte sollten nicht offenkundig als Parteifunktionäre dort Position beziehen, wo sich extreme Auffassungen mehr oder weniger heftig entgegenträten.

Teil D

Ergebnisse

Die Untersuchung hat ergeben, daß die heute überwiegend vertretene Ansicht, das Grundgesetz verbiete jede Beschränkung der parteipolitischen Betätigung der Richter, die über die herkömmliche, aus der Würde des Amtes folgende Zurückhaltung hinausgeht, der verfassungsrechtlichen Stellung der Richter und der politischen Parteien nicht voll Rechnung trägt.

Die v. a. in Art. 20 und Art. 92 GG statuierte Verfassungsentscheidung der strikten Trennung von Rechtsprechung und politischer Entscheidungsgewalt, die weitgehend von den politischen Parteien ausgeübt wird, bringt es mit sich, daß der Umfang der parteipolitischen Aktivität der Richter heute mit strengeren Maßstäben gemessen werden muß als in der Zeit vor dem Grundgesetz, obwohl dieses wie keine deutsche Verfassung zuvor die Freiheitsrechte des Staatsbürgers garantiert. Es würde nicht gegen das Grundgesetz verstoßen, ja sogar eher seinen Strukturprinzipien entsprechen, wenn es den Richtern versagt wäre, in der Öffentlichkeit als Parteipolitiker hervorzutreten und entscheidende Stellen in den Parteien zu bekleiden. Allerdings könnte eine gesetzliche Regelung an der Schwierigkeit der Abgrenzung zwischen erlaubter und verbotener Parteitätigkeit scheitern. Aus diesem Grunde und mit Rücksicht auf den Grundsatz der Verhältnismäßigkeit wäre es vorzuziehen, wenn sich die Richter selbst dazu bereitfänden, auf parteipolitische Betätigung im genannten Umfang zu verzichten, ohne daß sich aus Verstößen gegen eine solche „Selbstbindung" disziplinarrechtliche Folgen für sie ergeben könnten. Für Bundesverfassungsrichter gelten andere Grundsätze: da ihre Rechtsprechung, mit der sie gleichzeitig an der staatlichen Willensbildung teilnehmen, besonders eng mit den Interessen der politischen Parteien zusammenhängt, könnte ihnen auch in einem Gesetz sogar die Mitgliedschaft in politischen Parteien vorenthalten werden.

Der rechtsvergleichende Teil sollte nicht nur einen informatorischen Überblick über die Regelungen des aufgeworfenen Problems in anderen Ländern geben, er sollte auch zeigen, ob diese Regelungen der Natur der Sache nach Schlüsse auf die Beurteilung der Zulässigkeit parteipolitischer Tätigkeit der deutschen Richter erlauben. Hierzu ist folgendes zu sagen: in keinem der herangezogenen Länder bestehen allgemein verbindliche einschränkende Normen; es wäre also unzutreffend, aus der Rechtsvergleichung Gründe für eine gesetzliche Beschränkung der parteipolitischen Aktivität deutscher Richter herzuleiten. Dagegen lassen sich diesem Vergleich weitere überzeugende Argumente für die vorgeschlagene Selbstverpflichtung der Richter entnehmen. Zwar ist sowohl in Österreich, wo die dienstrechtliche Stellung der Richter der der deutschen am ehesten entspricht, als auch in Frankreich und der Schweiz den Richtern grundsätzlich ein parteipolitisches Engagement nicht verwehrt, doch ist man auch hier bestrebt, besonders exponierten Richtern in dieser Beziehung Zurückhaltung aufzuerlegen — jedenfalls gilt dies für die österreichischen Bundesverfassungsrichter und die schweizerischen Bundesrichter. Stellung und Einflußmöglichkeiten der Richter der Bundesrepublik sind indessen wohl eher mit englischen und amerikanischen Verhältnissen zu vergleichen, obwohl dort die Rechtsfindung nach den Grundsätzen des common law dem Richterstatus besondere Akzente gibt. Auch wenn der deutsche Richter noch immer im gewissen Umfang verbeamtet ist, so hat doch die Dritte Gewalt unter dem Grundgesetz, wie mehrfach festgestellt wurde, eine überragende Bedeutung erlangt, und gerade deshalb sollte man anstreben, ihre Souveränität, soweit möglich, zu unterstreichen. Der englische hohe Richter manifestiert diese Souveränität u. a. durch seinen Verzicht auf parteipolitische Betätigung, dasselbe dürfte für die amerikanischen Bundesrichter gelten. Und auch die Canons of Judicial Ethics sind sicherlich von diesem Motiv mitbestimmt, wenn für ihre Aufstellung auch in erster Linie andere Gründe maßgebend waren.

Auch der deutsche Richter könnte, würde er sich solchen Regeln unterwerfen, in den Augen der Öffentlichkeit an Ansehen nur gewinnen. Allerdings könnte dadurch vielleicht der Eindruck entstehen, die überkommene Vorstellung von den politischen Parteien als Quellen von Parteilichkeit und dauerndem Zank und Hader, über denen der Richter — wie über den Prozeßparteien — nur stehen könne, wenn er sich von ihnen fernhalte, werde auch von den Richtern geteilt. Es wäre Aufgabe der Richter, diesem Mißverständnis entgegenzutreten und die Gründe ihres freiwilligen Verzichts deutlich und offen darzulegen. Vor allem müßte dabei klar zum Ausdruck kommen, daß die Richter in dieser Selbstbeschränkung keine Schlechterstellung gegenüber den anderen Staatsbürgern erblicken, sondern eine sich selbst freiwillig auferlegte Mäßigung ihrer den nichtrichterlichen Staats- und Parteibürgern gegenüber privilegierten Stellung innerhalb der Verfassungsordnung. In der Dikussion ist dieser Aspekt ja auch mit Hinblick auf deutsche Richter einmal angeklungen — bei der Erörterung des sog. Nürnberger

Vorschlags zu einem Deutschen Richtergesetz im Bayerischen Richterverein (oben S. 44). Die Minderheit, die eine Beschränkung der parteipolitischen Betätigung der Richter ablehnte, wurde dabei von der Auffassung bestimmt, „daß der Richter vorerst noch nicht die souveräne Stellung habe, die ausreiche, um auf die politische Betätigung zu verzichten". Es wäre zwar ein Novum, wenn für Richter Pflichten bestünden, deren Nichtbefolgung nicht disziplinarrechtlich geahndet werden könnte[1], aber es wäre sicher ein Schritt, die Eigenständigkeit der Dritten Gewalt zu dokumentieren, die das Richtergesetz nur unvollkommen anerkannt hat.

Obgleich eine völlige „Entfesselung der Dritten Gewalt" wohl weder wünschenswert noch verfassungsrechtlich zulässig wäre[2], liegt hier eine Möglichkeit zu zeigen, daß das Wortpaar „Richter und Beamte" nicht nur auf dem Papier steht, und daß die so oft in einem Atemzug diskutierte parteipolitische Tätigkeit von Richtern und Beamten unter verschiedenen Aspekten betrachtet werden muß.

Im ganzen gesehen sprechen also mehr Argumente für das Fernbleiben der Richter von der Parteipolitik im oben genannten Umfange, als dagegen, ohne daß damit eine „capitis diminutio" der Richter verbunden wäre[3] oder gar ein „politisches Harakiri"[4]. Gerade die Tatsache, daß auch in anderen Ländern von den Richtern diese politische Zurückhaltung in der Öffentlichkeit erwartet wird, in denen die politischen Parteien mehr Ansehen und größere Wertschätzung genießen als in der Bundesrepublik, ist ein wesentliches Indiz dafür, daß eine solche Beschränkung sich nicht gegen eine Tätigkeit des Staatsbürgers in ihnen richtet, sondern daß sie sowohl im Interesse der Parteien selbst als auch in dem der Richter der Abgrenzung der jeweiligen Aufgabengebiete dienen würde.

---

[1] Soweit ersichtlich, wurde erst einmal vorgeschlagen, einen den Canons of judicial ethics entsprechenden Ehrenkodex auch für europäische Richter einzuführen (*Pohl*, Organisations- und Berufsethik der Anwälte und Richter der Verein. Staaten von Amerika und die deutsche Rechtsanwaltschaft, Internationale Rechtspraxis, H. 18, Berlin 1930, eine im übrigen insofern recht groteske Studie, als nämlich die Vereinigung der „beiden rassenverwandten Volksgruppen" der Anglosaxen und Germanen auf Grund der gemeinsamen Wurzel ihres Rechtsbewußtseins „aus den germanischen Wäldern der Vorzeit" angepriesen wird.

[2] So jedenfalls im Grundsatz *Ridder*, Empfiehlt es sich, die vollständige Selbstverwaltung aller Gerichte im Rahmen des GG gesetzlich einzuführen? Verhandl. d. 40. dt. Juristentags, Bd. 1, S. 93 ff.

[3] *Braun - Friderici*, a.a.O., Sp. 208.

[4] *Lassen*, a.a.O., S. 280.

Literaturverzeichnis

A. Schrifttum

Adamovich-Spanner: Handbuch des österreichischen Verfassungsrechts, 5. Auflage Wien 1957.

Arndt, Herbert: Gedanken von Richtern zum Richtergesetz, DRiZ 1950, S. 149 ff.

Benjamin, Hilde: Die Entwicklung des sozialistischen Rechts und die Aufgaben der Rechtspflege beim umfassenden Aufbau des Sozialismus in der DDR, Neue Justiz 1962, S. 759 ff.

Bent, James A.: The Independent Judiciary, 2. Auflage 1925.

Bergstraesser, Arnold: Die Stellung der Politik unter den Wissenschaften, in: Politik in Wissenschaft und Bildung, Freiburg 1961.

Berlit, Jan-Wolfgang: Neubesinnung und Umorganisation der Richtervereinigungen — Versuch einer positiven Kritik, DRiZ 1965, S. 325.

— Der parteilose Richter, Recht und Politik 1966, S. 20 ff.

Besson, Waldemar: Regierung und Opposition in der deutschen Politik, PVS 1962, S. 225 ff.

Bettermann, Karl-August: Die allgemeinen Gesetze als Schranken der Pressefreiheit, JZ 1964, S. 601 ff.

Birmans, Martin: Wählbarkeit von Mitgliedern kommunaler Selbstverwaltungskörperschaften zu Schöffen und Geschworenen, NJW 1963, S. 144 f.

Bismarck, Otto Fürst von: Gedanken und Erinnerungen, Band 1, Stuttgart 1898.

Bosshart, Walter: Die Wählbarkeit zum Richter im Bund und den Kantonen, Diss. Winterthur 1961.

Bourdoncle, René: Fonction publique et liberté d'opinion en droit positif français, Paris 1957.

Brack, Rudolf: Richter als Mitglieder politischer Parteien, DRiZ 1966, S. 254.

Brand, George, E.: The discipline of judges, ABA-Journal, Band 46, S. 1315 ff.

— Barristers, Attorneys and Judges: organization, ethics, discipline, 1956.

Bracher, Karl Dietrich: Die Auflösung der Weimarer Republik, 2. Auflage 1957.

Braun - Friderici: Drei unannehmbare Vorschläge, DRiZ 1930, Sp. 208 ff.

Brecht, Arnold und *Mestern,* Hans: Notwendigkeit der Reform, in: Neues Beamtentum, Frankfurt 1951.

Brüggemann, Dieter: Die Rechtsprechende Gewalt, Wegmarken des Rechtsstaats in Deutschland, Berlin 1962.

Burckhardt, Walter: Über Gewaltentrennung und Unvereinbarkeit im Schweizerischen Staatsrecht, in: Festgabe für Philipp Lotmar, Bern 1920.

Castberg, Frede: Freedom of Speech in the West, a comparative study of public law in France, the United States and Germany, Oslo 1960.

Cohn, Ernst J.: Richter, Staat und Gesellschaft in England, Vortrag vor der Juristischen Studiengesellschaft, Karlsruhe 1958.

Conze, Werner: Die Krise des Parteienstaats in Deutschland 1929/32, Historische Zeitschrift Bd. 178 (1954), S. 47 ff.

Cornelius - Gester - Woschech: Die Meinungsfreiheit des Beamten, Düsseldorf 1963.

Demeter, Karl: Die soziale Schichtung des deutschen Parlamentes seit 1848 im Spiegelbild der Strukturwandlung des Volkes, Vierteljahresschrift für Sozial- u. Wirtschaftsgeschichte, 1952, S. 1 ff.

Döhring, Erich: Geschichte der deutschen Rechtspflege seit 1500, Berlin 1953.

Doehring, Karl: Der „Pouvoir neutre“ und das Grundgesetz, in: Der Staat, 3. Band 1964, S. 201 ff.

Dosenheimer: Der Richter und die Politik, DRiZ 1909, Sp. 370 ff.

Eichenberger, Kurt: Die richterliche Unabhängigkeit als staatsrechtliches Problem, Bern 1960.

Eichler, Wolfgang: Zum Entwurf eines französischen Richtergesetzes, DRiZ 1953, S. 164 ff.

Elliott, Sheldon D.: Improving our Courts, collected studies on judicial administration, New York 1959.

Eschenburg, Theodor: Der Beamte in Partei und Parlament, Kleine Schriften für den Staatsbürger, Heft 15, Frankfurt 1952.

Ensor, R. C. K.: Courts and judges in France, Germany and England, Oxford 1933.

Ermacora, Felix: Handbuch der Grundfreiheiten und der Menschenrechte, Wien 1963.

— Das besondere Gewaltverhältnis in der österreichischen Rechtsordnung, DÖV 56, S. 529 ff.

Evers, Hans-Ulrich: Beamter und Politik, in: Festgabe für Heinrich Herrfahrdt, Marburg 1961, S. 19 ff.

Fellman, David: The constitutional right of association, Chicago 1963.

Flechtheim, Ossip K.: Die Institutionalisierung der Parteien in der Bundesrepublik, Zeitschrift für Politik 1962, S. 97 ff.

Forsthoff, Ernst: Lehrbuch des Verwaltungsrechts, 1. Band, Allgemeiner Teil, 9. Auflage, München 1966.

— Der Persönlichkeitsschutz im Verwaltungsrecht, Festschrift für den 45. Deutschen Juristentag, Karlsruhe 1964, S. 41 ff.

Fourrier, Charles: La liberté d'opinion du fonctionnaire, Paris 1957.

Fraenkel, Ernst: Das amerikanische Regierungssystem, Köln und Opladen 1960.

Fraenkel, E.: Freiheit und politisches Betätigungsrecht der Beamten in Deutschland und den USA, in: Veritas, Justitia, Libertas, Berlin 1953, S. 60 ff.

— Das richterliche Prüfungsrecht in den Vereinigten Staaten von Amerika, Jahrbuch des öffentl. Rechts, N.F. Band 2, S. 35 ff.

Frank, Hans: Ansprache auf dem Deutschen Juristentag 1933 in Leipzig, DRiZ 1933, S. 274 ff.

— Rede vom 9. 9. 1934 auf dem Parteikongreß in Nürnberg, DRiZ 1934, S. 257 ff.

Frankel, Jack E.: Judicial conduct and removal of judges for cause in California, SCLR Bd. 36, S. 72 ff.

Füßlein, Rudolf Werner: Vereins- und Versammlungsfreiheit, in: Die Grundrechte, hrsg. von Neumann - Nipperdey - Scheuner, Bd. 2, S. 425 ff.

Geiger, Willi: Die „Dritte Gewalt", Bd. 31 der Vortragssammlung der Hess. Hochschulwochen für staatswissenschaftl. Fortbildung, 1961, S. 118 ff.

Gerland, Heinrich: Die englische Gerichtsverfassung, 2. Halbband, Leipzig 1910.

— Die Beziehungen zwischen dem Parlament und den Gerichten in England, eine rechtsvergleichende Studie, Berlin u. Leipzig 1928.

Goldschmidt, Hans: Bismarcks Stellung zur Justiz, DJZ 1932, Sp. 437 ff.

Görner, Kurt: Einige Gedanken zum Entwurf des westzonalen Richtergesetzes, Neue Justiz 1961, S. 27 ff.

Gossweiler, Marc: Richterliche Unabhängigkeit und Gewaltentrennung in Bund und Kantonen, Diss. Bern 1951.

Götzl, Hermann: Die Einschränkung des Grundrechts der freien Meinungsäußerung durch das Beamtenverhältnis, Diss. Erlangen—Nürnberg 1961.

Grewe, Wilhelm: Inwieweit läßt Art. 33 Abs. 5 eine Reform des Beamtenrechts zu?, Verhandl. des 39. Deutschen Juristentags, 1952, Abt. D, S. 3 ff.

— Die politischen Treupflichten der Angehörigen der öffentlichen Dienstes, in: Politische Treupflicht im öffentl. Dienst, Frankfurt 1951.

— Zum Begriff der politischen Partei, in: Festgabe für Erich Kaufmann, Stuttgart und Köln 1950, S. 65 ff.

— Parteienstaat — oder was sonst?, in: Der Monat, 1951, S. 563.

Haffner, Sebastian: Im Jahre Eins nach Strauß, in: Der Spiegel v. 3. 4. 1963, S. 19.

Hanack, Ernst-Walter: Die politische Betätigung des Richters, in: Festgabe für H. Herrfahrdt, Marburg 1961, S. 127 ff.

Häntzschel, Kurt: Das Recht der freien Meinungsäußerung, Handbuch des Dt. Staatsrechts, Bd. 2, S. 651 ff.

Haselbach, Wilhelm: Die Unvereinbarkeit im schweizerischen Staatsrecht, Diss. Freiburg (Schweiz) 1945.

Hauth, Theodor: Richterprobleme vor 30 Jahren, DRiZ 1964, S. 389 ff.

Haynes, Evan: The selection and the tenure of judges, 1944.

Heiner: Rechtsvergleichende Erörterungen zum Richtergesetzentwurf, DRiZ 1957, S. 159 ff.

Helfritz, Hans: Allgemeines Strafrecht, 5. Auflage 1949.

Henke, Wilhelm: Das Recht der politischen Parteien, Göttingen 1964.

Hermann, Rudolf u. *Schüsseler*, Rolf: Inhalt und Bedeutung der Unabhängigkeit des Richters in der DDR, Neue Justiz 1963, S. 129.

Hannover, H. und E.: Politische Justiz 1918—1933, Frankfurt 1966.

Hesse, Konrad: Die verfassungsrechtliche Stellung der politischen Parteien im modernen Staat, VVDStRL Heft 17 (1959), S. 11 ff.

Heydte, Friedrich August Frh. v. d. u. *Sacherl*, K.: Zur Soziologie der deutschen Parteien, München 1955.

Heyland, Carl: Das Berufsbeamtentum im neuen demokratischen Staat, Berlin 1949.

Hofmann, Hasso: Legitimität gegen Legalität. Der Weg der politischen Philosophie Carl Schmitts, Neuwied und Berlin 1964.

Hoegner, Wilhelm: Die verratene Republik, München 1958.

Huhn, Dieter: Richterliche Unabhängigkeit und politische Öffentlichkeit, DRiZ 1964, S. 303 ff.

Husen, Paulus van: Die Entfesselung der Dritten Gewalt, AöR Bd. 78, S. 49 ff.

Jackson, Robert H.: The struggle for judicial Supremacy, a study of a crisis in American Power Politics, New York 1941.

Jahrreiß, Hermann: Demokratischer Rechtsstaat und Rechtsprechung, Der Rechtsweg-Staat des Bonner Grundgesetzes, in: Recht, Staat, Wirtschaft, Bd. 2, 1950, S. 203 ff.

Jennings, Sir Ivor: The Queen's Government, repr. 1964.

Jesch, Dietrich: Gesetz und Verwaltung, Eine Problemstudie zum Wandel des Gesetzmäßigkeitsprinzips, Tübingen 1961.

Joachim, Hans G.: Politisches Engagement des Richters?, Recht und Politik 1968, S. 9 ff.

Justiz im Dritten Reich, eine Dokumentation, hrsg. von Ilse Staff, Frankfurt, Hamburg 1964.

Kaack, Heino: Die Parteien in der Verfassungswirklichkeit der Bundesrepublik, 2. Aufl. Bonn 1964.

Kade: Richteramt und Politik, DRiZ 1911, Sp. 79 ff.

Kägi, Werner: Von der klassischen Dreiteilung zur umfassenden Gewaltenteilung, in: Verfassungsrecht und Verfassungswirklichkeit, Festschrift für Hans Huber, Bern 1961.

Kaiser, Joseph: H.: Die Repräsentation organisierter Interessen, Berlin 1956.

Kalisch, Werner: Grundrechte und Berufsbeamtentum nach dem Bonner Grundgesetz, AöR Bd. 78, S. 334 ff.

Der Kampf um den Wehrbeitrag, Bd. 2 — Ergänzungsband, München 1958.

Käser, Ulrich: Die politische Betätigung des Richters, Gedanken zu einem Richtergesetz, Jur. Diss. Tübingen 1952.

Kelsen, Hans: Wesen und Entwicklung der Staatsgerichtsbarkeit, VVDStRL H. 5 (1929), S. 30 ff.

Kirchheimer, Otto: Politik und Verfassung, Frankfurt 1964.

Kleinknecht, Otto: Richter als Mitglieder politischer Parteien, DRiZ 1966, S. 340.

Köttgen, Arnold: Grundgesetz und Beamtenrecht, in: Recht, Staat, Wirtschaft, Bd. 4, S. 227 ff.

— Das deutsche Berufsbeamtentum und die parlamentarische Demokratie, Berlin und Leipzig 1928.

— Die Meinungsfreiheit des Soldaten, in: Von den Grundrechten des Soldaten 1957, S. 47 ff.

— Die Entwicklung des deutschen Beamtenrechts und die Bedeutung des Beamtentums im Staate der Gegenwart, in: Handbuch des deutschen Staatsrechts, Bd. 2, S. 1 ff.

— Sonstige Sonderregelungen der Rechtsverhältnisse von Berufsbeamten, Handbuch des dt. Staatsrechts, Bd. 2, S. 91 ff.

Kranz, Herbert: Sind Richter Beamte?, DÖV 1955, S. 166 f.

Kröger, Klaus: Verfassungsrechtliche Grundfragen des Rechts des Beamten auf „parteipolitische Meinungsäußerungen", AöR Bd. 88 (1963), S. 121 ff.

Krüger, Herbert: Allgemeine Staatslehre, Stuttgart 1964.

— Die Einschränkung von Grundrechten nach dem Grundgesetz, DVBl. 1950, S. 625 ff.

— Das besondere Gewaltverhältnis, VVDStRL H. 15 (1957), S. 109 ff.

Krüger, Hildegard: Die Grundrechte im besonderen Gewaltverhältnis, ZBR 1956, S. 309 ff.

Kübel: Politische Betätigung der Richter, DRiZ 1924, Sp. 272 ff.

Lassen, Christian: Die politische Betätigung der Richter, DRiZ 1959, S. 279 f.

Laufer, Heinz: Das Kriterium politischen Handelns. Versuch einer Analyse und konstruktiven Kritik der Freund-Feind-Unterscheidung auf der Grundlage der Aristotelischen Theorie der Politik, jur. Diss. Würzburg 1961.

Lehmann, Lutz: Legal und Opportun, Politische Justiz in der Bundesrepublik, Berlin 1966.

Leibholz, Gerhard: Strukturprobleme der modernen Demokratie, Karlsruhe 1958.

Leibholz, Gerhart u. *Reif*, Hans: Verfassungsrechtliche Stellung und innere Ordnung der Parteien, Verhandl. des 38. Dt. Juristentags, 1951, Abt. C, S. 1 ff.

Lekschas, I. und *Renneberg*, J.: Rechtsgutachten über die Verantwortlichkeit der Richter und Staatsanwälte der Sonderjustiz des Nazistaates sowie über die Rechtswidrigkeit ihrer Rehabilitierung und Wiedereinsetzung in der Bundesrepublik, Staat und Recht 1961, S. 1642 ff.

Lerche, Peter: Übermaß und Verfassungsrecht. Zur Bindung des Gesetzgebers an die Grundsätze der Verhältnismäßigkeit und der Erforderlichkeit, Köln, Berlin, München 1961.

Lohmar, Ulrich: Innerparteiliche Demokratie, Stuttgart 1963.

Löwenstein, Karl: Konflikte zwischen Regierung und Justiz, AöR Bd. 78, S. 260 ff.

Marcic, René: Vom Gesetzesstaat zum Richterstaat, Wien 1957.

Mason, Alphaeus, T.: Extra-judicial work for judges: the views of Chief Justice Stone, HLR, Bd. 67, S. 193 ff.

Maunz, Theodor: Deutsches Staatsrecht, Ein Studienbuch, 15. Auflage München und Berlin 1966.

McCoy, Philbrick: Judicial selection and judicial conduct, SCLR Bd. 24, S. 17 ff.

— A note of judicial ethics in California, SCLR, Bd. 22, S. 240 ff.

Meier, Gert: Wählbarkeit von Mitgliedern kommunaler Selbstverwaltungskörperschaften zu Schöffen und Geschworenen, NJW 1962, S. 1999 f.

Mendelssohn-Bartholdy, Albrecht: Das Imperium des Richters, Straßburg 1908.

Mielke, Manfred: Sollen Richter einer Partei angehören?, DRiZ 1954, S. 13.

Montesquieu: De l'esprit des lois, Neudruck Paris 1961.

Müller, Gebhard: Ansprache bei seiner Amtseinführung am 13. 2. 1959, in: Das Bundesverfassungsgericht, Karlsruhe 1963.

Müller, Klaus: Die Privatsphäre des Beamten, Methodische Überlegungen zu den §§ 53, 54 BBG, ZBR 1965, S. 65 ff.

Müller-Meiningen, Ernst: Bayerische Reformgedanken und Reformpläne, DJZ 1919, Sp. 857 ff.

Münch, Ingo von: Freie Meinungsäußerung und besonderes Gewaltverhältnis, Diss. Frankfurt 1957.

Murphy, Walter F. u. *Pritchett,* C. Herman: Court, judges and politics, an introduction to the judicial process, New York 1961.

Nagel, Stuart S.: Political parties and judicial review in American history. Journal of Public Law, Bd. 11, S. 328 ff.

Nedden, Horst-Günther: Die hergebrachten Grundsätze des Berufsrichtertums, Diss. Göttingen 1962.

Neis, K.: Die Koalitionsfreiheit des Beamten, in: Koalitions- und Meinungsfreiheit der Beamten, hrsg. v. DGB-Bundesvorstand, Bonn 1964.

Neugebauer: Politik und Richterstand, DRiZ 1930, Sp. 281 f.

Nipperdey, Hans C.: Freie Entfaltung der Persönlichkeit, in: Die Grundrechte, Bd. 4, 2. Halbbd., S. 241 ff., hrsg. v. Bettermann-Nipperdey.

Ogg and Ray: Introduction to American Government, 9. Aufl., New York 1948.

Oppler, Kurt: Justiz und Politik, DRZ 1947, S. 323 ff.

Ostmann, Helmut: Politische Willkür westdeutscher Zivilgerichte, Neue Justiz 1961, S. 173.

Otto, Walter: Von den politischen Pflichten des Beamten,, DDB 1960, S. 19 ff.

Peltason: Jack W.: The Missouri Plan for the selection of judges, The University of Missouri Studies, Columbia 1945.

Peters, Karl: Strafprozeß. Ein Lehrbuch, 2. Auflage, Karlsruhe 1966.

Peters, Hans: Die Gewaltentrennung in moderner Sicht, Köln 1954.

Phillips, O. Hood: The Constitutional Law of Great Britain and the Commonwealth, London 1957.

Piloty, Robert: Streitfragen aus dem Beamtenrecht, AöR Bd. 33, S. 1 ff.

Pohl, Hans: Organisations- und Berufsethik der Anwälte und Richter der Verein. Staaten von Amerika und die deutsche Rechtsanwaltschaft, Internationale Rechtspraxis, H. 18, Berlin 1930.

Potrykus: Nachteile bei der Auswahl der Laienrichter in Strafsachen, DRiZ 1952, S. 202.

Pritchett, C. H.: The American Constitution, New York 1959.

Rechtliche Ordnung des Parteiwesens, Bericht der vom Bundesminister des Innern eingesetzten Parteienrechtskommission, Frankfurt, Berlin 1958.

Referentendenkschrift zur Vorbereitung eines Richtergesetzes vom 31. 5. 1954, hrsg. vom Bundesjustizministerium, Bonn 1954.

Ridder, Helmut: Empfiehlt es sich, die vollständige Selbstverwaltung aller Gerichte im Rahmen des Grundgesetzes gesetzlich einzuführen?, Verhandl. d. 40. Dt. Jur. tags, Bd. 1, S. 93 ff.

Rieß, Peter: Parlamentarische Unvereinbarkeiten für Richter, DRiZ 1959, S. 273 ff.

Romberg, Harald P.: Die Richter ihrer Majestät, Porträt der englischen Justiz, Stuttgart 1965.

Riß: Politik und Justiz, DRiZ 1910, Sp. 7 ff.

Rotberg, Hans E.: Zu einem Richtergesetz, Beiheft zur DRiZ 1950.

— Entpolitisierung der Rechtspflege, DRZ 1947, S. 107 ff.

Rothenbücher, Karl: Das Recht der freien Meinungsäußerung, VVDStRL H. 4, S. 1 ff.

Rousselet, Marcel: Histoire de la magistrature française des origines à nos jours, Paris 1957.

Schellhas, Paul: Was fordert unsere Zeit vom Richterstande und der Rechtspflege?, Leipzig 1898.

Scheuner, Ulrich u. *Merkatz*, H. J. von: Die politischen Pflichten und Rechte des deutschen Beamten. Öffentlicher Dienst zwischen Parteiung und Staatsraison, Baden-Baden 1962.

Schick, Walter: Der Beamte als Grundrechtsträger, ZBR 1963, S. 67 ff.

Schiffer, Eugen: Die deutsche Justiz, 1. Auflage Berlin 1928, 2. Auflage Berlin 1949.

— Sturm über Deutschland, Berlin 1932.

— Entwurf eines Gesetzes zur Neuordnung des deutschen Rechtswesens, Berlin 1928.

Schill, Hans J.: Die Stellung des Richters in Frankreich, eine rechtshistorische Darstellung unter Einbeziehung der Gerichtsverfassung, Bonn 1961.

Schmidt, Eberhard: Unabhängigkeit der Rechtspflege, Referat auf der Tagung deutscher Juristen v. 30. 9. bis 1. 10. 1947 in Bad Godesberg.

Schmidt, E.: Berufsjurist und Staatliche Rechtspflege, MDR 1947, S. 374 ff.

— Juristisches Denken und Politik, Antrittsrede bei der Feier des Rektoratswechsels der Hamburg. Universität am 7. 11. 1933.

Schmitt, Carl: Verfassungslehre, 3. Auflage Berlin 1928.

— Der Begriff des Politischen, Text von 1932 mit einem Vorwort und drei Corollarien, Berlin 1963.

Schmitz, Mathias: Die Freund-Feind-Theorie Carl Schmitts, Köln - Opladen 1965.

Scholz, Franz: Richtertum und politisches Parteiwesen, NJW 1949, S. 886 ff.

Schorn, Hubert: Der Richter im Dritten Reich, Frankfurt 1959.

— Der Laienrichter in der Strafrechtspflege, München 1955.

Schubert, Glendon A.: Quantitative analysis of judicial behaviour, Illinois 1960.

— Constitutional politics, New York 1960.

Seifert, Karl-Heinz: Zur Rechtsstellung der politischen Parteien, DÖV 1956, S. 1 ff.

Smend, Rudolf: Das Recht der freien Meinungsäußerung, VVDStRL H. 4, S. 44 ff.

Sontheimer, Kurt: Justiz und Demokratie in Deutschland, Recht und Politik 1968, S. 2 ff.

Spiecker, Kurt: Ein Jahr Marx, Berlin 1925.

Starr, Joseph R.: The legal status of American political parties, I, The American Political Science Review, Bd. 34, S. 439 ff.

Der Status des Bundesverfassungsgerichts, Jahrbuch des öffentl. Rechts, N.F. Bd. 6 (1957), S. 109 ff.

Steffani, Winfried: Gewaltenteilung im demokratisch-pluralistischen Rechtsstaat, PVS 1962, S. 256 ff.

Sternberger, Dolf: Über parlamentarische Opposition, in: Wirtschaft und Kultursystem, hrsg. v. G. Eisermann, Erlenbach—Zürich und Stuttgart 1955, S. 301 ff.

— Gewaltenteilung und parlamentarische Regierung, PVS 1960, S. 22 ff.

— Begriff des Politischen, Frankfurt 1961.

Thieme, Werner: Meinungsfreiheit und Beamtenrecht, in: Koalitions- und Meinungsfreiheit des Beamten, Bonn 1964.

Thoma, Richard: Die juristische Bedeutung der grundrechtlichen Sätze der deutschen Reichsverfassung im allgemeinen, in: Die Grundrechte und Grundpflichten d. Reichsverf., Bd. 1, S. 1 ff., hrsg. von H. C. Nipperdey, Berlin 1929.

Tresdini, Rocco J.: American Constitutional Law, New York 1959.

Tsatsos, Dimitris: Die verfassungsrechtliche Problematik der Inkompatibilität von Richteramt und Mandat (Zur Auslegung des Art. 137 Abs. 1 GG und § 4 DRiG), DRiZ 1964, S. 251 ff.

Ule, C. H.: Die politische Betätigung der Richter, in: Justiz und Verfassung, 1948, S. 29 ff.

Ule, C. H.: Öffentlicher Dienst, in: Die Grundrechte, Bd. 4, 2. Halbbd., S. 537 ff.

Vanderbilt, Arthur T.: Minimum standards of judicial administration, 1949

Varain, Heinz Josef: Das Parlament im Parteienstaat, PVS 1964, S. 339 ff.

Vervier, Heinrich: Meinungsäußerungsfreiheit und Beamtenrecht, AöR N.F. Bd. 6 (1924), S. 1 ff.

Vogel, Friedrich: Die politische Betätigung der Richter, DRiZ 1959, S. 280 f.

Wagner, Albrecht: Sind Richter Beamte?, DÖV 1955, S. 167 ff.

— Richtergesetz in Frankreich, DRiZ 1959, S. 103.

Weber, Max: Wirtschaft und Gesellschaft, Neudruck, Köln—Berlin 1964.

Weber, Werner: Parlamentarische Unvereinbarkeiten (Inkompatibilitäten), AöR N.F. Bd. 19 (1930), S. 161 ff.

— Das Richtertum in der deutschen Verfassungsordnung, in: Festschrift für Hans Niedermeyer, Göttingen 1953, S. 261 ff.

Werner, Fritz: Das Problem des Richterstaates, Schriftenreihe d. Jurist. Gesellschaft, Berlin 1960.

— Bemerkungen zur Funktion der Gerichte in der gewaltenteilenden Demokratie, Juristen-Jahrbuch 1960, S. 72 ff.

Wintrich, Josef: Aufgaben, Wesen, Grenzen der Verfassungsgerichtsbarkeit, in: Festschrift zum 75. Geburtstag von Hans Nawiawsky, 1956, S. 191 ff.

Wolff, Ernst: Freiheit und Gebundenheit der englischen Richter, Referat auf der Tagung deutscher Juristen vom 30. 9.—1. 10. 1947 in Bad Godesberg.

Wunderlich: Der Richter von heute, DRiZ 1932, S. 323 ff.

Ziegler, Gerhard: Richter Pawlik zieht zu Felde, in: „Die Zeit" vom 10. 11. 1967, S. 15.

— Richter mit oder ohne Parteibuch?, Nachtrag zur Frankfurter Braunbuch-Affäre, in: „Die Zeit" vom 24. 11. 1967, S. 13.

Zürn, Peter: Die republikanische Monarchie. Zur Struktur der V. Republik in Frankreich, München 1965.

B. Kommentare

Anschütz, Gerhard: Die Verfassung des Deutschen Reiches vom 11. August 1919 — Ein Kommentar für Wissenschaft und Praxis, 14. Auflage Berlin 1933.

Brand, Arthur: Die preußischen Dienststrafordnungen vom 27. 1. 1932 i. d. F. des Ges. vom 18. 8. 1934, Berlin 1935.

Fischbach, Oskar G.: Bundesbeamtengesetz, Kommentar, 2. Auflage Köln—Berlin 1956, 3. Auflage 1964.

Gerner - Decker - Kauffmann: Deutsches Richtergesetz, Handausgabe mit ausführlichen Erläuterungen, Köln—Berlin—Bonn—München 1963.

Hamann, Andreas: Das Grundgesetz für die Bundesrepublik Deutschland. Ein Kommentar für Wissenschaft und Praxis, Darmstadt 1956.

KMR: Kommentar zur StPO und zum GVG und zum Ordnungswidrigkeitengesetz, 6. Auflage 1966.

Kommentar zum Bonner Grundgesetz, bearbeitet von H. J. Abraham, O. Bühler, K. O. Wernicke, Hamburg 1950.

Mangoldt, Hermann von: Das Bonner Grundgesetz, 2. neub. und verm. Auflage von Friedrich Klein, Berlin—Frankfurt 1957.

Maunz, Theodor u. *Dürig*, Günther: Grundgesetz, Kommentar, München—Berlin 1963.

Loewe - Rosenberg: Die StPO und das GVG mit Nebengesetzen, Großkommentar, 21. Aufl. Berlin 1963 und 1965.

Rheinbaben, Paul von: Die preußischen Disziplinargesetze, 2. Auflage Berlin 1911.

Schmidt, Eberhard: Kommentar zur StPO und zum GVG, Teil I, 1. Aufl. 1952, 2. Aufl. 1964, Teil II 1957, Teil III 1960.

Schmidt-Räntsch, Günther: Deutsches Richtergesetz, Kommentar, München 1962.

Schwarz-Kleinknecht: StPO, GVG, Nebengesetze und ergänzende Bestimmungen, 26. Auflage München und Berlin 1966.

Wiedow, Alexander: Deutsches Richtergesetz, Neuwied—Berlin 1961.

Die Fundstellen für Gesetzestexte und parlamentarische Verhandlungen werden hier nicht gesondert aufgeführt; die genauen Zitate finden sich im Text an den jeweils in Frage kommenden Stellen.

FSC
www.fsc.org
MIX
Papier | Fördert gute Waldnutzung
FSC® C083411

Kolibri 360 GmbH
Ferdinand-Jühlke-Straße 7
99095 Erfurt, Deutschland
produktsicherheit@kolibri360.de

Druck:
CPI Druckdienstleistungen GmbH
im Auftrag der
Kolibri 360 GmbH
Ferdinand-Jühlke-Str. 7
99095 Erfurt